# 現代ドイツ経済思想の課題

## 資本・福祉・EU

鉢野正樹著

文　眞　堂

# はじめに

本書は学位申請論文として提出され、早稲田大学大学院社会科学研究科教授会で学位を認定された学位論文である。著者は学位申請までの六年間、同大学院博士課程に在学し東條隆進教授の指導を受けた。学位論文の題目は、「戦後ドイツ秩序自由主義による資本・福祉・ＥＵへのアプローチ研究（A Study on Approach to Capital, Welfare and EU by Ordoliberalism of Post-War Germany）」であった。

今回、著書として出版するに当たり、書名を『現代ドイツ経済思想の課題—資本・福祉・ＥＵ』に改めた。理由は、これまでに出版した『現代ドイツ経済思想の源流』（1989年）と、『現代ドイツ経済思想の展開—市場・貨幣・貿易—』（1993年）は、ともに文眞堂前野弘社長の奨めで現代ドイツ経済思想を表題にしてきたこと、そして本書も戦後ドイツで台頭した社会的市場経済、あるいは新自由主義、あるいは秩序自由主義の底流にある経済思想の研究であることに変わりないと判断したからである。

著者は、本書の序章でも示したように、第二次大戦後自由主義への信望が地に落ちていたドイツにおいて、あたかも地下水が地上に噴出するように自由主義が再び経済思想となって流出し、当時の西ドイツで経済復興の原動力になったとの認識をもつ。

著者は、東條ゼミで勉学中、実に平凡な発見であったが、戦後ドイツに再生した自由主義は、その源流を一八世紀イギリスの古典学派に汲《く》み、当然の結果として古典学派が目ざした市民社会がその目標であるとの認識をえた。しかし、戦後ドイツの自由主義が一八世紀イギリスのそれと、同じものではありえなかった。古典学派の自由主義は、一九世紀のヨーロッパで自由放任主義となって展開した。自由放任主義は、確かに、一方では経済発展の原因であったが、他方では独占市場・景気変動・経済恐慌・階級闘争・帝国主義の元凶でもあった。一八世紀から一九世紀にかけてのドイツは、産業革命の母国イギリスやフランス革命の母国フランスに比べると後進国の立場にあった。この後進性によって、ドイツはイギリスとフランスが国民国家の殻を破って開こうとしていた市民社会と、そのイデオロギーであった自由主義とを評価すると同時に批判する立場にあった。この結果、戦後ドイツの自由主義は自由の価値を評価することでは古典学派と変わらないが、古典学派のように自由にしさえすればすべてがよくなるという自由への楽観主義はなく、自由を生かすには自由を律する秩序が必要であるとの認識をもった。これを秩序自由主義というならば、これは古典学派の自由とは異なる新しい自由の解釈であった。

確かに、自由は放任されると、秩序ではなく弊害を生じる。ある人の自由は、放任されると他の人の自由を侵害する。同じく、ある国の自由は、放任されると他の国の自由を侵害する。自由が自他の利益を損なうことなく、かえって利益を両立させるためには自他双方が合意する秩序が必要である。そして、そのような秩序は必ず存在する。

市民社会が存立し、それが正当化されるためには、自由だけでなく自他の利益を両立させる秩序が発見され、それが実現されなければならない。著者は、今日の世界で、このような市民社会がいずれの国家においても完成されたとは思わない。したがって著者は、古典学派が目ざした国民国家を超える市民社会は、いまだに過去のものではなく未来に向けての課題であるとの認識をもつ。本書のいう秩序自由主義は、市民社会を新しい自由の軌道に乗せ、市民社会の更なる発展を期待させる経済思想である。

本書は、資本・福祉・ＥＵの三部構成になっている。このような構成は、著者が大学院での研究テーマとして提出し、東條隆進教授の許可をえたものである。高い専門性が要求される学位論文のテーマとしては、テーマが大きすぎるとの批判は当然予想された。敢えて、このような研究課題を認可した教授の英断がなかったなら、本書は日の目を見なかったであろう。

著者は、大学院入学以前にモノグラフ（単著）として資本・福祉・ＥＵ関連の研究はしてあった。モノグラフの段階における著者には、一九五〇年代から六〇年代に労使の対立・紛争・闘争を日常的に耳にする少年期と青年期とを過ごした世代がそうであるように、労使関係は対立するしかないのかとの素朴な疑問があった。また、一九六〇年代に耳にしたＥＵ（当時のＥＥＣ）は米ソの谷間に埋没するヨーロッパの復権の試みだという論調にも、戦禍を体験したヨーロッパにそれがあるかという疑問があった。したがって、モノグラフ作成中は、秩序自由主義の源泉を古典学派の自由主義や市民社会に求め、この視点から資本・福祉・ＥＵを関連づけるという発想は全くなかった。

大学院に入り著者は、東條教授から二つのことを求められた。一つは、資本・福祉・ＥＵをつなぐ一本の赤い糸を明らかにすること。もう一つは、論文をオルドー（秩序）をもって一貫させることであった。

後者の求めによって、旧著『現代ドイツ経済思想の源流』で取上げた本書のいう秩序自由主義の研究者を再度サーヴェイする機会をえた。前者の求めによって、戦後ドイツ秩序自由主義は一八世紀イギリス古典学派の自由主義を新しい自由の解釈によって再建し、その上に近代市民社会の建設を志向するものという認識をもった。

本書が取上げた資本・福祉・ＥＵは、以上の認識をいわばサーチライトとして、本書独自の資本論、福祉論、ＥＵ論を論述したものである。

資本の部では、資本蓄積が決して労働者の賃金を下げさせ資本家の利子を上げさせることで、前者には損、後者には得になるのではなく、かえってその逆の効果をもつことをオイゲン・ベーム＝バヴェルクの資本理論によって明らかにした。これによって、一九世紀に労働者と資本家との階級対立によって分裂の危機にあった市民社会は、存立の正当性を確保した。

福祉の部では、労働者の賃金を上げることは消費需要を増やし経済成長に寄与するというのが正しいのか、あるいは逆に、経営者の利潤を減らし投資需要を減らさせて経済成長を阻害するというのが正しいのかという平行線をたどりやすい問題を取上げ、アドルフ・ウェーバーによる解答を説明した。

ウェーバーは、生産の増加は生産要素（土地・労働・資本）の同時拡大による規模の経済によってもたらされるとし、賃金を上げるだけでは労働者の福祉は向上しないと論じた。これにしたがえば、生産要素の協調が生産高を増やし、その分配の結果、賃金・利子・地代が上昇することになる。ウェーバーの理論からも、市民社会での労働者と資本家、あるいは経営者、あるいは使用者の間の利害は両立する。

ＥＵの部では、一九九二年に加盟国が締結したマーストリヒト条約以降、経済統合から政治統合へと統合を深化させたＥＵの前途には、国家を超えた国家の実現という難題が立ちはだかっているとの本書の認識を明らかにした。政治体制の選択において、本書は秩序自由主義が権力の分散する市民社会を志向すると論じたと同様に、政治権力が集中する連邦国家より、分散する国家連合が望ましいとの見解を示した。

自由と権力との間には二律背反（トレードオフ）の関係があり、前者が大きくなれば後者が小さく、前者が小さくなれば後者が大きくなる。ナチス十二年間のファシズムで、集権国家を経験したドイツにとって、これは自明の真理であった。国民国家の殻を破った市民社会が分裂して、もとの国民国家に逆行しないことが望まれる。同じように、経済統合から政治統合にまでレベルアップしたEUが、分裂によってもとの国民国家へと逆行しないことが望まれる。いずれにおいても、フランツ・ベームのいう水平的秩序という市民社会を支える秩序原理の正否が問われている。

本書の出版に当たり、著者は指導教授東條隆進先生にお礼申し上げたい。学位審査で多大な負担を負い、学位審査の教員・院生合同セミナーにも参加くださり温かくご指導くださった副指導教授那須政玄先生にも感謝したい。学位審査に当たり公聴会で真剣な批判・感想・意見を述べてくださった大西健夫教授、田村正勝教授、藁谷友紀教授にも感謝したい。北陸大学で同僚であった竹井巖教授には、数学に難点のある著者の数々の疑問に丁寧に教授くださったご指導に感謝したい。

今回の出版でも、細部にわたって校正をしてくださった前野弘社長と前野眞司編集担当常務と文眞堂スタッフに、著作と出版とを支援くださったことを感謝したい。

二〇一一年二月　父正久の昇天三三年記念の日

著者

# 目次

# 序章　自由主義の潮流と秩序自由主義

## 第一節　経済思想としての秩序自由主義

戦後ドイツ秩序自由主義による資本・福祉・ＥＵへのアプローチを論じるにあたり、はじめに秩序自由主義がいかなる経済思想[1]であるかを明らかにしておきたい。秩序自由主義はドイツ語ではOrdoliberalismus, 英語ではOrdoliberalism と表記される。この名称にあるオルドーは、ラテン語で秩序あるいは体制を意味する［Fabian, Nico und Karin, 2008］。ドイツ語ではOrdnung, 英語ではorder と表記される。日本語で訳されるときは、オルド自由主義［野尻、1995, 112］あるいはオルドー自由主義［泉水、2000, 1］と表記される。本書は、オルドあるいはオルドーが秩序であることがわかるように秩序自由主義の訳語を用いることにする。

本書が秩序自由主義を経済思想とするのは、これが単に経済の理論と政策とにとどまらず自由を理念として、一つの体制概念を構成しているからである。秩序自由主義が経済思想であり、しかも政治的な力でもあることは、ワルター・オイケン（Walter Eucken, 1891–1950）のロンドン大学における連続講義での言葉がこれをよく表わしている。一九五〇年の五回にわたる講義の最終講義でオイケンは、経済思想が一つの政治的な力であると述べた[2]

［Eucken, 1951, 59］。オイケンは、これによって経済思想には政治や歴史を動かす形成力があると言ったことになる。そして、この言葉の根底には唯物論に対峙《たいじ》する観念論の伝統が流れている。この立場に立てば、秩序自由主義は現実を変革する経済思想である。このような性格をもつ秩序自由主義は、戦時下のフライブルク大学で自由の観念と価値とを共有する法学者と経済学者とによって研究された。これに参加した研究者は、後にフライブルク学派ともオルドー・サークル（Ordo-Kreis）とも呼ばれるようになった。(3)

戦後ドイツに古典的自由主義の伝統を継承して、新しい自由主義が台頭するとは全く予期できないことであった。なぜなら、経済思想としての自由主義は大恐慌（一九二九年）とヒトラー政権誕生（一九三三年）にいたる一九三〇年代に、ドイツ国民の信望を完全に失い過去の遺物のようにみなされていたからである。自由主義といえば、国民の嘲笑と蔑視とを買うだけであった［Otte, 2008, 1/3］。人心は中道に立つ自由主義と社会主義の両政党を離れ、左右両極の政党へと期待を寄せるようになっていた。大恐慌後の二五％を越える大量失業を背景に、ドイツ国民の心を掌握したのは極右のファシズムと極左のコミュニズムであった。

この一九三〇年代の政治情況は、ヒトラーが首相に就任する直前の帝国国民議会選挙に歴然と現れている。(4) 自由主義政党の凋落は、特に著しかった。一九三三年三月の選挙結果によれば、自由主義系の二つの政党の得票率は自由党左派のドイツ民主党（Deutsche Demokratische Partei, DDP）が〇・九％、自由党右派のドイツ国民党（Deutsche Volkspartei, DVP）は一・一％であった。第一次大戦後の一九一九年一月の選挙ではドイツ民主党が一八・五％、ドイツ国民党が四・四％で自由主義への国民の期待はまだ地に落ちてはいなかった。

自由主義系の政党と比較すると、ヒトラーの率いる極右の国家社会主義ドイツ労働者党（National-sozialistische Deutsche Arbeiterpartei, NSDAP）は、はじめて議席をえた一九二四年五月の六・五％から一九三三年三月の四三・九％へと大躍進し、同じく極左のドイツ共産党（Kommunistische Partei Deutschlands, KPD）も一九二〇年六月の二・一％から一九三三年三月の一二・三％へと得票率を大きく伸ばした。ワイマール共和国発足当初、第一党であった社会民主党（Sozialdemokratische Partei Deutschlands, SPD）は一九一九年一月の三七・九％から一九三三年三月の一八・三％へと得票率が大幅に減少した。

自由主義がドイツ国民の多くによって嫌悪された理由は、第一次大戦も、第一次大戦後の超インフレーションも、その後世界を不安に陥れた大恐慌も、すべて産業革命とこれを推し進めた自由主義の経済思想とにその原因が帰せられたからである。産業革命がドイツに鉄道建設の好況をもたらした十九世紀前半には、自由主義は歓迎された。しかし、鉄道建設の進展がやがて輸送の便益を利用して周辺諸国から穀物輸入の増加となり不況の原因になると、自由主義の経済思想はその評価を一変させられた。そして、この一変した評価は二十世紀の前半を通じて変わらなかった。

しかし、このように戦前ドイツ国民からは全く捨てられたも同然であった自由主義が、戦争を経て再びドイツにおいて台頭のときを迎えることになった。このことが起こりえたのは、人心の帰趨に幻惑されることなく、少数ではあっても自由主義に志向した研究者がドイツにいたからである。この歴史を、自由主義の潮流によって概観してみたい。

## 第二節　近代における自由主義の潮流

図1は、自由主義の潮流を古典的自由主義から現代の自由主義へと辿《たど》るものである。現代の自由主義は、その重

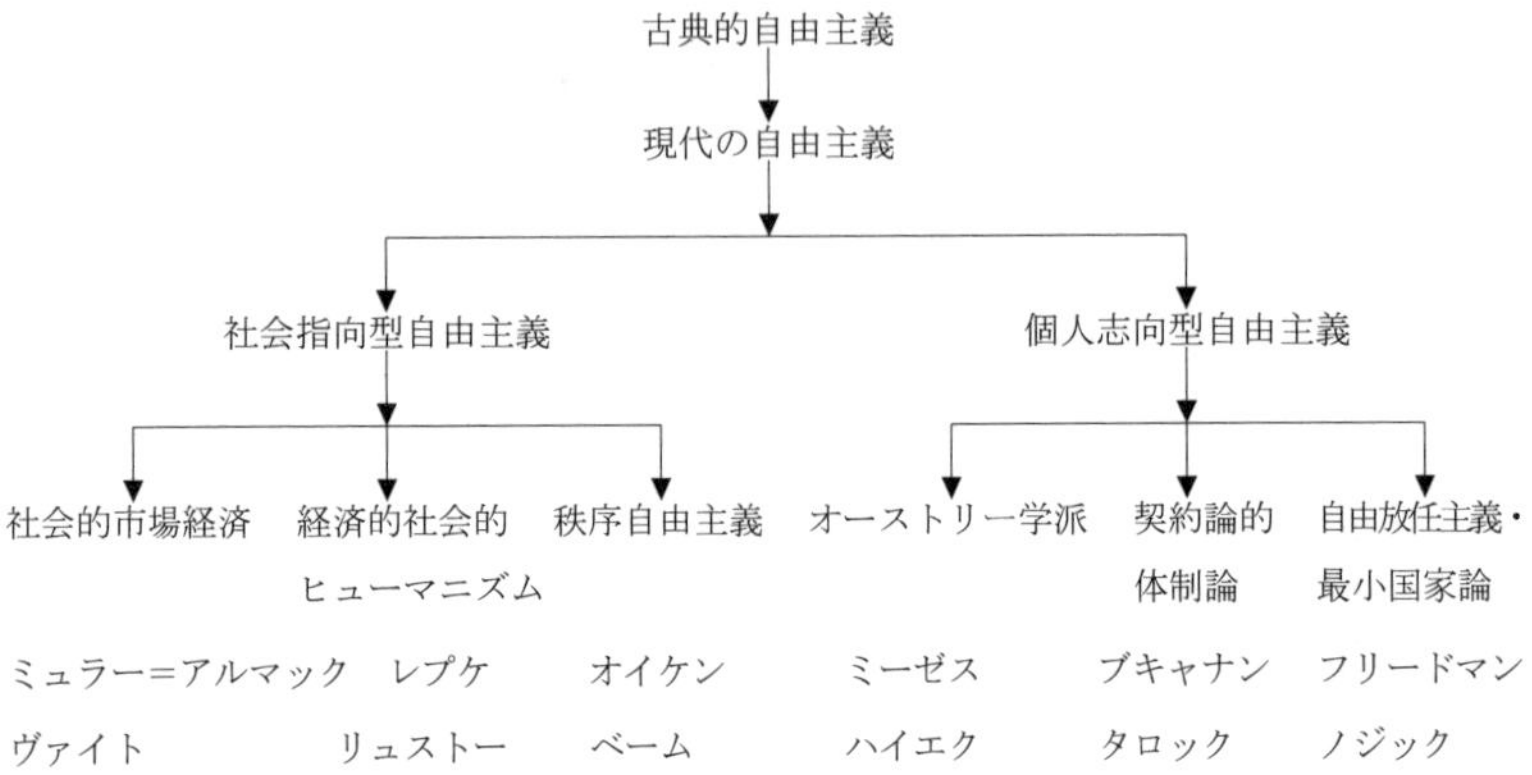


出典：Tuchtfeldt 1994, Gutmann 1998[5].

図1

点をどこに置くかによって社会指向型自由主義と個人志向型自由主義の二つの類型に分けられる。さらに、社会指向型自由主義はより社会に重点を置く左派の社会的市場経済と、個人に重点を置くことで個人志向型に近い右派の秩序自由主義と、両者の中間にある経済的社会的ヒューマニズムに三分される。同じく、個人志向型自由主義もより個人に重点を置く右派の自由放任主義・最小国家論と、社会に重点を置くことで社会指向型に近い左派のオーストリー学派と、両者の中間にある契約論的体制論に分けられる。

図1には、各類型を代表する二名ずつの名前があげられている。それぞれどの類型に配置されるかには、問題がないわけではない。例えば、秩序自由主義とオーストリー学派とを近い関係に配置したことは、確かにオイケンとハイエクの間の密接な関係を明らかにする点ですぐれている。なぜなら、両者の関係は一般に知られているよりはるかに深いからである。その証拠に、ハイエクはオイケンとベームが共同で発刊した年報誌『オルドー（ORDO）』に編集者として参加し、オイケンが在職したフライブルク大学にも晩年赴任し、秩序自由主義の研究機関であるワルター・オイケン研究所には二人の大きな写真が向かい合って掲げられている。ただし、ミーゼスがハイエクほどにオイケ

ンに近かったかといえば問題がある。特に、市場と政府との関係でミーゼスは政府の市場への干渉の弊害を重視し、オイケンは市場の機能を保証する政府を重視したので、この点で両者には意見の隔たりがある。このように細部については問題があるにせよ、図1は社会指向型と個人志向型という視点によって現代の自由主義を意味深く配置している。

図1に基づいて、古典的自由主義から現代の自由主義に至る自由主義の潮流を、本書は次のように概観する。自由主義の起源はヨーロッパにあるとして、その歴史を近代から中世そして古典古代へとさかのぼると、自由をより広くより多くの人々に行き渡らせることを志向する自由主義は、中世やギリシャ・ローマの古典古代には起こっていない。中世にも古典古代にも、自由という言葉がギリシャ語ἐλευθεριά（エレウテリア）やラテン語libertas（リベリタス）とあるように、自由が存在したことは確かである。しかし、この言葉が当てはまるのは社会の上層階層にあって意志の束縛を受けることの少ない人達だけであった。上層階層に支配される下層階層の人達には、意志の自由が許されるのは狭い範囲に限られたものだった。

したがって、自由がより広くより多くの人々に享受されるには社会の重層構造（Überlagerung）［Rüstow, 1950, 40］が動揺し、ピラミッド型の社会構造がより平坦なものへと変革されなければならなかった。中世と近代の交《こう》である十六世紀にヨーロッパでは、ピラミッド型の階層秩序（ヒエラルキー）を揺り動かす歴史の変動が、政治にも経済にも社会にも時を同じくして発生した。領主と農民、農業と工業、聖職者と平信徒との関係が相互に関連しあいながら変化したからである。

近代における自由主義は、中世の階層秩序の解体を背景に封建制度からの解放という形で進行した。封建制度からの解放によって、意志の自由をともなう主権はより広くより多くの人達に行きわたるようになった。十六世紀の自由主義は、封建制度あるいは身分制度からの農民の領主からの解放であった。これは政治的自由主義(politischer Liberalismus)［Gutmann, 1998, 52］と名づけることができる。これに対して十八世紀にはじまる自由主義は、フランス革命に見られるように商工業者からなる市民階層の絶対主義あるいは重商主義を主導した国王・僧侶・貴族からの解放であった。十八世紀の自由主義は、フランスではフランス革命、イギリスでは産業革命と連動した。十六世紀の自由主義に対して、これを商工業の台頭と関係づけて経済的自由主義(ökonomischer Liberalismus)［Gutmann, 1998, 52］と呼ぶことができる。

図1の古典的自由主義は、十八世紀の経済的自由主義のことである。これを代表するのは、アダム・スミス、デヴィッド・リカード、ジョン・スチュアート・ミルである。特にスミスは、分業と交換による経済効果を証明する経済理論によって、新しい商業社会と市民社会との定礎者となった。分業と交換には、生産・所得・雇用を増やすという経済効果があるだけでなく、交換にはスミスがいうように give and take［Smith, 1937, 14］によって、分業には互いに他の用役を必要としあうことによって人と人との間により対等な関係をもたらす社会効果がある。経済的自由主義は、経済効果だけでなく社会効果を証明する経済社会の理論としてイギリスから世界へと広まった。しかし、経済的自由主義はイギリスに比べて経済と社会のいずれでも途上国であった十九世紀初頭のドイツにおいて、矛盾と混乱とを生じさせた。ドイツの自由主義が挫折と衰退のなかで勢力を失ったのは、イギリスともフランスとも異なるドイツ固有の歴史のためであった。

十九世紀に鉄道建設による産業革命が開始したとき、ドイツにも他のヨーロッパ地域同様、中世でいえば領主と商工業者、近代のはじめでいえば国王とフッガー家のような富豪との間において、価格を安定させ独占を維持させる伝統が確立されていた。十五世紀末〜十六世紀初頭の絶対主義成立期において、有力商人は国王に資金を献上し、国王はその見返りに営業特権を有力商人に提供した［Nicholls, 1994, 15］。このため、十九世紀のドイツにおいて分業と交換による商業社会と市民社会とが完全に成立するためには、何よりもまず中世から近代まで続いてきたギルドによる営業の規制や、高利の貸付の規制や、労働の他地域への移動の規制などの諸規制が排除されなければならなかった。しかし、一旦国王と富豪との間で成立した資金提供と権益授与の伝統は容易には解消されなかった。かえってこのような相互依存の関係は、市民社会が国民国家のなかに台頭する十八世紀以降の近代国家において、ドイツでは頑強に維持され続けた。

戦後ドイツの経済思想を研究したイギリス人アンソニー・ニコルスは、ドイツにおいてはアングロサクソン諸国（米英）に比べると国家保護主義（state paternalism）［Nicholls, 1994, 16］がつよいと言った。これはドイツが、産業革命によってはじまる近代化にイギリスからは半世紀の遅れをとったからである。

すでに手工業から機械工業への移行を果たし国際市場での競争の備えを確立したイギリスに対して、十九世紀初頭のドイツは対等には戦えなかった。このため企業者達は、国家に庇護を求めた。フリードリッヒ・リスト（Friedrich List, 1789–1846）が提唱した国家の統一と幼稚産業を保護するための関税同盟は、このための経済理論であった。これとよく似た関係は、労働者達と国家との間にも認められる。十九世紀半ば、イギリスの後追いをしたドイツでは急速な工業化、都市化、そして大衆化が起こった。農村を離れ都市に集住した労働者達は、ときに失業、貧困、酷使によって生活の安全が脅かされた。このときに、社会保障によって労働者達を庇護したのは帝国確立後（一八七一年）のビスマルクによるドイツ国家だった。このようにニコルスのいう国家保護主義は、国王と富豪との関係とは別の形で、国家と企業者、国家と労働者との間に受け継がれた。

国家保護主義は、経済的自由主義による国民国家からの市民社会の解放とは矛盾する。経済的自由主義は、経済のことは経済に任せよという自由放任主義や、国家の職域を治安と衛生と国防に限定する夜警国家とを理想とする。このため、国家保護主義による市民社会の庇護には否定的である。

さらに国家保護主義と並んでもう一つ、市民社会と相容れない共同体（Gemeinschaft）の伝統がドイツにはある。この伝統から見ると経済的自由主義は、伝統であった互いに他を思いやる人間の共同体を破壊し、これに代わって互いに他を排除する個人を出現させたことになる。経済的自由主義は、工業化以前のたとい慎ましやかであっても社会的安全をともなった人間社会を解体させ、予期できない社会不安、新しい経済的依存関係、劣悪な生活条件、プロレタリア化［Gutmann, 1998, 53］をともなう自由ではあっても安全でない人間社会を出現させたことになる。

本書は、この点で十九世紀から二十世紀前半のドイツは、イギリス発の商業社会と市民社会の波動と、ドイツ固有の国家保護主義と共同体の伝統との間の相克に苦悩したとの見解をもつ。しかし、この苦悩の理由の一つは、ドイツ人による自由主義と個人主義との関係の誤解にもあった。確かに、自由主義は個人を社会から解放し個人主義に帰着することは否定できない。しかし、これによって個人主義が反社会的であると断定することにも問題がある。個人主義はそれが徹すれば、かえって個人は他者との関係を真剣に求めることになる。したがって、徹した個人主義からも、上下関係を前提にした古い共同体に劣らず、人間的な、平等な関係を前提にする新しい共同体が生まれる契機は十分にある。

しかしながら、イギリスで成立した商業社会と市民社会は、ドイツに伝統的であった国家保護主義と共同体とに阻まれて、容易にドイツには定着しなかった。このため、分業と交換を正常な軌道に乗せるためには欠かせない、市場秩序と貨幣秩序と貿易秩序とがドイツでは第二次大戦後まで確立しなかった。この点を、より具体的にいえば以下のようになる。

市場秩序との関連では、フランツ・ベーム（Franz Böhm, 1895–1977）が指摘した一八九七年のライヒ最高裁判所におけるカルテルを合法とした判決［Böhm, 1948, 198］があげられる。この判決によって、カルテルが公認された。その結果、ドイツではカルテルによって正常な価格の形成が妨げられ、このため市場規律あるいは市場秩序が損なわれた。貨幣秩序との関連では、第一次大戦期間中に結成された政府と産業団体と労働組合による共同主義（コーポラティズム）による経済運営があげられる。三者の合意による経済の膨張主義は、確かに軍需と民需の双方で生産と所得と雇用を増加させた。しかし、金準備のない貨幣発行と国債発行によって増加した貨幣供給は、第一次大戦後超インフレーションを招くことになった。ここでも、ドイツの貨幣規律あるいは貨幣秩序は損なわれた。貿易秩序との関連では、十九世紀末ビスマルクによる自由貿易から保護貿易への転換があげられる。近隣窮乏化（beggar neibour policy）と呼ばれる貿易政策は、第一次大戦の原因となった。ここでもドイツは、貿易規律あるいは貿易秩序を損なった。

以上のように十九世紀後半から二十世紀前半にかけて生じた経済の矛盾と混乱は、大多数のドイツ国民によって一九三三年の帝国国民議会選挙で見るように、経済的自由主義の当然の帰結と信じられた。しかし少数であってもドイツには、ナポレオン戦争後から第一次大戦までの一世紀を自由の世紀［Röpke, 1966, 18］として、イギリスで成立した商業社会と市民社会を否定的にではなく肯定的に評価したウィルヘルム・レプケ（Wilhelm Pöpke, 1899–1966）のような自由主義者達もいた。このような自由主義者達は、ドイツに伝統的であった国家保護主義と共同体も完全には否定しなかった。戦後ドイツに台頭した自由主義者達は、経済的自由主義を超えた新しい自由主義によって、イギリスの商業社会と市民社会とによる国家モデルと、ドイツの国家保護主義と共同体とによる国家モデルとを補完させ調和させせようとした。

## 第三節　戦後ドイツにおける自由主義の潮流

図2は戦後ドイツにおける自由主義の潮流を、新自由主義あるいは広義の秩序自由主義と総称して、左よりの社会学的自由主義あるいは共同体的自由主義、右よりの進化論的自由主義あるいは右派の秩序自由主義、そして中間のフライブルク学派あるいは狭義の秩序自由主義に三分したものである。

三者はともに古典的自由主義を継承したが、十九世紀に広まった自由放任主義のように無条件の自由ではなく、自由に条件が必要であるとした点で十八世紀に起源をもつ古典的自由主義とは異なっている。社会学的自由主義は社会政策的条件、フライブルク学派は秩序政策的条件、進化論的自由主義は一般法的条件をそれぞれ自由主義の条件としている。これらの条件によって、戦後ドイツに起源をもつ新しい自由主義は、自由は手段ではなく目的であるという自由の新しい在り方の解釈によって自由の価値をもう一度回復しようとした。

図2には図1にあった、ブキャナンの契約論的体制論とフリードマンの自由放任主義・最小国家論とは入っていない。図2にある新自由主義（Neoliberalismus）は、一九七〇年代の石油危機や、一九八〇年代のサッチャーリズムや、一九九〇年代の東西ドイツの統一を背景にして有力となったアングロサクソン諸国（米英）発の新自由主義とは同じものではなかった。

図2には秩序自由主義が、広義、狭義、右派と三種類に分けて表記されている。秩序自由主義を、このように様々に言い表すのは煩雑である。しかし、本書は図2のようにフライブルク学派の狭義の秩序自由主義を軸にして、社会学的自由主義と進化論的自由主義を包括して新自由主義とし、同時に広義の秩序自由主義とも総称するアンドレ

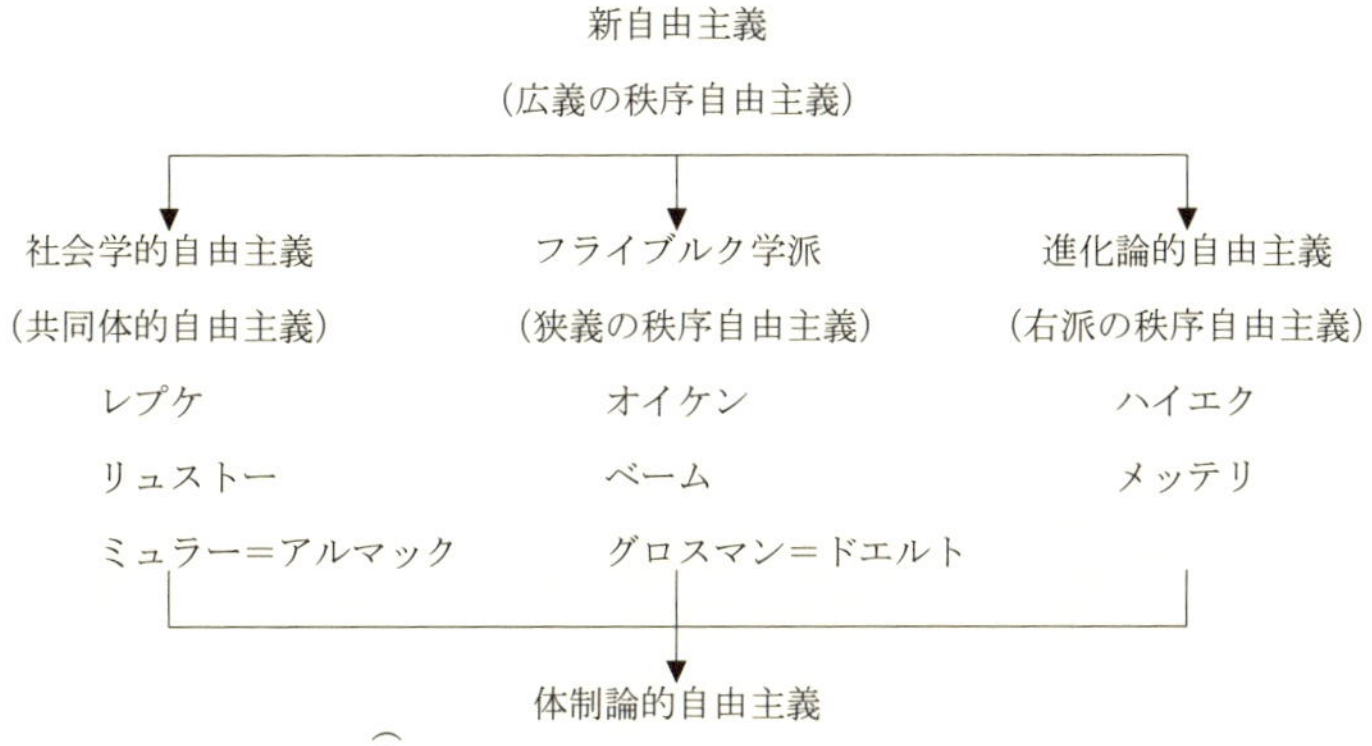


出典：Renner 2000（6）.

図2

アス・レンナーの系統図に同調する。なぜなら、図2に名前のある研究者はいずれも十九世紀の末に生まれ、激動した二十世紀の前半の歴史を体験し、第二次大戦後は新しい自由主義を志向する経済思想において同じ立場に立ったからである。特に、経済活動の調整が政府と市場のいずれを中心にするかについては、市場を中心にする点で意見は完全に一致していた。レンナーの系統図にある三つの方向への分離は、西ドイツの経済復興期ではなく、経済復興後において生じたことである。

第二次大戦後ドイツは、冷戦構造のなかで国家体制は東西ドイツに二分された。東ドイツを別にして、西ドイツに関してはナチス一二年間の歴史が刷新されて新しい政治・経済・社会体制を目ざす国家の再建が開始した。このとき、特に経済再建の基礎になった経済思想は図2にある新自由主義あるいは広義の秩序自由主義であった。

ヘルベルト・ギルシュ（Herbert Giersch, 1921-）は、一九四八年の通貨改革と統制撤廃をもって開始した西ドイツの経済復興を四〇年後に回顧して、それが単なる再建ではなく自由革命（liberal reform）[Giersch, 1988, 3]であったと述べている。西ドイツの経済復興をギルシュのようにとらえると、まさに経済思想はオイケンが言ったように一つの政治的な力として現実を変革したことになる。この自由革命の先行者として、三名の研究者の活動が注目されている。

一人は、一九三二年にドレスデンの社会政策学会の年次総会で「自由な経済とつよい国家」（Freie Wirtschaft, starker Staat）と題する講演を行ったリュストー（Alexander Rüstow, 1885–1963）であった。この講演でリュストーは、大恐慌後のドイツの危機が国家による過度の干渉と補助金とによって生じた［Prollius, 2007, 13］と主張した。リュストーのいうつよい国家とは、援助を要望する企業者達や労働者達にしたがって経済に介入する国家ではなかった。逆に、圧力団体の要望に屈することなく経済に対して中立を守れる国家のことであった。一九三〇年代の当時、すでに見たように経済的自由主義はドイツ国民の信望を完全に失っていた。また、社会政策学会の主流は歴史学派の復権と、革命でなく改革による事態の打開を目ざしていた。いずれからも、リュストーのような古典的自由主義への復帰の主張は評価されなかった。ただし、この講演に賛同した若い研究者も少なくはなかった［Prollius, 2007, 13］。

一人は、一九三七年に『よき社会』（The Good Society）を出版したユダヤ人とドイツ人を両親としたアメリカ人ジャーナリストのウォルター・リップマン（Walter Lippmann, 1889–1974）であった。リップマンは、当時勢力を増しつつあったファシズムとコミュニズムとを激しく攻撃した。リップマンの議論の要旨は、以下のようであった。(7) ファシズムは自由主義が国民精神を堕落させ、コミュニズムは階級意識を希薄にさせるという。しかし、このようにいうファシズムとコミュニズムがつくりあげるのは、人が人の上に立って支配し個人を十把ひとからげに束ねる社会である。(8) しかし、人が人として尊重されることを信条とする者は、このような社会にあっても社会の上位者の意向にはしたがわない。このような生活信条は、敬虔な宗教者（the humblest communicants）の間で自然に生じるものである。このような者達は、当然社会の上位者に嫌悪され迫害された。この中には、民主主義者、社会主義者、平和主義者などが含まれていた。しかし、いかに激しく迫害されても、人が人として尊重されることを求める生活信条を根絶することはありえない。これが、リップマンの結論であった。同時に、リップマンはよき社会とは人が人の上に立って支配する社会でなく、人が人として尊重される社会であることをも明らかにした。

一人は、ハイエク（Friedrich A.von Hayek, 1899-1992）であった。ハイエクは、第二次大戦の前夜一九三八年にパリで開かれウォルター・リップマンのシンポジューム（Colloque Walter Lippmann）の後を受けて[Gierisch, 1988, 3]、戦後間もない一九四七年にスイスの小さな村モンペルランで自由主義者の集まりを開いた。リップマンのシンポジュームの参加者は二六名[Otte, 2008, 1/3]で、上の図1と図2とにあげられた研究者の多くも参加していた。その中には、ハイエク、ミーゼス、リュストー、レプケ、オイケン、ミュラー＝アルマックもいた。ハイエクが主催したモンペルランでの会合と、その後設立されたモンペルラン協会（Mont Pelerin Society）にはさらに多くの参加者が加わった。その中には、ベーム、グロスマン＝ドエルト、そして西ドイツの経済復興の中心にいたルードウィッヒ・エアハルト（Ludwig Erhard, 1897-1977）もいた。ハイエクにとっては、第一次大戦後は鳴りをひそめた自由主義の精神が、その後も僅かな孤立した研究者によって守られ、第二次大戦を経て再び結集した[Hayek, 1966, 195]のは驚くべき事実であった。ハイエクは、欧米における自由主義の研究拠点がオーストリー、イギリス、アメリカ、イタリア、ドイツ、フランスにあるとして、代表的な研究者の名前をあげている。ハイエク自身一九四四年に発刊した『隷従への道』（The Road to Serfdom）において、自由がいかにヨーロッパでは産業活動と科学技術を発展させたかを論じていた[Hayek, 1944, 17]。また、自由はこのように手段として利用されるだけでなく、自由にはそれ自身が目的であり、絶対的価値をもつことをも論じていた[Hayek, 1960/1961, 106]。

西ドイツの経済復興においてギルシュのいう自由革命が、いかに枢要な役割を果たしたかは、経済復興の中心にいたエアハルトの言葉がこれを端的に表している。一九五八年ニューデリーでのインド国際会議の演説のなかで、エアハルトはドイツ経済の奇蹟といわれた表現を否定して、西ドイツで起こったのは奇蹟というべきでなく、単に自由の原理に基づく経済政策が人間の労働に価値と意味を約束するようになったことの当然の結果であると述べた[Erhard, 1962, 398–399]。

しかし、自由の原理に基づく経済政策は、その後西ドイツの経済体制を表すようになった社会的市場経済(9)でエアハルトが目ざす方向には進まなかった。確かに、エアハルトの経済政策は一九五一年には貿易収支を黒字にし、一九六〇年には失業率を一・二%にして完全雇用を達成し、さらに退陣直前の一九六五年の実質経済成長率でも五・四%を記録していた。しかし、エアハルトは一九四八年の当初から対立する社会民主党（ＳＰＤ）から批判を受けただけでなく、所属するキリスト教民主同盟・社会同盟（ＣＤＵ・ＣＳＵ）からも、特に社会政策面では修正を迫られていた。そして、社会的市場経済の軌道修正の要求は、経済復興期をおえ一九六〇年代の経済復興後に表面化してきた。この要求は、主に図２の左よりの社会学的自由主義あるいは共同体的自由主義から起こってきた。

社会的市場経済のエアハルト時代（一九四八〜一九六六年）では、エアハルトの経済政策は図２の狭義の秩序自由主義に近かった。エアハルトの功績に帰せられる通貨改革と統制解除の同時進行の政策は、オイケンの秩序理論と秩序政策を実践したものだった(10)。当時、あらゆる経済財が不足するなかでヒトラーの遺産であった公定価格を止めて多くの物財取引を自由価格で行うことは無謀と危惧されていた。しかし、過剰通貨が通貨改革で収縮されていれば、経済財が不足でも著しい物価騰貴にならないはずであるし、事実危惧されたほどのインフレーションは生じなかった。これ以降、自由の原理に基づくエアハルトの経済政策は、重点を市場における価格メカニズムの効率を高めることに置いて実行された。この点でも、エアハルトは競争秩序を秩序政策の中心にする秩序自由主義にしたがっていた。エアハルトはカルテル禁止に抵抗する企業側と対立しながら、競争制限禁止法（独占禁止法）の完成を目ざしていた。

このように、エアハルトが中心であった期間の社会的市場経済は、秩序政策を条件に自由を守る図2にある狭義の秩序自由主義に沿って進行して行った。オイケン、ベーム、グロスマン＝ドエルトの名があげられているフライブルク学派、あるいは狭義の秩序自由主義のいう秩序政策の条件とは、以下のことをいう。まず、経済秩序の形成には国家が責任をもち、独占価格やカルテル価格によって価格が決められることのない条件設定をする。現実は理想とは距離があるが、このように条件設定された経済秩序を競争秩序という。この競争秩序を前提にして、すべての経済主体は経済過程の形成に自己責任において自由に活動する。このような競争秩序では、自由が価格を決められる立場にあるカルテル企業だけに限定され、アウトサイダーはここから排除される自由の差別は生じない。競争秩序では、経済主体は等しく自由である。したがって、競争秩序においては、自由と平等と平和とは経済主体の間で実現される。秩序自由主義のいう競争とは、互いに自己の業績を高めるための業績競争であって、互いに相手を競争から排除して利益を独占しようとする排除競争ではない。

しかし、社会的市場経済は一九六〇年代に市場における自由の原則から、社会的均衡の原則へと重点の移動をはじめた。この時期をミュラー＝アルマックは、社会的市場経済の第二段階と言った［Müller-Armack, 1976, 267］。この時期を境にして、新自由主義あるいは広義の秩序自由主義は、図2に見るように三つの方向に区別されるようになる。

三つの方向を図式的にいえば、社会学的自由主義は国家政策よりは社会政策に、フライブルク学派は社会政策よりは国家政策に、進化論的自由主義は国家政策と社会政策のいずれにも重きを置かない点が相異する。しかし、三者の間には置かれる重点に相異があったとしても、自由な政治・経済・社会体制を実現しようという志向には相異がない。

以下で、フライブルク学派あるいは狭義の秩序自由主義に比べると左右に位置する社会学的自由主義あるいは共同体的自由主義と、進化論的自由主義あるいは右派の秩序自由主義を説明したい。

図2にある、社会学的自由主義あるいは共同体的自由主義から説明する。ミュラー＝アルマックが社会的市場経済は一九六〇年に第二段階に入ったと言ったのは、生産を増やすことを主たる目標とした段階がおわったということであった。西ドイツはすでに見たように、一九六〇年には完全雇用を達成していた。確かに、経済復興期には生産が増えることは、分配される所得にも、雇用にも、企業の新規事業にも効果があった。しかし、国民の関心は時代とともに移り、経済的より社会的へと関心の方向に変化が生じていた。ミュラー＝アルマックは、この変化に社会的市場経済が柔軟に対応することが必要であるとの立場に立った。このために、市場調和の原則（Grundsätze der Marktkonformität）に反しないことを条件として、国家による再分配と干渉とが必要であるとの立場をとった。そして、これが社会的市場経済に付いている限定修飾語である社会的（sozial）の意味であると言った［Müller-Armack, 1960, 12］。ミュラー＝アルマックが国民の関心の変化に対応して、社会的市場経済も様式を変えなくてはならないと言ったのは、様式は精神の反映であるとしたミュラー＝アルマックの経済様式説の立場に基づくものである［Müller-Armack, 1959,46］。

次に、リュストーとレプケとに触れておきたい。新自由主義という用語は、リュストーが上で述べたウォルター・リップマンのシンポジュームではじめて用いたものである。リュストーは十八世紀後半にイギリスで成立して、十九世紀にヨーロッパに広まった経済的自由主義を旧自由主義（Paläoliberalismus）と名づけた。そして、自らの自由主義を新自由主義と名づけた。両者を区別したのは、前者が経済のみに価値を置いたのに対して、後者は経済を超えた価値を経済の上に置いたからである。しかし、リュストーは十八世紀後半にイギリスで成立した古典学派を批判したのではない。さらに、古典学派が基礎になった商業社会と市民社会とを批判したのでもない。リュストーが批判したのは、古典的自由主義が十九世紀の自由放任主義の経済政策によって、経済至上主義と物質万能主義とを生み出したことであった。リュストーが展開したこの批判は、二十一世紀に入っても経済がよければすべてよしとする観念に向かって、その有効性を失ってはいない。なぜなら、この観念が特に十九世紀以降の経済主義の時代において、人間と社会と自然とに破壊作用を起こす原因になっているからである。リュストーは、経済至上主義の観念は、経済を超えた価値の観念によって改められるという立場であった。リュストーは経済よりも大事なものは数多くあるとして、以下のものをあげている。家庭、共同体、国家、すべての人類にいたるまでの社会的団体、さらに宗教的なもの、倫理的なもの、美的なものである［Rüstow, 1960, 20］。要は、人間的なもの文化的なものすべてである。リュストーはこれらを経済の上位に置く社会政策を、生活政策（Vitalpolitik）［Rüstow, 1960, 24］と名づけた。この点、社会保障を社会政策としたミュラー＝アルマックとは内容に相異がある。

レプケは自らを、社会技術では自由主義者、社会哲学では保守主義者であると述べている［Röpke, 1966, 19–20］。レプケは自由主義者としては古典学派の伝統にしたがい、保守主義者としてはギリシャ・ローマとキリスト教の精神遺産を継承するといった［Röpke, 1966, 23］。したがって、レプケの自由主義は、この精神遺産を不可欠の条件とする。経済的自由主義がこの精神遺産から離れれば、レプケは自由主義の批判者ともなった。この点レプケは、十九世紀の自由放任主義を批判したリュストーはじめすべての新自由主義者と同じであった。レプケのいうギリシャ・

ローマとキリスト教の精神遺産とは、リップマンが言った人が人として尊重される社会と同じものであった。そして、レプケがヒューマニズムというのはこの立場である。さらにレプケは、市場経済は万能ではない、需要と供給、自由な価格、競争だけでは十分でない、これら経済的なものは、より高い全体秩序の中に埋め込まれなくてはならないといった［Röpke, 1966, 23］。レプケのいう全体秩序を言い換えると、商業社会は市民社会に、市民社会は道徳社会に基礎づけられなければならないということであった。

社会学的自由主義とは、対照される位置に置かれるハイエクの進化論的自由主義は、図式的には上で述べたように社会政策と国家政策のいずれにも重きを置かない。しかし、それは決してハイエクが反国家的、反社会的な個人主義者ということではない。確かにハイエクは、ミュラー＝アルマック、リュストー、レプケのように社会政策的条件や、オイケン、ベーム、グロスマン＝ドエルトのように秩序政策的条件を自由の条件として示さなかった。ハイエクの一般法的条件は、これら二つの条件に比べると拘束力は少ない。この点ハイエクは、確かに自由放任主義に近かった。ハイエクのいう一般法（allgemeine Gesetze）［Hayek, 1954, 8］は、立法機関と行政機関との完全な分離を前提にして制定された法律をいう。両者が未分化の場合には、例えば絶対者が二つの権限を合わせもつときに起こるように、法律の適用を受ける側に利益と意志とが損なわれやすい。しかし法律を制定する権限と、これを執行する権限とが分かれていれば、適用を受ける側には特定の意志や利益を押し付けられる恐れがない。アメリカのように、大統領の行政権と議会の立法権が独立していれば、両者が同一政党に統一されない限りハイエクのいう一般法が成立しやすい。さらに、ハイエクが社会や国家とは距離を置いて個人を中心に置くのは、ハイエクが方法論的個人主義（methodological individualism）［Hayek, 1964, 38］に立つからである。方法論的個人主義は、学問の最も確かなよりどころを個人に置く。自然科学は別として、社会科学が最も確かなよりどころにできるのは個人である。確かに、個人の経験、知識、判断には限界はある。しかし、確かさにおいては社会や国家は個人に代れない。ハイエクが社会的（social）という言葉を、一般受けはして流行はしているが内容は空虚［Hayek, 1966, 237］だとして用いることを拒否したのはこのためである。

## 第四節　戦後欧米における自由主義の潮流とその展望

図3は戦後欧米の自由主義の潮流という観点から、三つの自由主義を区分したものである。図2は、戦後ドイツに限定した自由主義の潮流であった。レンナーは図3の分類を、国家と経済との関係を基準に行った［Renner, 2000, 9］。これによる分類を、経済政策コンセプトとして比較したのが図3である。

福祉国家的自由主義あるいは社会的自由主義では、国家は経済過程に直接介入する。ケインズの完全雇用政策では、国家は公共投資という形で投資過程に介入する。ピグーの厚生経済学による所得政策では、分配過程に介入する。両者の介入は、ケインズはマクロ的、ピグーはミクロ的と相異はある。しかし、両者が国家の介入を退けないのは、商業社会と市民社会を否定するためではなく、逆にこれらを守るためである。福祉国家は、雇用と所得とを広く多くの人に保証する、両者は、これに合致する経済理論を提供した。

福祉国家的自由主義の対極に、自由市場的自由主義あるいは旧自由主義がある。自由市場的自由主義では、国家は原則として経済に介入しない。経済過程だけでなく、経済秩序の形成にも介入しない。国家が、経済に介入することの弊害を避けるためである。例えば、国家が価格を安定させようとして干渉をはじめると、干渉は価格にとどまらず生産への干渉が必要となり、さらに投資への干渉が必要となり干渉の連鎖が進行する。これによって、経済

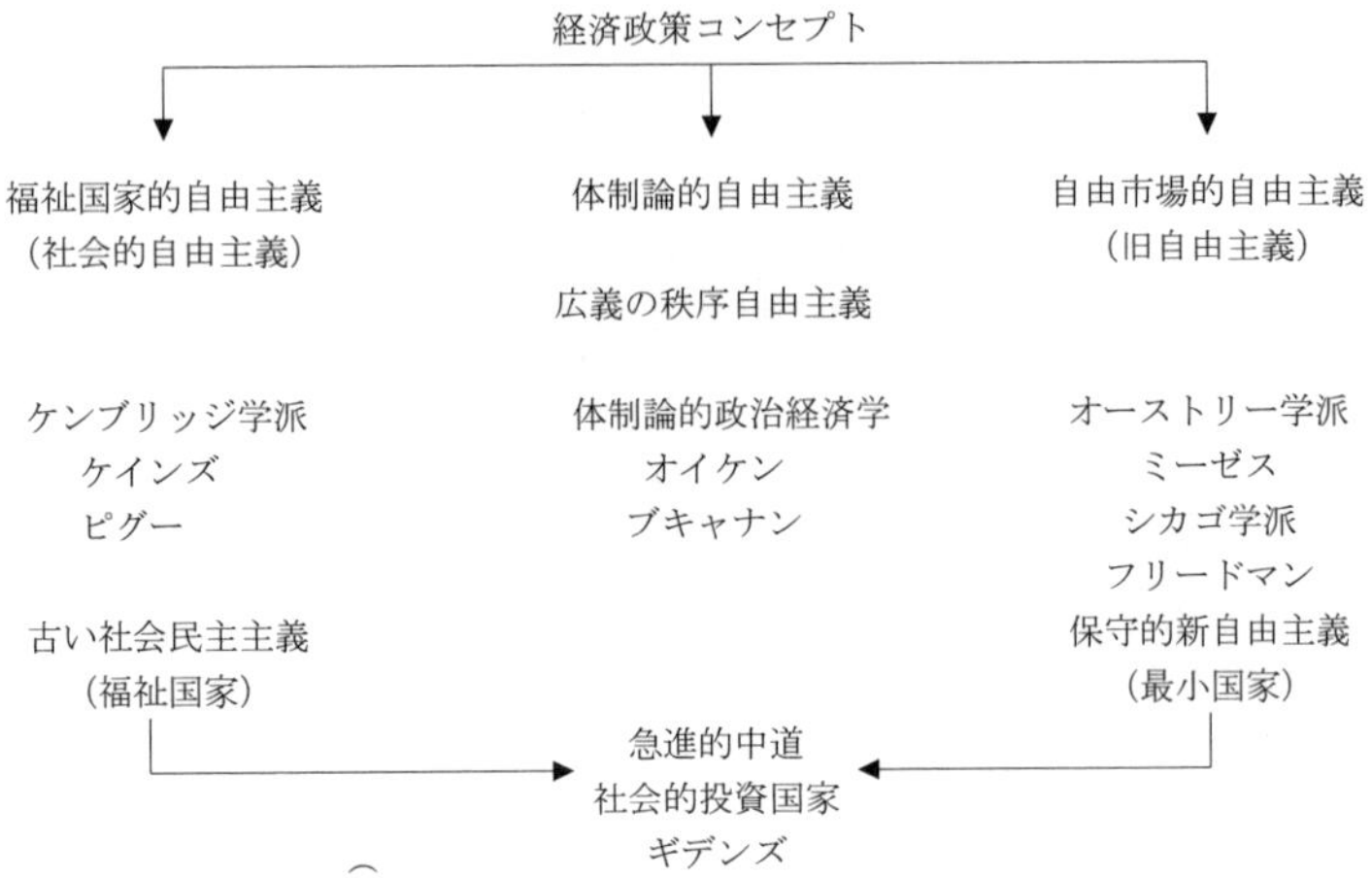


出典：Renner 2000(11).

図3

は価格と市場とによる本来の調整機能を失う。このために自由市場的自由主義は、経済から国家を遠ざける。この結果経済政策は、自由放任主義になる。

体制論的自由主義あるいは広義の秩序自由主義あるいは体制論的政治経済学は、十九世紀ヨーロッパにおける自由放任主義の弊害を克服しようとした。すでに広義の秩序自由主義で見たように、社会政策的、秩序政策的、一般法的条件によって自由の体制を守ろうとした。体制論的政治経済学も、政治が経済を利用しなくするために両者の分離を必要とする。いずれにおいても、経済がより具体的には市場経済が本来の機能を果すためには、条件設定あるいは枠条件が必要であることを証明しようとした。

図3は、戦後欧米の自由主義の潮流を分類しただけではない。一九九〇年代の後半に、第三の道をキャッチフレーズにして、イギリスの社会民主主義に新風を送り込んだ社会学者アンソニィー・ギデンズの位置づけをしている。一九九〇年代は、その初頭に東西ドイツの統一と、それに続く東欧革命があり、冷戦構造がおわった時代であった。このときに、新自由主義は再び脚光を浴びた。新自由主義はかつてドイツにおいて、エアハルト時代の社会的市

場経済の成功によって高い評価を受けた。しかしエアハルト後の一九六〇年代半ばから一九七〇年代半ばには、社会民主党（ＳＰＤ）の経済学者カール・シラーによるケインズ・オイケン総合と呼ばれた総体的誘導政策（Global-steurung）によって、新自由主義はドイツにおいて存在感を失った。一九八〇年代のサッチャー、レーガン、コールの時代に、ドイツではエアハルトへの回帰が課題となったが一旦社会民主党政権の福祉重視によって増加した財政負担は容易には削減できなかった。さらに一九九〇年のドイツ統一は、旧東ドイツ援助に必要な財政負担を増加させ、国民にはこのための連帯税を負わせることになった。これによって、エアハルトへの回帰は一層遠のいた。しかし他方で、東欧革命で優位を認められた市場経済モデルは世界に広まった。この結果、経済競争がグローバル化することになった。グローバルに激化する経済競争を前に、一九九〇年代にはグローバリゼーションの是非を問う論争がはじまった［Renner, 2000, 7］。

この論争の中で、ギデンズはグローバリゼーション批判の急先鋒となった。グローバリゼーションを推進させ、世界を経済競争へと駆り立てた元凶は新自由主義であるというのがギデンズの主張だった。これによってサッチャーリズム（Thatcherism）、新右翼（new rights）、最小政府（minimal government）、市場原理主義（market fundamentalism）を新自由主義の名の下で、ギデンズは激しく攻撃した［Renner, 2000, 8］。

さらに、ギデンズは図３の福祉国家的自由主義をも、これを新右翼に対して旧左翼（old lefts）と呼ん非難した。ギデンズは、従来の慣習と伝統によっては新しい時代の問題には対応できないといった(12)。その上でギデンズは、古い社会民主主義あるいは福祉国家とも、保守的新自由主義あるいは最小国家とも異なる第三の道による解決を提案した。そして、この第三の道を急進的中道あるいは社会的投資国家と名づけた。社会的投資国家では、人的資本と社会資本とが重視されている。

図3には、同じく福祉国家的自由主義とも自由市場的自由主義とも異なる、戦後ドイツに台頭した広義の秩序自由主義が体制論的自由主義としてギデンズの社会的投資国家と対比されている。ギデンズが急進的中道というならば、広義の秩序自由主義は保守的中道と位置づけられる。広義の秩序自由主義は、自由放任主義が人間と社会と自然とに負の外部効果をもたらしたことで、これを批判する。しかし、経済のもつ自律性を害する過度の干渉主義をも批判する。本書は、以下の秩序自由主義の資本・福祉・EUを以上の立場に即して論述する。

注

(1) 経済思想がどのようなものであるかについては、『経済学大辞典』Ⅲ（昭和三〇年　東洋経済新報社）に、ⅩⅢ経済思想の表題があるが、ここには古代経済思想、中世経済思想、ルネッサンスはじめ一二項目の説明があるだけで、経済思想そのものの概念規定はされていない。『体系経済学辞典』（昭和五〇年　東洋経済新報社）でも、Ⅰ社会経済思想の表題はあるが、ここにもルネッサンス・ヒューマニズム、マキアヴェリズム、プロテスタンティズムなど五三項目の説明があるが、社会経済思想そのものの概念規定はない。『経済学辞典』（一九六五年　岩波書店）にも、経済哲学や経済倫理の項目はあるが経済思想はない。『経済学事典』（昭和二九年　平凡社）にも経済思想の項目はない。『経済思想史辞典』（平成一二年　丸善株式会社）にも、経済思想の項目がない。猪木武徳は、経済思想を著書『経済思想』の中で、ビジネスマンが日々の仕事を進めていく上でどのような観点から決断をしていくか、政策立案者が国家の「舵取り」をする場合、目標をどう選び政策手段をどう評価しているか、あるいは経済学者が現実の経済の動きを描写したり解釈したりするときどのような『概念上の枠組み』や前提を置いているか、といった姿勢を意味していると説明している［猪木、1987, 1］。松原隆一郎は、著書『経済思想』の「はしがき」で経済思想を社会における人間の営みの諸方面とのかかわりに配慮しつつ描く経済理論と定義している［松原、2001, 1］。

猪木は、ビジネスマンにせよ、政策立案者にせよ、経済学者にせよ、その姿勢は単位観念に分解でき、この組み合わせで成り立っているという［猪木、1987, 1］。松原は、経済思想を経済理論と定義するが、その経済理論は人間の営みの諸方面とのかかわりをもつ幅のある理論である。このように、両者ともに経済思想を幅広い概念と解釈していることが共通している。

本書は、経済思想が両者のように幅広い概念と解釈される理由を以下のように理解する。経済思想は、言葉としては存在しているが、その概念が明確に規定されないままに使用されている言葉の一つである。そして、日常頻繁に使用される言葉には概念規定が曖昧なままに、それでも支障なく使用されている言葉は少なくない。特に、色や形ではその現実が認知されない、感覚を超えた現実にはこのようなものが多い。例えば、愛情には色も形もないが、その現実は認知されている。人が経済といっている言葉と現実も、色も形もないけれど、その現実が認知されている

1919-1933 年間の帝国国民議会選挙の結果（有効投票のパーセンテージ）

| | 1919 1月 | 1920 6月 | 1924 5月 | 1924 12月 | 1928 5月 | 1930 9月 | 1932 7月 | 1932 11月 | 1933 3月 |
|---|---|---|---|---|---|---|---|---|---|
| ドイツ共産党（KPD） | — | 2.1 | 12.6 | 9.0 | 10.6 | 13.1 | 14.3 | 16.9 | 12.3 |
| 独立社会民主党（USPD） | 7.6 | 17.9 | 0.8 | 0.3 | — | — | — | — | — |
| 社会民主党（SPD） | 37.9 | 21.7 | 20.5 | 26.0 | 29.8 | 24.5 | 21.6 | 20.4 | 18.3 |
| 中央党/バイエルン人民党 | 19.7 | 18.2 | 16.6 | 17.3 | 15.2 | 14.8 | 15.7 | 15.0 | 13.9 |
| ドイツ民主党（DDP） | 18.5 | 8.3 | 5.7 | 6.3 | 4.9 | 3.8 | 1.0 | 1.0 | 0.9 |
| ドイツ国民党（DVP） | 4.4 | 13.9 | 9.2 | 10.1 | 8.7 | 4.5 | 1.2 | 1.9 | 1.1 |
| ドイツ国家国民党（DNVP） | 10.3 | 15.1 | 19.5 | 20.5 | 14.2 | 7.0 | 5.9 | 8.3 | 8.0 |
| 国家社会主義ドイツ労働者党（NSDAP） | — | — | 6.5 | 3.0 | 2.6 | 18.3 | 37.3 | 33.1 | 43.9 |
| その他 | 1.6 | 2.8 | 8.6 | 6.5 | 14.0 | 14.0 | 3.0 | 1.6 | |

出典：ヴォルフガング・イェーガー，クリスティーネ・カイツ［2006］172頁。

点で愛情とよく似ている。このような現実を学問として究明して行くには、例えば経済とはいかなる現実であるかを常に問いつつ一歩一歩と経済という現実に接近して行く外はない。そして本書は、経済思想をこのような探求の過程で発見された有意な知見の集積と理解しておきたい。

（2）本書が、経済思想と訳した言葉はドイツ語では das ökonomische Denken、英語では economic thought である。また、一つの政治的な力と訳した言葉はドイツ語では eine wirtschaftspolitische Macht、英語では a political force である。草稿の趣旨からいって、英語の a political force（一つの政治的な力）がわかりやすい。

（3）この研究者グループの代表者は、経済学者のワルター・オイケン（Walter Eucken）、法学者のフランツ・ベーム（Franz Böhm）、同じく早世した法学者のハンス・グロースマン＝ドエルト（Hans Großmann-Doerth）であった。このグループをオルドー・サークル（Ordo-Kreis）、その立場を秩序自由主義（Ordoliberalismus）と名づけたのは社会学者のヘロー・メーラーであった。メーラーは Ordoliberalismus の名称を、次の論文で用いた［Renner, 2000, 4］。Moeller, Hero［1950］Liberalismus, in, Jahrbuch für Nationalökonomie und Statistik, Bd. 162. メーラーが、このグループをオルドー・サークルと呼んだのは、オイケンとベームの二人が共同編集者となって一九四八年に発刊した年報誌の名称がオルドー（ORDO）であったことによる。年報誌『ORDO』はその後、号を重ね二〇〇八年で発刊六〇周年を迎えている。

（4）ワイマール共和国は君主制から共和制へと移っているが、移行期の議会を帝国国民議会と呼ぶので一九一九年の選挙を帝国国民議会選挙として、その結果を一九一九年から一九三三年まで示すと上表のようになる。

(5) 図1の原図は以下の通りである。

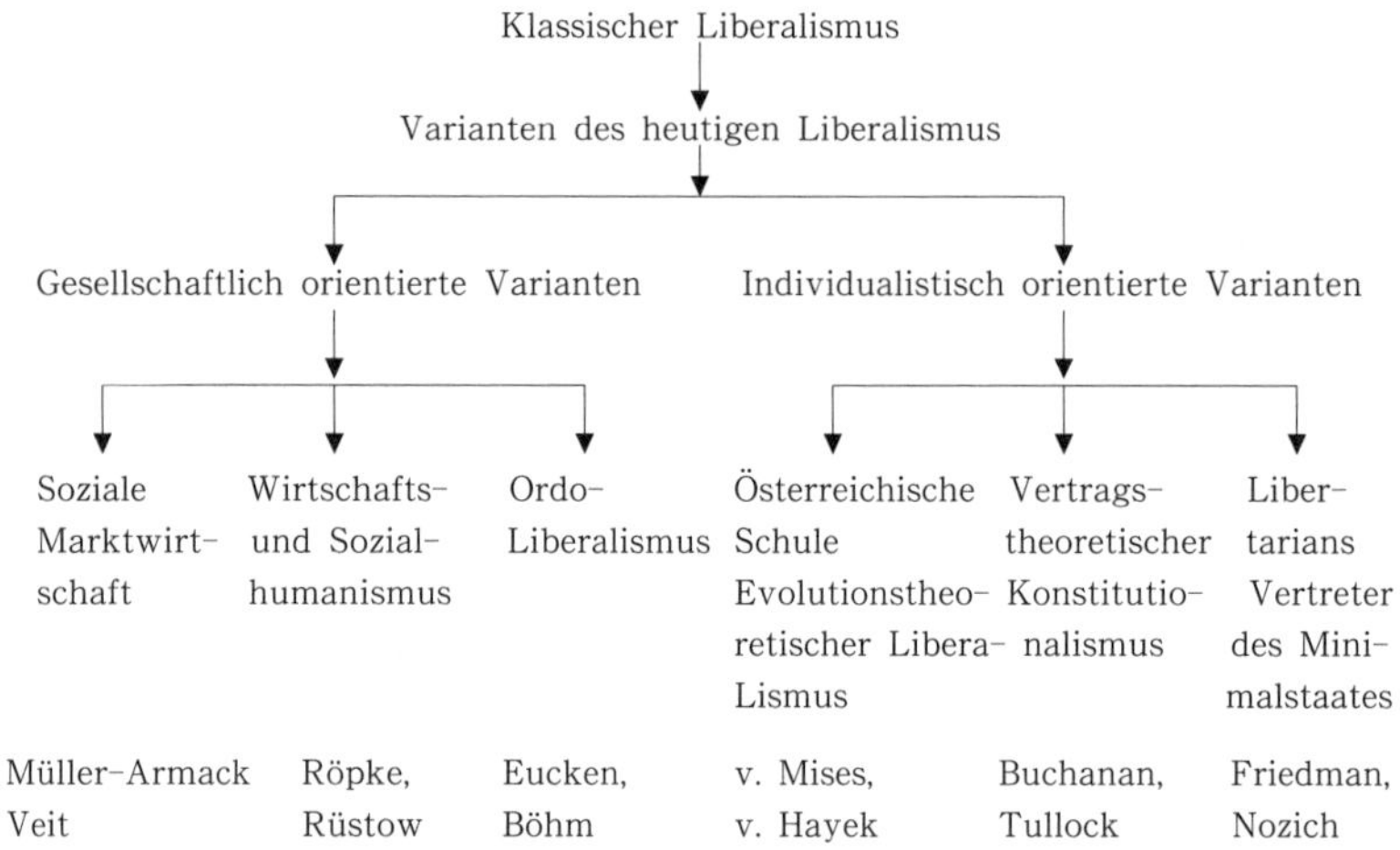
Klassischer Liberalismus
Varianten des heutigen Liberalismus
Gesellschaftlich orientierte Varianten
Individualistisch orientierte Varianten
Soziale Marktwirt-schaft
Wirtschafts- und Sozial-humanismus
Ordo-Liberalismus
Österreichische Schule Evolutionstheo-retischer Libera-Lismus
Vertrags-theoretischer Konstitutio-nalismus
Liber-tarians Vertreter des Mini-malstaates
Müller-Armack Veit
Röpke, Rüstow
Eucken, Böhm
v. Mises, v. Hayek
Buchanan, Tullock
Friedman, Nozich

出典 : Tuchtfeldt 1994, Gutmann 1998.

(6) 図2の原図は以下の通りである。

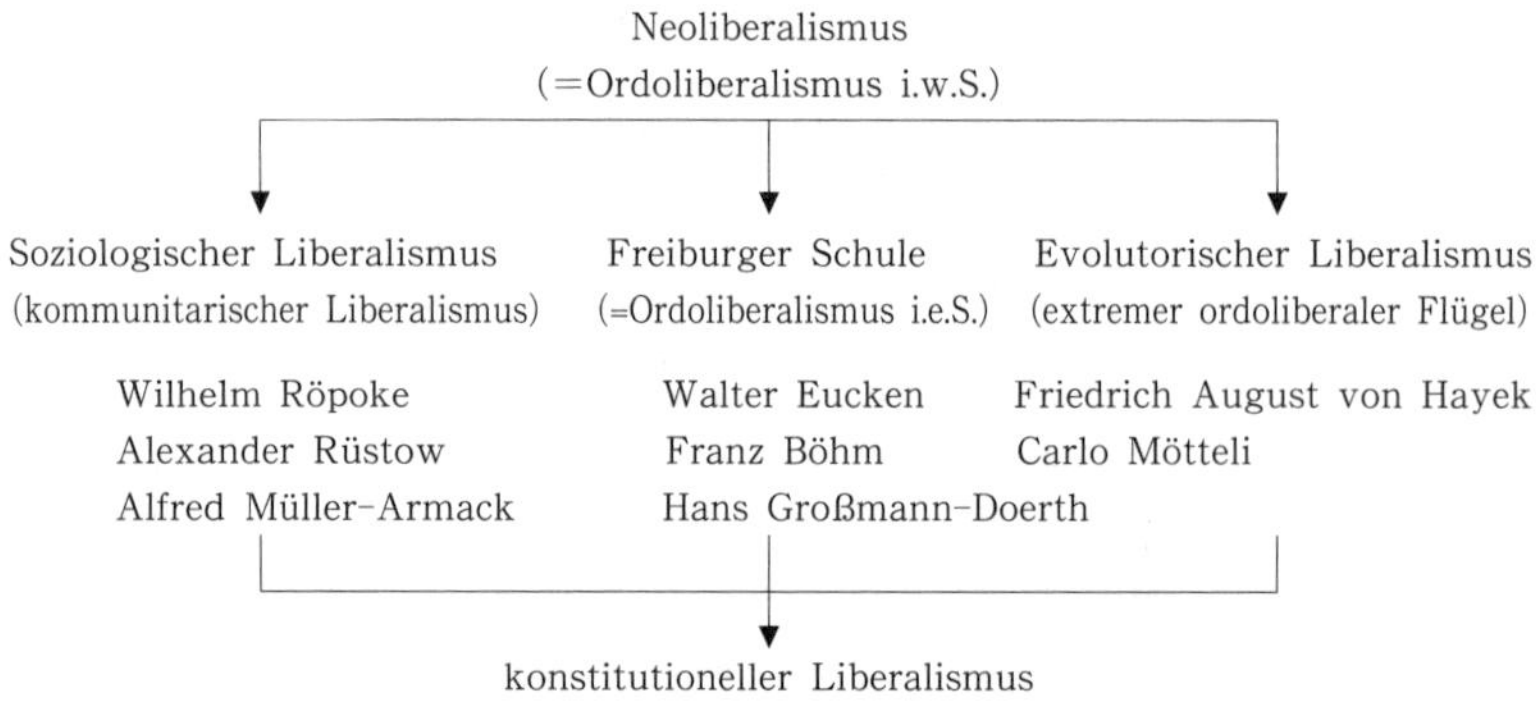
Neoliberalismus
(=Ordoliberalismus i.w.S.)
Soziologischer Liberalismus
(kommunitarischer Liberalismus)
Freiburger Schule
(=Ordoliberalismus i.e.S.)
Evolutorischer Liberalismus
(extremer ordoliberaler Flügel)
Wilhelm Röpoke
Alexander Rüstow
Alfred Müller-Armack
Walter Eucken
Franz Böhm
Hans Großmann-Doerth
Friedrich August von Hayek
Carlo Mötteli
konstitutioneller Liberalismus

出典 : Renner 2000.

出典：Renner 2000.

（7）『よき社会』の要旨については、以下の資料を参照した。The Good Society -An Inquiry into the Principles of the good Society/Walter Lippmann, in, Yrnetwork, http://www.yrnetwork.com/preserving-america/69/The-Good-Society.asp.

（8）集産主義であるファシズムやコミュニズムが人間を十把ひとからげにすることは、ファシズムのラテン語 fascis（ファスキス）の意味が、若枝の束、束ねた棒に斧を入れて縛ったものであったことがよく表している［中野・小倉・永末、2006, 259］。

（9）社会的市場経済（Soziale Marktwirtschaft）は西ドイツの第一回連邦議会選挙に際して、キリスト教民主同盟・社会同盟（ＣＤＵ・ＣＳＵ）の一九四九年デュッセルドルフ経済政策要綱（Düsseldorfer Leitsätze）のなかで党が目ざす経済体制の名称として用いられた。社会的市場経済の説明は、この用語の発案者ミュラー＝アルマックによって『社会科学辞典』の中で行われている。それによれば、社会的市場経済は市場における自由の原則と社会的均衡の原則の一つの新しい総合と説明されている。この用語の解説文は、ミュラー＝アルマックの以下の論文集にも収録されている。Alfred Müller-Armack［1965］Soziale Marktwirtschaft, in, Wirtschaftsordnung und Wirtschaftspolitik.

（10）オイケンが社会的市場経済の草創期に中心的な役割を果たしたことについては、オイケンが西ドイツに連邦政府が成立する前年（一九四八年）、英米統合経済地域の経済管理局に設けられた専門家会議の第一回会合において、通貨改革後に採用される経済政策について重要な発言を行ったことで知られている。オイケンは、通貨改革が市場経済を回復する前提であることを認識し、同時に通貨改革後は時を移さず生活必需品を除いて価格の統制を撤廃し、計画による資源の配分も廃止することを主張した。貨幣の価値が安定さえしていれば、人は安心して財貨や労役を貨幣と交換する。同じく、貨幣の価値が安定さえしていれば、人は貨幣で表示された財貨や労役の価値を受け入れるからである。

（11）図3の原図は上表の通りである。上表では、本文に記載した人名は割愛した。

（12）ギデンズは、新しい問題としてグローバリゼーションへの対応、科学技術の進歩への対応、人間と自然界の関わりのあり方等をあげ、これらが従来の伝統と慣習では解決できないとし、次のように述べている。「ここで問われるべきは、社会的公正に関わる問題ではなく、伝統や慣習の遠のいた今、私たちはいかに生きるべきなのか、いかにして社会的連帯を再構築するのか、そして環境問題にどう取り組むべきなのか、といった類の問題なのである」［佐和、1999, 118］。

# 第一部　秩序自由主義による資本へのアプローチ

# 第一章　秩序自由主義における資本理論の源流

## ―ベーム＝バヴェルクの資本と資本利子理論―

### 第一節　ベーム＝バヴェルクの資本と資本利子の予備研究

アダム・スミスは十八世紀イギリスで形成された商業社会と市民社会の存在証明に功績があったが、ベーム＝バヴェルクは十九世紀のヨーロッパで経済発展の反面で、景気変動・貧富格差・階級闘争・帝国主義などの問題発生によってその存続が危ぶまれた近代社会に、資本理論による存立証明を提供したことに功績があった。ベーム＝バヴェルクの資本理論は、資本蓄積が決して近代社会を構成する資本家階級だけを利するのでなく、却《かえ》って労働者階級をも利することを論証した。なぜなら、この理論は資本蓄積が利子を上げるよりは賃金を上げることの証明になっていたからである。

戦後ドイツ秩序自由主義は、批判的ではあるが十八世紀イギリスで形成された古典学派と、これが擁護した商業社会と市民社会とを継承する。この立場にとって、ベーム＝バヴェルクの資本理論は継承に値する理論であった。そこで、秩序自由主義の資本理論の源流をオーストリー学派のベーム＝バヴェルク（Eugen von Böhm-Bawerk,

1851–1914）に求め、その資本理論を以下で論述する。[1]

　ベーム＝バヴェルクの資本と資本利子とに関する研究は、二巻に分かれる。[2]一八八四年に出版された「資本利子理論の歴史と批判」を副題とする第一巻は、資本と資本利子の予備研究である。これに対して、一八八九年に出版された「資本の積極理論」[3]を副題にする第二巻は、迂回生産を中心とする資本理論を積極的に展開した本研究である。

　予備研究では、利子をめぐる論争が時代の変遷とともに論述されている。これは、利子をめぐる経済史と経済学説との見事な総合になっている。同時に、資本理論の先行研究として重要な知見が示されている。

　ベーム＝バヴェルクの予備研究で、重要な点が三つある。

　第一は、ヨーロッパの歴史をキリスト教との関係で古代ユダヤからはじめると、ギリシャ・ローマの古典古代そして中世まで、利子を否定する見解が優勢であった時代と、十六世紀の近代以降これが逆転する時代がはじまったことを明らかにしたこと。

　第二は、利子が否定される理由をアリストテレスやトーマス・アクイナスの学説によって明らかにし、同時にこれらの学説に後の利子理論の萌芽のあることを示したこと。

　第三は、その予備研究である批判的研究史を通して、特にチュルゴーとリカードの地代論には、今日の資本理論、利子理論、投資理論の萌芽のあったことを示したことである。

### 利子が否定された時代とその転換

　ベーム＝バヴェルクは、利子を二つに分けた。本書は、これを貸付利子と資本利子と表記する。[4]

古代、古典古代、中世を通して利子は貸付利子が一般的であり、利子が資本利子となるのは近代以降のことであった。

貸付利子は、貸与された食料や金銭に利子が求められることをいう。この場合、貸し付けられた食料や金銭は生活の一時しのぎに使われ、これらが生産に用いられ収益が生じることはない。これに対して、資本利子は貸与された資本が商業や工業の経済活動に用いられ、これによって生じる収益に利子が求められる。

利子を否定する見解が優勢であった時代について、ベーム＝バヴェルクは歴史学派のロッシャー(5)を引用して以下のように説明した。

経済が未発達な段階において行われる主な貸し付けは、食料や金銭であった。通常、貸し手は豊かで、借り手は貧しかった。借り手は生活に困窮し、借り入れの目的は生活のための消費であった。このような貸借で、もし貸し手が借り手から返済のとき利子を要求するなら、それは無慈悲な行為と感じられた。このため、利子は否定的にしか見られなかった［Böhm-Bawerk, 1884, 11］。このような時代を背景に、利子は疑わしいものとして批判された。

しかし、このような利子への心情と見解とは、近代になって反転した。それは、経済が未発達な段階から、商業と工業の発展とともにより発達した段階へと移行したからである。その中心には、信用経済の普及があった。信用経済にとって、利子は信用の魂であるという言葉(6)があるように［Böhm-Bawerk, 1884, 22］、利子の存在は欠かせない。代金の授受を後回しにして商品の売買を行う信用取引には、利子は不可欠である。このように時代の変遷とともに、利子の形態も貸付利子から資本利子へと交代する。

ベーム＝バヴェルクは、利子の評価の転換を経済発展の段階を背景に説明した。その認識の妥当性は、貧しい者と豊かな者、貧しい国と豊かな国の間の貸付利子において、今日では普通になっている利子と信用経済との関係に関して少しも時代遅れとはなっていない。

## 利子を否定する学説

利子を否定する学説は、十二～十三世紀の中世半ばに最盛期を迎えたスコラ哲学に集約されている。中世半ばに、十字軍派遣を契機にヨーロッパに地中海貿易が復活し、経済活動が活発になると利子をめぐる論争も盛んになった。スコラ哲学による利子を否定する理由は、三つの点に要約できる。

第一は、アリストテレスによる貨幣不妊説の再説であった。アリストテレスは、貨幣は貨幣を産まないといった[Böhm-Bawerk, 1884, 23]。借りた鶏なら、卵を産む。同じことは、貨幣ではおこらない。教会法学者は、元金を越えた受け取りは、貨幣が貨幣を産むことはない以上、貸した貨幣を超えた貨幣の要求になり自然に反するといった。また、もし利子を取るなら、それは生産しない貨幣からでなく貨幣を借りた者の勤労から取られたものであるといって非難した[Böhm-Bawerk, 1884, 16]。教会法学者の議論は、貨幣を鶏と交換すれば、産んだ卵から餌代を差し引いて利子の源泉になるといって論破することは容易である。しかし、貨幣は貨幣を産まないという議論が、このような発想の誘引や萌芽になったということも見逃せない。

第二は、トーマス・アクイナスよる利子を否定する議論である。トーマスは、物（Ding）と物の用（Gebrauch）、あるいは物体と物体の用益とは分離されず、後者は前者の中に内在するという理由から、利子は不当であることを証明した。例えば、ワインという物とワインの用である味覚とは分離できない。ワインを誰かに貸す人は、ワインと一緒にその味覚をも貸すのである。借りた人が、それを返すときワインだけ返して味覚は返さないということはできない。もし、ワインだけで味覚が返らないならば、貸した人は借りた人に失われた味覚の代価を利子として求めることができたかもしれない。しかし、物と物の用とが不可分であればこのようなことはできない［Böhm-Bawerk, 1884, 17］。物の用は、物の中に内在し物とは分離されないという内在論（immanentism）は議論のための議論のようであるが、両者を分離させ効用理論を生んだ近代経済学の発想の萌芽になったことを見逃せない。例えば、人が携帯電話を求めるのは物体としての携帯ではなく、これがもたらす交信という効用である。

第三は、ベーム＝バヴェルクがトーマスは教会法の利子の議論に、奇妙な新説を加えたといった時間を入れての利子否定の議論である。トーマスは、利子はすべての人の共有財産である時間に対する不当な販売価格であるといった。高利貸しは貸した以上の金を、返済時には受け取る。その口実として、高利貸しは返済までの時間を与え、その代償を利子として受け取ったという。しかし、トーマスは時間というのはすべての人に神が与えた無償の贈り物であるという。したがって、時間に代償を求める高利貸しは、神の無償の贈り物に代価を払わせ不正を行ったことになる［Böhm-Bawerk, 1884, 18］。トーマスの新説は奇妙であるが、十七世紀に大司教カラムエルによって現在貨幣は将来貨幣より高く評価されるという重大な命題に受け継がれて行く[7]［Böhm-Bawerk, 1884, 18］。この発想は、現在の利子理論の時差説（Agiotheorie）に通じている。同時に、時間を入れたベーム＝バヴェルクの利子理論にも継承されている[8]。

十二～十三世紀にスコラ哲学で議論された利子理論は、それ自体としては成功しなかったが生産力説や効用理論や時差説を生み出すきっかけをつくった点で重要な貢献をした。

## 利子を肯定する学説とその時代

オランダとイギリスとは、それぞれ十六世紀の宗教改革の時代に、カトリック教会の権威を離れた。同時に、利子を禁止する教会法からも解放された。このため、十七世紀にはオランダでは銀行制度が［Böhm-Bawerk, 1884, 28］、イギリスでも商業と工業とともに信用経済が発達した［Böhm-Bawerk, 1884, 36］。この時代の変革とともに、利子をめぐる見解にも変化が生じた。例えば、宗教改革者のカルヴィンは、貨幣が貸し付けられ、その貨幣が有効に使われて価値や利益を生むならば、利子を付けて返済されても、借り手を騙《だま》したことにも、脅《おど》したことにもならず、当然のことではないかといった［Böhm-Bawerk, 1884, 23］。

十七〜十八世紀の政治学者ロックは、もはや利子の是非を論じることはなく、利子を既成の事実としてその起源を説明した。ロックは、土地や貨幣の不平等な分配が、地代や利子の原因であるといった。分配が不平等であるため、一方では貸したい人、他方では借りたい人がいて両者の間で貸借関係が生じる。そして、借りた土地や貨幣から収益があれば、その一部が地代や利子で支払われる［Böhm-Bawerk, 1884, 38］。ロックには、この利子の説明のほかに、後の利子理論に大きな影響を与えた生産は人間労働の結果であるという命題がある［Böhm-Bawerk, 1884, 18］。

スミスも一方において、すべての価値あるものの生産は人間労働によるという労働価値説に立っていた。したがって、生産された価値の一部でも労働者以外の者に分配されれば、それは労働者からの価値の奪取になるという立場であった。労働価値説に立てば、利子の生じる余地はない。しかし、他方においてスミスは、消費者が払う商品の代価には労働者の賃金、資本家の利子（利潤）、そして地主の地代が含まれていると言っていた。これによれば、商品の代価には労働と資本と土地の価値が含まれることになる。したがって、ベーム＝バヴェルクはスミスの利子理論には矛盾があると言った［Böhm-Bawerk, 1884, 62］。

マルクスは、すべて価値あるものの生産は人間労働の結果であるという労働価値説を継承し、これを徹底させた。

マルクスの労働価値説の背景には、十九世紀に社会問題となった階級闘争があった。階級闘争について、ベーム＝バヴェルクは以下のように述べている。

イギリスの産業革命以降、手工業から機械工業への移行がはじまった。機械工業の時代になって、それまでの親方と徒弟との間にはなかった資本家と労働者の階級対立が見られるようになった。徒弟は、いずれは親方になる。このために両者の間には敵対的感情は生じない。しかし、労働者には資本家になる見込みはなかった。これによって、両者の間には利害の対立感情が生じはじめた［Böhm-Bawerk, 1884, 66］。マルクスの資本理論は、利子を肯定するのではなく否定するものであった。近代以降の利子を肯定する時代の流れに逆行したが、十九世紀に生じた時代の矛盾に応える理論であった。

しかし、ベーム＝バヴェルクは三つの点からこれを批判した。

第一は、アリストテレスの交換は等価でなければならないという命題から出発して、マルクスは人間労働と労働時間によって等価交換を説明した。しかし、これは交換の現実を説明しない。交換は、交換当事者の効用が等価というのが正しい。効用学説に立つベーム＝バヴェルクとしては、当然の批判であった。

第二は、マルクスは市場での交換を商品に限定した。商品はすべて、労働の結果である。こうすることでマルクスは、商品の価値を決めるのは労働の用益だけで、自然の用益でないことを前提に議論を進めた。

第三は、マルクスはすべての商品が等価交換される中で、唯一等価交換されない商品が労働であるとした。労働の価値は、労働者が一日生活するのに必要な食料を生産する労働時間で計られた。それが八時間の労働であれば、これで生産される食料が一日分の労働の賃金になる。もし、資本家が雇用した労働者に求める労働時間が、八時間であれば問題はない。しかし、十時間の労働が行われれば、超過した二時間の労働は資本家に剰余価値をもたらす。

ただし、労働の価値をなによって計るかは決まったものがあるわけではない。剰余価値を理由に利潤や利子を否定すると、スミスが『国富論』で言ったように資本蓄積も資本家の企業活動もインセンティヴを失うことになる(9)。

## チュルゴーとリカードの地代論から利子理論への展開

ベーム＝バヴェルクの予備研究において最も重要な点は、チュルゴーとリカードの地代論の利子理論への展開を明らかにしたことであった。これによって、今日の資本理論、利子理論、投資理論の萌芽を示したことである。チュルゴーは、重農主義の立場から唯一の生産（富）の源泉を土地に求め、土地の生み出す収益（地代）に合わせて、資本の収益（利子）も決まるという理論を構成した。

例えば、二、〇〇〇万円の水田から年々一〇〇万円の収益がありこれが地代となれば、この水田の収益率は五％である。これを基準にすれば、二、〇〇〇万円の家屋は、年々一〇〇万円の家賃をもたらさなくてはならない。そうでなければ、二、〇〇〇万円の貨幣は家屋ではなく水田に投資される。家屋を資本、家賃を利子とみなせば、二、〇〇〇万円の資本は、一〇〇万円の利子を生み、利子率は五％でなければならないことになる。

チュルゴーの利子理論では、このように地代によって利子、あるいは土地の収益率によって利子率が決まることになっている。しかし、ベーム＝バヴェルクは上の例でいえば、チュルゴーの地代論では年々一〇〇万円の地代を生む水田が、どうして二、〇〇〇万円するかの説明がないといって批判した［Böhm-Bawerk, 1884, 58］。

確かに水田の地価と地代とが事前にわかっていれば、収益率は次の式で表される。収益率＝（地代÷地価）。この式は、地価＝（地代÷収益率）(10)と変形できる。しかし、この式で地価を求めようとすると、年々の収益である一〇〇万円の地代はわかっていても、収益率が何％であるかがわからないと計算はできない。ただし、利子率がわかっていると仮定すれば、収益率を利子率に代えて地価の計算はできる。しかし、これでは資本の利子率が土地の収益率で決まるとしたチュルゴーの地代論は、土地の収益率（地代）が資本の利子率（利子）によって決まることになり循環論に陥る。利子が地代で決まるはずであったチュルゴーの地代論が、逆に地代が利子によって決められるというのでは結論のない理論になってしまう。

しかし、この循環論はチュルゴーのように地代によって利子、あるいは収益率によって利子率が決まるとしないで、逆の関係も認めれば解決する。例えば、預金と証券との選択で、預金の利子率と証券の予想される収益率との比較と選択とは普通に行われていることである。

循環論に陥る欠点はあるものの、チュルゴーによって工夫された、年々の地代を収益率や利子率で割り引いて地価や資本の現在価値を算出する方法は、多方面に応用されている。例えば、ケインズの年々の期待収益を、利子率や資本の限界効率で割り引く期待収益の現在価値還元法は、投資決定の理論に継承されている。その投資決定の理論は,以下の式で表わされる。(11)

$R_1, R_2, R_3 \cdot \cdot \cdot R_n$＝期待収益とする。m＝資本の限界効率とする。i＝利子率とする。$V_s$＝資本の供給とする。$V_d$＝資本の需要とする。

$$V_s=\frac{R_1}{(1+m)}+\frac{R_2}{(1+m)^2}+\frac{R_3}{(1+m)^3}\cdot\cdot\cdot\cdot+\frac{R_n}{(1+m)^n} \quad (1)$$

$$V_d=\frac{R_1}{(1+i)}+\frac{R_2}{(1+i)^2}+\frac{R_3}{(1+i)^3}\cdot\cdot\cdot\cdot+\frac{R_n}{(1+i)^n} \quad (2)$$

上式において、資本の限界効率(m)はケインズの定義によって、期待収益（$R_1, R_2, R_3 \cdot \cdot \cdot R_n$）を資本の供給($V_s$)に等しくする数値である。資本の需要（$V_d$）は、(1)式の期待収益（$R_1, R_2, R_3 \cdot \cdot \cdot R_n$）を、利子率(i)を用いて計算される。(1)式と、(2)式の間には、以下の関係がある。

(2)式において、利子率（i）が下がると、期待収益の割引率が下がるので、資本需要（$V_d$）が上がる。これにともない、資本需給のバランスによって資本供給（$V_s$）も上がる。資本供給を上げるには投資が増えるので、投資とともに下がる資本の限界効率（m）は下がることになる。逆に、利子率（i）が上がるときには、資本需要（$V_d$）は下がり投資が減って、資本の限界効率（m）は上がることになる。資本需要と資本供給とが均衡するのは、利子率と資本の限界効率とが等しいときである。したがって、利子率は資本の限界効率によって決る。投資は、このときに決定する。これが、ケインズの投資理論である。

リカードの利子理論はチュルゴーに似て、地代論からの展開になっている［Böhm-Bawerk, 1884, 98］。しかし、理論の構造は異なっている。

リカードの地代論は差額地代説といわれるように、地代は優等地と劣等地との生産費の差額で生じる。耕地は肥えた優等地と、痩せた劣等地とでは生産力に格差がある。耕作は通常、優等地からはじまり、人口と穀物需要の増加にともない劣等地へと拡大する。優等地と劣等地とでは、地味に格差があるので耕地面積が同じく、投入される労働・資本が同じ数量でも優等地の方が生産高は高く、逆に生産費は安い。

穀物の供給は、需要に応じて増加する。供給は増加すればするほど耕地が優等地から劣等地へと拡大するので、投入される労働単位と資本単位とは同じであっても生産高は徐々に減少し、逆に生産費は増加する。

価格は、市場で需要と供給とが均衡する点で決まる。供給は、均衡点を越えては増加しない。なぜなら、価格を費用が越えれば、生産はそれ以上拡大しない。耕地の拡大もここで止まり、ここが生産の限界地になる。したがって、価格は限界地の生産費（限界生産費）に等しくなる。限界地では、地代は生じない。この限界地（劣等地）の生産費に比べると、優等地の生産費は安い。この生産費の差額が、地代になる。

これを、例をあげて説明すれば以下のようになる。耕地面積が同じ場合、優等地では一〇〇単位の労働・資本の投入で五〇〇単位の穀物が生産され、劣等地では同じ労働・資本の投入で一〇〇単位の生産しかされなかったとする。この劣等地が限界地であれば、穀物一単位の価格は労働・資本の一単位に相当する。これに対して、優等地の費用は、労働・資本の〇・二単位にしかならない。この場合には、優等地では穀物一単位当たり二〇％が労働と資本、八〇％が地代に分配される。

リカードの地代論は、地味に格差のあることを前提にしている。優等地から劣等地へと生産を拡大するとき、同一単位の労働・資本から得られる収穫は次第に減少する。例えば、穀物の生産高は優等地から劣等地へと拡大するにつれて、労働・資本一単位当たり一〇単位、九単位、八単位・・・というように減少する。リカードの地代論の優れていた点は、耕地面積の間に地味の段階を設けて生産の拡大とともに労働・資本一単位当たりの生産高は減少し、生産費が増大するモデルをつくったことである。

リカードが農業生産で行なった生産モデルを、工業生産に当てはめると、地代論を利子理論へと展開することができる。このためには、リカードが地味の優劣で行なった労働・資本一単位当たりの生産の順列を、逆に並びかえればいい。なぜなら、土地の場合とは異なり資本の使用は、性能の優位なものから劣位のものではなく、劣位のものから優位なものへと進むからである。例えば、資本を道具とすると、つり道具は使用が拡大するとともに素朴なものから精巧なものへと労働と協業する道具の性能は向上する。これにしたがって、労働一単位当たりの生産高や生産性は上昇する。図1は地味とは異なり、性能の向上を前提にしたときの、労働・資本一単位当たりの生産高の増大を表している。

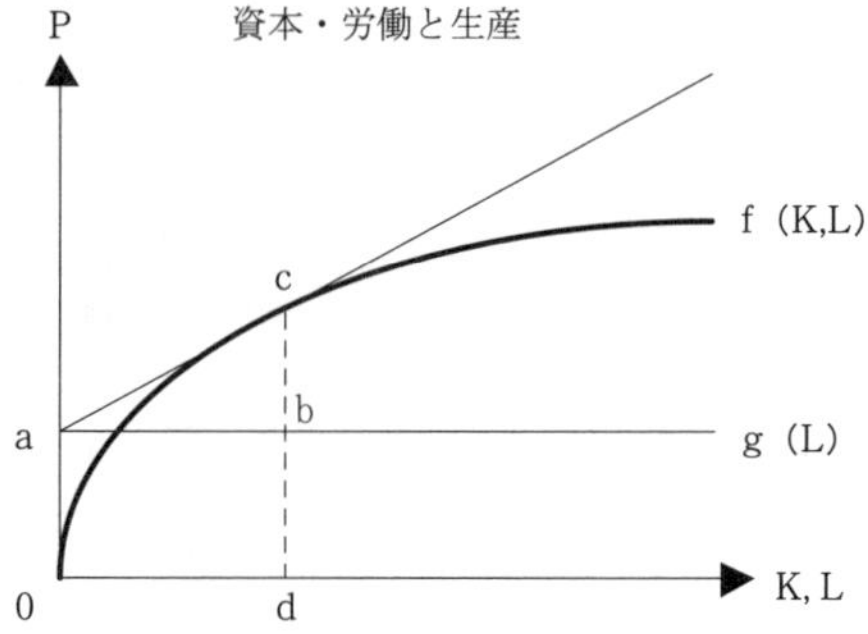


図1

図1の縦軸は、労働・資本一単位当たり生産高（p）を表す。横軸は、増加する労働・資本の単位を表す。f (K,L) 曲線は、資本（K）と労働（L）とを増やしたときの生産高（P）の増加を表している。g (L) は、労働一単位に支払われる賃金高を示している。賃金高は、このモデルでは生産高の増加を資本の性能が向上した結果と仮定したので、一定であって図1のように横軸に平行である。

この仮定の下では、点線bcは資本と労働による生産高dcから労働だけの生産高bdを差し引いた残り、すなわち資本だけの生産高を表す。したがって、線分abで線分bcを割った値は、線分abを労働と協業した資本の単位数とすれば、資本の単位当たりの平均生産高となり、これは資本の収益率、したがって利子率に相当する。線分acは、曲線f (K,L) の接線である。したがって、点cにおいて、$\frac{bc}{ab}$と$\frac{\Delta p}{\Delta k}$とは等しくなる。これは、資本の平均生産高と限界生産高とが等しいことを意味している。曲線f (K,L) 上で、資本の平均生産高（利子率）が最も高いのは、点cにおいてである。それは、線分$\frac{bc}{ab}$の勾配が最大であることからわかる。結論として、資本の増加（投資）は資本の平均生産高（利子率）が限界生産高に等しいところ（0d）で決定することになる。これは、投資が利子率と資本の限界効率と等しいところで決まるとしたケインズの投資理論と同じである。

## 第二節　ベーム＝バヴェルクの本研究

ベーム＝バヴェルクの資本の積極理論を副題とする本研究は、資本理論と利子理論の二つに分かれる。ベーム＝バヴェルクの表現では、生産用具としての資本の理論と、資本利子の理論に分かれる［Böhm-Bawerk, 1889, 2］。

### 生産用具としての資本

ベーム＝バヴェルクの資本理論を、資本の定義、生産期間の理論、資本蓄積の理論に分けて論述する。

まず、資本の定義について、資本をジョン・バプティスト・セイ以来踏襲されてきた、土地と労働と並ぶ生産の三要素の一つとする解釈から離れたことが注目される。セイの定義では、生産要素の土地、労働、資本は、それぞれ地代、賃金、利子という所得の源泉となるので、生産論は分配論に直結している。確かに、資本は土地や労働と同じく所得の流量を産む母体である。しかし、土地や労働にはそれ自体の生産力が備わっているが、資本にはそれがない。資本は、土地や労働と結ばれて、これらの生産力をいっそう増大させるものである。例えば、鋤は土地や労働の生産力を高めるために役立っている。

このため、ベーム＝バヴェルクは生産の源泉を土地と労働とに限定して、第三の源泉は存在しないと言った［Böhm-Bawerk, 1889, 109］。資本が、生産要素でなく生産用具であるという定義は、以上の理由による［Böhm-Bawerk, 1889, 130］。

次に、生産期間の理論については、これはベーム＝バヴェルクの資本理論と利子理論との中心になっている。資本には、例えばオフィス用の生産に用いられる貸室と、そうではない住居用の貸室とがある。前者の賃料（レント）は、生産の収益から払われ、後者はそうでない。

生産期間の理論は、資本が生産に用いられる場合を前提にしている。資本が生産に用いられ労働と土地との生産力を高めることは、資本をもたない生産と、資本をもっての生産を比較するとはっきりする［Böhm-Bawerk, 1889, 16］。

例えば、ベーム＝バヴェルクの用いるロビンソン・モデルでいえば、漁をするのに素手でするのと網を使うのとでは大きな開きのあることは明らかである。この開きは、網という道具が資本として用いられたかどうかによる。網を使わない漁の生産期間は、労働時間を除くとゼロである。しかし、網を使うと生産期間は、網の製作からはじまって網を使っての漁にいたるまで、相当の日数を必要とする。しかし、網の製作に費やされた生産期間と労働は、大量の漁獲によって償われる。この迂回生産と呼ばれる生産は、網なしの漁よりは生産期間は長くなるが、生産高は多くなる。

単純なロビンソン・モデルを、より複雑な経済に敷衍《ふえん》すると、生産期間は延長すればそれだけ生産高が上がる。生産期間は、ロビンソン・モデルの道具を各種の生産財（原料・半製品・燃料）や資本財（道具・機械・工場）に置き換えると、これらがより多く介在することで延長される。消費財が完成する川下から見ると、生産財は川下に近く、資本財は川上に位置する。

生産期間の理論は、労働の生産性を上げる点では、スミスの分業論によく似ている。スミスの分業では、生産工程は同時進行する。これに対して、ベーム＝バヴェルクの生産期間の理論では、川上から川下に生産工程は時間とともに進行する。

ロビンソン・モデルでいえば、網の製作をスタートさせたときの労働は当日の漁には役立たない。しかし、その労働は幾日かを経て網となって完成したとき、完成した日の労働に結びつく。スミスの分業は、当日のAの労働が、当日のBの労働に結びつく。ベーム＝バヴェルクの分業は、過去のロビンソンの労働Aが、現在のロビンソンの労働Bに結びつく。前者を社会的分業というなら、後者は時間的分業である。

終わりに、資本蓄積の理論について、ベーム＝バヴェルクはこれには倹約説、生産説、そして両者を合わせた説があり三説の中では第三説が正しいとした［Böhm-Bawerk, 1889, 136］。その上で、スミスを批判して次のように言っている。

スミスは、資本を増加させる直接の原因は倹約であって、労働ではないと言っているが正しくない［Böhm-Bawerk, 1889, 139］。正しくは、直接の原因は労働であって倹約ではないとすべきだと言った。

その理由を、再びベーム＝バヴェルクのロビンソン・モデルで説明すれば、以下のようになる。一日一〇時間の労働で一日の食料を採集するロビンソンが、狩猟に使う弓矢をどのように製作するかといえば、食料の倹約だけでなく、弓矢をつくる労働が必要である。そのためには、一日一〇時間の労働のうち、例えば一時間を弓矢の製作に当てなくてはならない。したがって、倹約されるのは減らされた食料というより、食料の採集に当てられた労働である。労働が食料という現在欲求の充足では節約され、弓矢という将来欲求の充足のために充当されたのである。より一般的には、消費資本を増やすには、労働を消費財から、生産財や資本財の生産へと移さなくてはならない。消費を減らし貯蓄と投資を増やさなくてはならない。

資本蓄積の進んだ経済では、機械の発達で現在欲求のための第一次産業では就業人口が大幅に減少した。これによって、将来欲求のための生産財と資本財産業へと就業人口の移動が可能になった。しかし、この産業間の人口移動は先進国ではさらに進み、第三次産業への人口移動を加速させている。第三次産業の人的サービスは、現在欲求を充足させる点で、第一次産業に似ている。生産期間は転換期を迎え、延長から逆に短縮しはじめている。

## 第三節　ベーム＝バヴェルクの利子理論

### 利子理論

ベーム＝バヴェルクの利子理論も、結論では他の利子理論と同じである。ベーム＝バヴェルク自身、自らの利子理論が有名なチューネンの法則と同じであると認めていた［Böhm-Bawerk, 1889,458］。

チューネンの法則とは、利子率が投入された最後の資本単位の生産高によって決まるというものである。別の表現では、利子率は資本の限界生産高に等しいという法則である。これは本書が、先の図1によって示したことである。図1も、利子率が資本の限界生産高に等しいことを示している。ただし、結論は同じでもベーム＝バヴェルクの利子理論には、独自の着想が組み込まれている。それを図2の生産期間と生産高によって説明すると、以下の四点があげられる。

一つ、ベーム＝バヴェルクの利子理論では、生産高を決めるのは生産期間であるので図2の横軸は労働と資本の投入量ではなく、生産期間（t）になる。生産期間の延長には先にも説明したように、生産財や資本財など資本の増加がともなう。また、労働の増加も必要である。生産期間は、労働・資本の増加とともに長くなる。

二つ、ベーム＝バヴェルクの利子理論では生産高を価値で表すので、縦軸は生産高（p）でなく図2のように価値（v）になる。価値（v）は、生産期間の函数（f(t)）である。図1の生産曲線は、横軸に沿って凸型になっている。ベーム＝バヴェルクでも、生産曲線は同じく凸型になる。ただし、ベーム＝バヴェルクでは凸型が横軸にそってより下に押し下げられる。

生産曲線が凸型になる理由は、図1の生産曲線と同じく収穫逓減の法則が作用して、生産期間の延長にともない労働・資本の単位当たりの生産高が逓減し、その価値も下がるからである。さらに、ベーム＝バヴェルクの生産曲線の凸型が横軸にそってより下に押し下げられる理由は、生産高の現在価値に比べると生産期間の延長とともに将来価値は減少するので、価値が減少する生産物の増加によって生産高の価値が下がるからである。

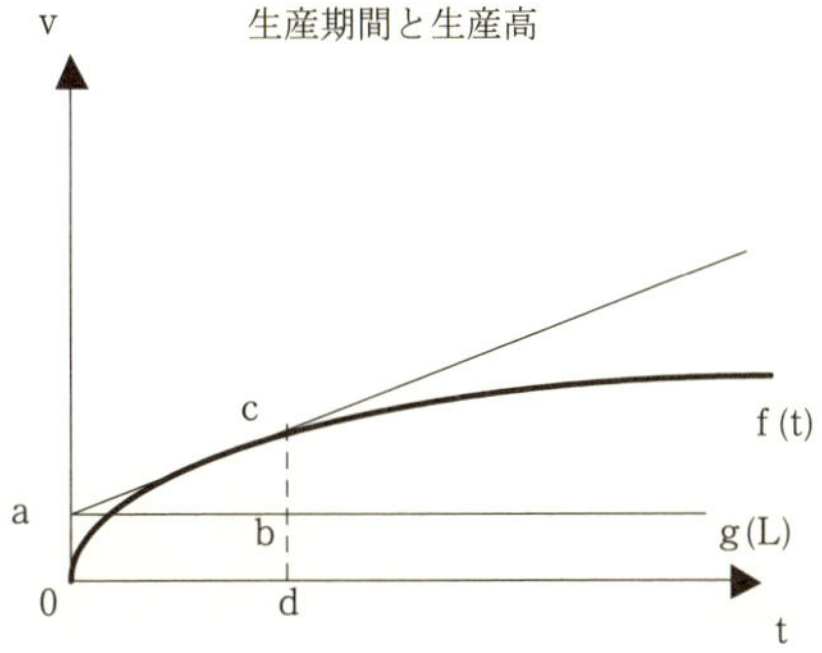


図2

三つ、図2におけるg(L)は労働一単位当たりに支払われる賃金である。図2で見るように生産期間が長くなれば、投入された労働が製品となる成熟期間も長くなる。賃金は、労働が製品になる前から支払われる。価値は、一般に現在価値が将来価値より高く評価されるので、現在前払いされる賃金の価値が、将来製品になる労働の価値よりは高く評価される。このため本来ならば、賃金は生産期間の延長とともに図2のように、横軸と平行でなく右下がりにならなくてはならない。しかし、ベーム＝バヴェルクは資本家による労働価値の評価は生産期間に関わらず一定であると仮定する。その理由は、労働の買い手である資本家は現在財の豊富な所有者なので、一般的には将来財に比べて高くなるはずの現在財を特に高く評価せず、このため労働の結果である将来財も安く評価しないからとする。したがって、将来財の生産要素である労働も資本家によって価値評価されるときに、時間によって変化しないことになっている [Böhm-Bawerk, 1889, 446]。

四つ、ベーム＝バヴェルクの利子理論では、生産期間は労働者の生活を支える生存基本によって決められる。労働者の人数に変わりがなければ、生存基本が増えれば生産期間は長く、減れば短くなる。労働者の生存基本を用意するのは、資本家あるいは企業家の職務である。資本家と企業家の職分を分けるとすれば、企業家は生産のために原料、道具、機械、工場を生産手段として、土地と労働とを生産要素として用意する [Böhm-Bawerk, 1889, 374]。資本家は、生存基本を用意する。用意された生存基本と労働をすべて用いれば、生産期間が限界まで延長される。ここで、資本の限界生産高と利子率とが決まる。生産期間の延長によって、労働需要が高まれば賃金は上昇する。逆に、資本の限界生産高は下がり、利子率も低下する。

以上の関係に基づいて、ベーム＝バヴェルクは以下の命題を立てた。

一国にある国民の生存基本が小さければ小さいほど、生産期間は短くなり資本の限界生産高は高くなり利子率も高くなる。図2で説明すれば、生産期間 (t) は d 点より原点に近くなり生産期間は短くなる。これにともない、資本の限界生産高に等しい利子率も移動して $\frac{bc}{ab}$ の勾配は大きくなり利子率は高くなる。

逆に生存基本が大きければ大きいほど、生産期間は長くなり資本の限界生産高も低くなり利子率も低くなる。前者は、資本蓄積が遅れた発展途上国のケース、後者はそれが進んだ先進諸国のケースを示している。

## 生産期間への批判

ベーム＝バヴェルクの経済学は、限界効用学説の擁護と、マルクス批判を別にすれば、利子理論と生産期間に関する理論研究に集約されている［Schumpeter, 1961, 846］。

この利子理論の骨子は、以下のように要約できる。生産期間は延長されればされるほど、生産に利用される土地と労働の生産性は増加する。(12)その成果が、利子の源泉となる。

生産期間の延長が生産性を増加させるということを、ベーム＝バヴェルクは日常経験に基づく自明の真理と理解した。確かに、この経験則は魚を素手で捕るのと、網や船を製作した上で捕るのとを比較した場合や、ベーム＝バヴェルクが例にしたように、水を泉まで行って素手で飲むのと、中をくりぬいた木管で泉から引いて飲むのとを比較した場合［Böhm-Bawerk, 1889, 1921, 12］では、その通りである。

手から口への方法では、飢えや渇きの欲求は多くの時間なく充足される。しかし、その分量はわずかである。これに比べると、網や船や木管を介する方法では、どれだけかの生産期間を見ておかなければならない。しかし、後で欲求はより多く充足され、これに要した生産期間は償われる。

このように素朴なモデルではわかりやすい生産期間の理論も、これが複雑な現実に適用されると疑問が出され、批判を浴びることになった。(13)このため生産期間の理論は、資本理論と利子理論からは排除されることになった。

確かに、生産期間の概念は、例えば効用や所有権のような概念に比べると使い勝手の悪い分析用具である。効用であれば、これが抽象的な概念であっても、例えば携帯電話の売買であれば売買されるのは物体としての携帯ではなく、これのもつ通信や交流という効用であるというように分析用具としての用途がある。効用という概念によって、労働の用役と労働者の人格との分離が可能になった。所有権についても、例えば土地や建物の取引で移転するのは物体としての土地や建物でなく、その所有権であるというように分析用具として有用である。環境問題との関連で、排出権の取引という権利の売買という発想も所有権の売買と無縁ではない。

これらに比べると、生産期間はベーム＝バヴェルクがいうように自明の経験則に基づいているが、分析用具としては効用や所有権のように有用に使われるかどうかに疑問がある。

ただし、生産期間そのものは有効利用されなかったとしても、これが資本の回転速度、あるいは回転率への先行概念の役割を果たしたことも事実である。例えば、一年で回収される資本と一〇年で回収される資本とでは、前者は後者の一〇倍の回転速度をもつ。逆に、生産期間では前者は後者の一〇分の一である。このように、資本の生産期間は回転速度の逆数として、その概念を後者へと伝承させたといえる。

同じく資本をK産出をOとしたときの、資本・産出比率（$\frac{K}{O}$）の概念でも、資本の生産期間は資本を産出で除した商で求められている(14)。生産期間は、蓄積された資本が生産へ投入されると、何年の産出ですべて使い果たされるかで求められる。このように、資本・産出比率の概念にも生産期間の概念は受け継がれている。

ベーム＝バヴェルクの生産期間による資本理論は、例えばケインズの貨幣的資本理論が本流であるとすれば、確かに資本理論と利子理論との本流からは排除されたが、以上のような類似概念の萌芽としての役割を果たしてきた。

**注**

（1）本書のいう秩序自由主義において、ベーム＝バヴェルクの資本理論を継承したのはオイケンとハイエクの二人であった。オイケンには『資本理論の研究』（Kapitaltheoretische Untersuchungen, 1954）があり、ハイエクには『資本の純粋理論』（The Pure Theory of Capital, 1941）がある。オーストリー学派は、メンガーにはじまり、ベーム＝バヴェルクを経て、シュンペーター、ミーゼス、ハイエクへと続いている。この系統のなかに、オイケンも含まれることがある［荒、1975, 255］。本書は、秩序自由主義の資本理論をベーム＝バヴェルクから、ルッツへと辿ったのでハイエクの資本理論は不問にした。

（2）ベーム＝バヴェルクの主著『資本と資本利子』（Kapital und Kapitalzins）第一巻は「資本利子理論の歴史と批判」（Geschichte und Kritik der Kapitalzins Theorien）の副題をもっている。同名の第二巻は、副題を「資本の積極理論」（Positive Thorien des Kapitals）としている。第二巻には、一九二一年に一四の補足を集めた「資本の積極理論への補足集」の副題で新たに一冊が加えられた。

（3）この書名は、positiv を実証という訳と積極という訳の両様がある。本書は、第一巻の「資本利子理論の歴史と批判」でベーム＝バヴェルクは資本理論の消極研究を、第二巻の「資本理論の積極理論」ではその積極理論を意図したと理解するのが適当と判断して、positiv を積極とする訳にしたがった。

(4) ベーム＝バヴェルクの資本利子は、本源資本利子（ursprünglicher Kapitalzins）と約定資本利子（ausbedungener Kapitalzins）の二つである［Böhm-Bawerk, 1884, 7］。後者は貸付利子（Leihzins）とも表記されているので、本文に用いた用語にすることにした。

(5) ロッシャー（Wilhelm G. F. Roscher, 1817-1894）は、ドイツ歴史学派の創始者であった。社会政策学会の主唱者でもあった。経済学を、歴史的方法で樹立しようとし、国民経済を生成・発展する有機体として経済発展段階説を提唱した。経済は、法制・政治・文化等と全体的関連で観察されるべきとした［高橋・増田、1975, 907］。

(6) この諺は、信用取引は利子があってはじめて成り立つことをいう。Der Zins ist die Seele des Kredits（The interest is the soul of the credit）という［Böhm-Bawek, 1921, 22］。

(7) 時差説は、Zeitagiotheorie ともいう。人は、同じ財貨―例えば、貨幣―でも現在所有している価値を将来所有する価値よりも大きく評価する。これを一般的にいえば、現在価値が将来価値よりも大きいという。このため、例えば、現在の一〇、〇〇〇円を一年後の一〇、〇〇〇円と交換する人は、より高い価値とより低い価値とを交換することで損をする。このことをなくすためには、一年後の一〇、〇〇〇円に五〇〇円を加えれば損失は解消される。ここに加えられた五〇〇円のことを、Agio 打歩（うちぶ）という。この五〇〇円は、一年後の一〇、〇〇〇円の利子でもある。ここから、年五％の利子率という関係も導かれる。

(8) ベーム・バヴェルクの資本と利子理論には、現在価値が将来価値よりも大きいという時差説と、時間とともに生産高が増加するという迂回生産説とが同時に取り入れられて、理論が構成されている。

(9)『国富論』第一編「労働の生産諸力における改善の諸原因について、また、その生産物が人民のさまざまの階級のあいだに自然に分配される秩序について」第十一章「土地の地代について」の結語においてスミスは、資本家（使用者）の得る利潤について、次のようにいっている。「あらゆる社会の有用労働の大部分を活動させるのは、利潤をえるために使用される資財である。資財の使用者たちの計画や企図が労働のもっとも重要な諸活動を規定し指揮するのであって、利潤は、これらの計画や企図のすべてによってもくろまれた目的である」［Smith, 1973, 249］。スミスが、資本（資財）の目的が利潤であるといっているのは、利潤が資本家活動のインセンティヴであるというのと同じである。

(10) 地価＝地代÷収益率（利子率）の式は、より正確には年々の地代（所得の流量）の現在割引価値によって、次のように表すことができる。地代を収益率（利子率）で除することで地価を算出する現在割引価値の還元法は多少複雑なので、以下(A)と(B)とに分けて説明する。

(A)本章が例にしたように地代を一〇〇万円とし、仮に利子率を五％とすると、一年後の一〇〇万円の現在割引価値は$100万円 \div (1+\frac{5}{100})$となる。二年後の一〇〇万円の現在割引価値は$100万円 \div (1+\frac{5}{100})^2$となる。同じく、三年後の現在割引価値は$100万円 \div (1+\frac{5}{100})^3$となる。同様に、n年目の現在割引価値は$100万円 \div (1+\frac{5}{100})^n$となる。以上の説明は、(B)で行う。この場合の地価を、第一年目から第n年目までの現在割引価値の合計とすれば、それは次のように表すことができる。

$$地価 = 100万円 \div (1+\frac{5}{100}) + 100万円 \div (1+\frac{5}{100})^2 + 100万円 \div (1+\frac{5}{100})^3 \cdot\cdot\cdot + 100万円 \div (1+\frac{5}{100})^n$$

上式で地価をV, 地代をa, 利子率をiとして表すと、次のようになる。

$$V=\frac{a}{(1+i)}+\frac{a}{(1+i)^2}+\frac{a}{(1+i)^3}+\cdot\cdot\cdot+\frac{a}{(1+i)^n} \quad (1)$$

この式をn→∞にしたときの等比数列の和の公式（$S=\frac{a}{(1-r)}$　S＝総和　a＝初項の値　r＝公比）に当てはめて表わせば、以下のようになる。

$$V=\frac{a}{(1+i)}\{1+\frac{1}{(1+i)}+\frac{1}{(1+i)^2}+\frac{1}{(1+i)^3}+\cdot\cdot\cdot+\frac{1}{(1+i)^{n-1}}\} \quad (2)$$

上式(2)の中カッコ内の $\{1+\frac{1}{(1+i)}+\frac{1}{(1+i)^2}+\frac{1}{(1+i)^3}+\cdot\cdot\cdot+\frac{1}{(1+i)^{n-1}}\}$ は、初項を1, $\frac{1}{(1+i)}$ を公比とするn項までの和である。したがって、(2)式は(3)のように表すことができる。

$$V=\frac{a}{(1+i)}\left\{\frac{1}{1-\frac{1}{(1+i)}}\right\}=\frac{a}{(1+i)}\left\{1\div\left(1-\frac{1}{1+i}\right)\right\}=\frac{a}{(1+i)}\left\{1\div\frac{1+i-1}{(1+i)}\right\}=\frac{a}{(1+i)}\times\frac{(1+i)}{i}=\frac{a}{i} \quad (3)$$

上式の $V=\frac{a}{i}$ は、地価＝地代÷利子率である。

(B)上の説明で、地価は(1)式のように第一年目から第n年目までの現在割引価値の合計であるとしてきた。記号では、次のように表した。

$$V=\frac{a}{(1+i)}+\frac{a}{(1+i)^2}+\frac{a}{(1+i)^3}+\cdot\cdot\cdot+\frac{a}{(1+i)^n} \quad (1)$$

これは、$V=V_1+V_2+V_3+\cdot\cdot\cdot V_n$ として、$V_1$は一年後に地代aを生み出した地価の部分、$V_2$は二年後に地代aを生み出した地価の部分・・・$V_n$ はn年後に地代aを生み出した地価の部分として、Vをその合計としたものである。

$V_1$が一年後に地代aを生み出すというのは、$V_1$には一年間の利子が付くから $V_1(1+i)=a$ となる。したがって、$V_1=\frac{a}{(1+i)}$ となる。同じく、$V_2$には二年間の利子が付くから $V_2(1+i)^2=a$ となり $V_2=\frac{a}{(1+i)^2}$ となる。同じく、$V_3=\frac{a}{(1+i)^3}$, $V_n=\frac{a}{(1+i)^n}$ となる。上式 $V=\frac{a}{(1+i)}+\frac{a}{(1+i)^2}+\frac{a}{(1+i)^3}+\cdot\cdot\cdot+\frac{a}{(1+i)^n}$ は、このようにして得られたものである。

同式は、ケインズの投資理論にも応用されている。

（11）ケインズの(1)式と(2)式とが、どのようにつくられたかは注(10)で説明した。ただし、ケインズの投資理論では注(10)で毎年一定と仮定した地代の流量（a）は年度ごとに異なる期待収益の流量（$R_1$, $R_2$, $R_3$・・・$R_n$）で表されている。

（12）ベーム＝バヴェルクの言葉では、以下のようになる。「生産迂回を採択することは、生産理論全体の最も重要で最も基本的な命題の一つである」[Böhm-Bawerk, 1889, 1921, 13]。

(13) この点に関してマーク・ブローグは、ヒックスの以下の言葉を引用している［関・浅野・宮崎、1986, 843-844］。「資本の研究にすすむほとんどすべての人が、どこかの段階でベーム・バヴェルク理論の犠牲になる。この理論は、それにたいして加えられる多くの見えすいた反対にたいしてはまことによくたえられる。ところが研究をすすめるにつれて、困難はつみかさなってくる。『生産に必要な時間』の定義はますますむずかしくなってきて、したがって最後には、大部分の人たちはこの理論の放棄へと、たとえそうすることからほとんど何もえられないとしても、みずからを追いこまざるをえなくなるのである［Hicks, 1946, 192］」。

(14) 資本・産出比率についてブローグは、次のように説明している。「経済に対する加重平均生産期間は、全体として国民所得によって割られた機械ストックの価値、簡単にいえば、近代経済学の重要比率の一つである資本・産出比率ということになるわけである。だがこれこそまさに『浴槽定理』から期待されうるものなのである。つまり水滴が滞留される平均期間は水の流量によって割られた貯水容量に等しく、同様に、資本を使用する経済の平均生産期間は、本源的な投入物によって割られた資本ストックに等しい」［関・浅野・宮崎、1986, 841-842］。

# 第二章　資本蓄積と賃金・利子との関係

## ―フリードリッヒ・ルッツの資本理論からの帰結―

### 第一節　ルッツと秩序自由主義

#### 資本蓄積と賃金・利子との関係

アダム・スミスは資本が蓄積され労働の生産が増加するとき、資本の蓄積が進めば進むほど、労働に帰属する賃金が高くなり、資本に帰属する利子は低くなる傾向があると言った(1)。その理由をスミスは、同一事業に資本が集中すると資本同士の競争によって利子が下がるから、また同一社会のすべての事業において資本が増加すれば、競争によって利子が下がるからと説明した［Smith, 1973, 87］。しかし、産業革命以降、特に十九世紀以降の激しい労資の階級闘争の歴史は、スミスの立てた命題を反証するものであった。なぜなら、もしスミスの命題が正しければ賃金が上がる労働者には、利子の下がる資本家に対立する理由がなかったからである。しかし、この反証例はスミスの命題を否定するものであったのか。それは秩序自由主義の立場から容易に推察できるように、スミスが予想した資本同士の競争が実現しなかった結果に過ぎなかったのではないか。これを資本蓄積と賃金・利子の関係の問題として、ルッツの資本理論と利子理論の研究から再検討する。

## ルッツとオイケン

フリードリッヒ・ルッツ（Friedrich A. Lutz, 1901–1975）は、ヘンゼルと同様オイケンの弟子であった。(2) ルッツは、一九二五年二四歳のときオイケンのもとで学位を取得、一九三二年三一歳のとき同じく教授資格を取得した。両者の関係について、以下の三点を指摘することができる。

第一に、両者の研究は相互補完的な関係に立っている。オイケンの研究領域は、その主著『国民経済学の基礎』(3)が示すように総合的であるが、ルッツのそれは主著『利子論』(4)が示すように分析的である。ルッツの主な研究領域は貨幣理論、資本理論であるが、その根拠をオイケンの経済学体系の中にもっている。

第二に、両者ともに学問的根を歴史学派の中にもっている。両者ともに歴史学派の方法論には疑問を感じ、これを解決するために歴史学派からオーストリー学派へと転向して行くが、それでも学問的根は歴史学派の中にもっている。

本書が歴史学派の根というのは、次の諸点である。

㈠　社会的歴史的現実を、生ける全体としてそのままに把握しようとする総合的思惟をもつこと。したがって、現実を政治、経済、社会、文化というように独立させて対象とする分析的思惟とは対立する。

㈡　社会的歴史的現実を、変動する様相そのままに把握しようとする歴史的思惟をもつこと。したがって、現実の変転極まりない諸相を、このようなことのない自然を見るように固定させて対象とする理論的思惟とは対立する。

㈢　人間には、欲望の満足を超えて追求すべき目的があるとする理想主義的思惟をもつこと。したがって、人間を欲望の満足以外に目的のない経済人間（home economicus）とする功利主義的思惟には対立する。これらの諸点によって歴史学派は、古典学派、限界学派、マルクス経済学、新古典学派、ケインズ学派にない固有の存在価値をもつ。

第三に、以上のことにもかかわらず、両者ともに歴史学派の方法論には批判をもつ。一八八〇年代に、ドイツ語圏の経済学には歴史学派のシュモーラーとオーストリー学派のメンガーとの間に方法論をめぐる論争があった。この論争の核心は、ゴットルの概念[5]によって説明すれば、以下のようになる。シュモーラーが理論研究（Theorie）は事実研究（Empirie）の上に成り立つと言ったのに対し、メンガーは逆に事実研究は理論研究の上に成り立つと言った。メンガーがシュモーラーに投げかけた問題は、理論なくしてどうして事実の認識が可能かということであった。この論争から数十年後、オイケンとルッツとは同じ種類の問題に直面させられた。一九一九〜一九二三年にドイツに未曽有のインフレーションが起こったとき、理論研究の上に立たない事実研究がいかに無能であるかを二人は深刻に体験させられた[6]。理論研究ぬきの事実研究によっては、インフレーションという現実問題のメカニズム（因果関係）は理解も解明もできない。このようにして、歴史学派の限界を痛感して二人は、経済学の理論を求めてオーストリー学派に向かったのである。

## オイケンの経済学体系におけるルッツの利子理論の位置

オイケンが自ら構成した経済学体系において理論研究の対象になるといったのは、経済過程であった。オイケンが五九歳でおえる生涯で、実際に理論研究を行ったのは投資過程に関係する資本理論と、貨幣秩序に関係する貨幣理論の領域だけであった。ルッツは、オイケンを継承して貨幣市場と資本市場とを結合する独自の利子理論を構成した。ルッツが、その利子理論を理論研究として追求できたのは、オイケンの経済学体系に自己の研究を位置づけることができたからである。

オイケンの経済学体系は、三つの基礎概念から構成されている。それは、㈠経済過程 ㈡経済秩序 ㈢与件連環である。

経済過程は、社会的歴史的現実において経済生活の欠かせない要件として反復される事態である。それは、同一事態が反復され変わり行かないものである。経済過程は、五つの過程にわけられる。㈠生産＝消費過程 ㈡投資過程 ㈢分配過程 ㈣技術過程 ㈤立地過程である。これら五つの経済過程は、経済のあるところ、いつどこでも普遍的に認められるものである。このため、これらの過程については、一般的、理論的な問題の設定が可能になる。例えば、投資過程は一般的、理論的にどのようにして決定されるかという問題の設定が可能となる。これによって、投資理論が構成される。

経済秩序は、経済過程とは異なり社会的歴史的現実において変わり行くものである。例えば、生産＝消費過程は市場の価格にしたがうか、当局の命令にしたがうかによって、その時々の経済秩序によって変化する。経済秩序も、大別すれば二つに分けられる。㈠計画経済 ㈡市場経済（この中には、市場形態と貨幣秩序とが含まれる）(7)。これら二つの経済秩序は、ときとところで変わり行く。経済秩序は、経済過程とは異なり歴史とともに変化する。したがって、経済秩序については一般的、理論的な問題の設定は行われない。個別的、歴史的な問題の設定しか行われない。例えば、ある時代、ある国家の経済秩序はいかなる形態であるかという問題が、個別的、歴史的に設定されるだけである。経済秩序と経済過程との間には、経済過程がその時代、その時代の経済秩序の規制をうけながら、その枠内で展開されるという関係がある。

与件連環は経済秩序とは別の意味で、経済過程を規制する。例えば、経済過程の中の分配過程はどのようにして決定されるのかという問題は、経済秩序が市場経済か、計画経済かによって規制をうけるだけではない。それだけではなく、与件連環の中の欲求与件が、例えば戦争のおわった直後のように、現在欲求が将来欲求よりも極度につよく、食べること以外の一切の欲求を排除してしまっているか否かによっても規制をうける。このような与件連環には六つのものがある。㈠欲求与件 ㈡自然与件 ㈢労働与件 ㈣資本与件 ㈤技術与件 ㈥制度与件である。

以上の経済学体系において資本理論や投資理論や利子理論は、経済過程の投資過程と与件連環の資本与件とに位置づけられる。オイケンの『資本理論の研究』(8)も、ルッツの『利子論』も、ともにこの経済学体系を前提にしている。オイケンの資本理論は与件連環の資本与件に、ルッツの利子理論は経済過程の投資過程に関係づけられる。

## 第二節　ベーム＝バヴェルクの資本理論―静態における資本理論―

### 絶対生産期間と平均生産期間

ルッツは、代表的な資本理論を三つの類型に分けている(9)。

一、静態における資本理論（ベーム＝バヴェルク、ヴィクセル、ハイエク(10)）。
二、動態における資本理論（ワルラス、フィッシャー、ナイト(11)）。
三、貨幣的資本理論（ケインズ、ピグー、パティンキン(12)）。

以下、静態における資本理論の代表者として、ベーム＝バヴェルクをはじめにとりあげる。ベーム＝バヴェルクの資本理論は、四つの基本認識から成る。

一、迂回生産は、生産高を増大させる。

二、迂回生産は、生産期間を延長させる。

三、生産期間の延長は、生存基本（Subsistenzfonds）を前提とする[13]。生存基本は、資本家に所有されるときは資本、労働者に分配されるときは賃金となる。

四、迂回生産の結果生じた生産の増加部分は、生存基本の提供者である資本家に利子として支払われる。

以上四つの基本認識を、ベーム＝バヴェルクは一つの理論に構成する。この理論は、㈠生産函数　㈡生産期間　㈢生存基本　㈣賃金　㈤利子を構成要素としている。生産期間に関して、絶対生産期間（t）と平均生産期間（τ《タウ》）について二つのことが指摘される。

第一に、ベーム＝バヴェルクが仮定したように生産期間を一期間延長するたびに、労働者を一人ずつ追加するという生産方式をとるならば、労働者一人の平均生産期間は絶対生産期間の$\frac{1}{2}$になる。この理由は、以下のようである。生産に従事する労働者の生産期間は、生産期間の第何期に投入されるかによって従事する生産期間に長短を生じる。生産の第Ⅰ期（期首）に投入された労働者は、絶対生産期間をtとすればt期間の全体にわたり生産に従事する。以下、第Ⅱ期に投入される労働者は$t-1$、第Ⅲ期は$t-2$と次第に生産に従事する期間を減少し、生産の期末に近づくにつれて、その生産期間は3、2、1と0に近くなる。これを図示すれば、図1のようになる。

このように投入された労働者の生産期間を等差数列の公式によって合計し、生産に従事した労働者の総数で除すれば労働者一人の平均生産期間が出る。労働者の総数は、仮定によって期間ごとに一人ずつ追加されるので絶対生

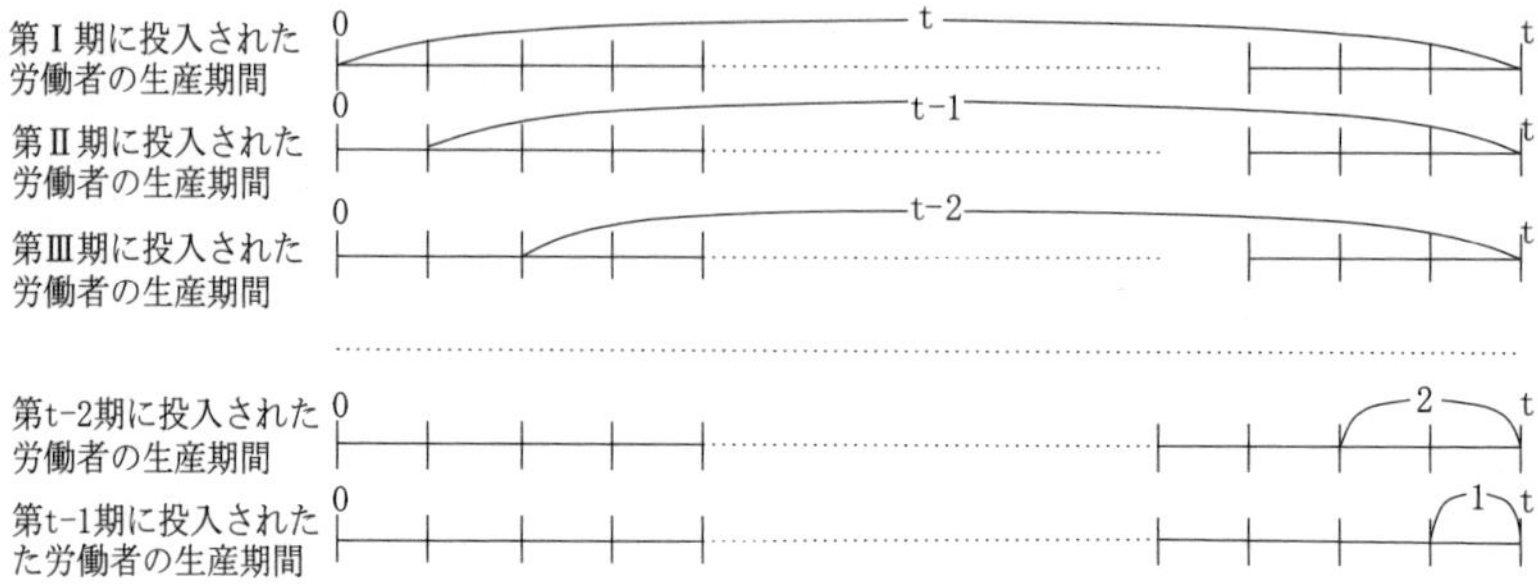


図1

産期間がｔ期間ならばｔ人となる。平均生産期間は、以下の式で表される。

$$平均生産期間（\tau）＝\{t+(t-1)+(t-2)\cdot\cdot\cdot 3+2+1\}\frac{1}{t}=\{t(t+1)\frac{1}{2}\}\frac{1}{t}$$

$$=(\frac{1}{2}t^2+\frac{1}{2}t)\frac{1}{t}=\frac{1}{2}t+\frac{1}{2}$$

これによって労働者の平均生産期間は、約$\frac{1}{2}t$, 絶対生産期間ｔの$\frac{1}{2}$になることがわかる。

第二に、生産期間を一期間延長するごとに労働者を一人ずつ追加すると、労働者の生活に必要な価値単位で表す生存基本は、同じく価値単位で表す労働者の生産数量の$\frac{1}{2}$になる。逆にいえば、労働者は生活に必要とする生存基本の二倍を生産する。その理由は、図２によって以下のように説明される。

図２の左図は、生産期間の延長とそれとともに増加する労働者と、労働者の生活に必要とされる生存基本の関係を示している。Ｘ軸は、絶対生産期間(t)を表す。Ｙ軸は、生存基本を価値単位で表す。Ｘ軸の1, 2, 3・・・・・は、生産の第Ⅰ期、第Ⅱ期、第Ⅲ期・・・・・、そして第Ⅰ期に投入される労働者が一人、第Ⅱ期に投入される労働者が二人、第Ⅲ期に投入される労働者が三人・・・・・であることを示す。Ｙ軸は、第Ⅰ期一人の労働者が生活するのに必要な生存基本が価値一単位、第Ⅱ期二人の労働者が生活するのに必要な生存基本が価値二単位、・・・・・であることを示す。労働者一人当たりに分配される生存基本は、生産期間の第何期に投入されても同量である。したがって、分配される生存基本は第Ⅰ期が一人一単位、

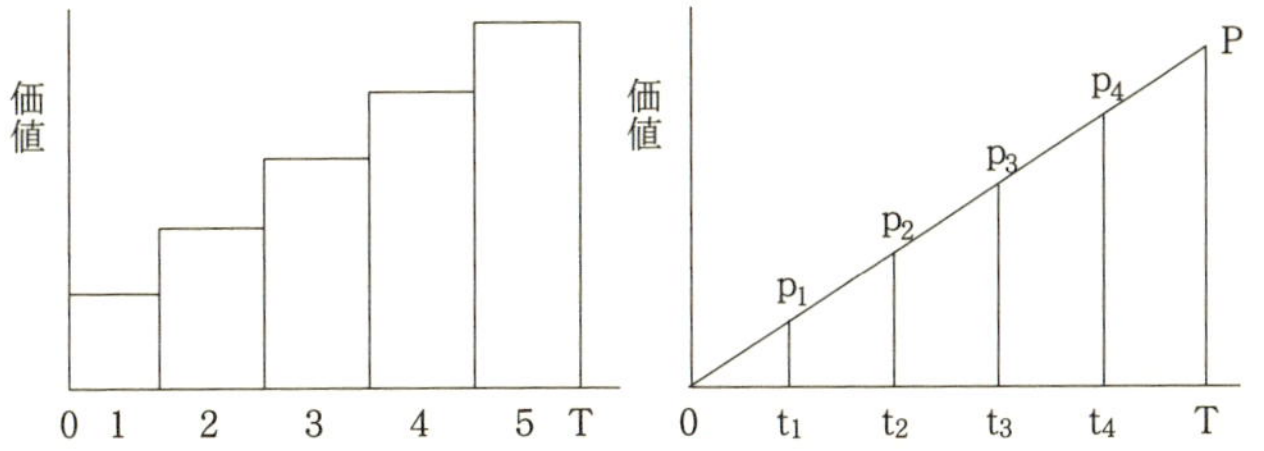


図2[14]

第Ⅱ期が二人二単位と倍増する。生産期間が延長され投入される労働者が増加すれば、当然必要とされる生存基本の価値単位も増大する。

図2の右図は、生産期間の延長とともに迂回生産の効果によって増加する労働者一人当たりの生産数量を示している。図2の右図は、生産期間が $t_1$, $t_2$, $t_3$・・・・・と延長されたとき、労働者一人当たりの生産数量が $p_1$, $p_2$, $p_3$・・・・・と増大することを表している。上図の生産期間0Tは、絶対生産期間である。生産期間が0Tのとき、労働者の生活に必要な生存基本は、先に絶対生産期間と平均生産期間で説明したように、三角形0TPの部分$\frac{1}{2}$（0T×TP）である。これに対して、労働者一人当たりの生産数量は、第Ⅰ期（$0-t_1$）が$t_1p_1$、第Ⅱ期（$t_1-t_2$）が$t_2p_2$・・・・第T期がTPと迂回生産の効果により増大し、生産期間0Tでの価値単位で表した生産数量は0T×TPである。この結果、生産期間(t)で雇用されるt人の労働者の生活に必要な生存基本は$\frac{1}{2}$（0T×TP）、生産期間がTまで延長されたときの一人当たり生産はTPで雇用される労働者がt人であるから、価値単位で表した生産数量は0T×TPとなる。したがって、労働者の生活に必要な生存基本は、労働者の生産数量の$\frac{1}{2}$になる。このようにして、迂回生産によってt人で構成される社会は、生存基本の二倍の生産をすることになる。

## ベーム＝バヴェルクの利子理論

ベーム＝バヴェルクの利子理論は、㈠生産函数㈡生産期間㈢生存基本㈣賃金㈤利子の関係から、利子がどのように決定されるかを説明する。この諸関係を図で説明すれば、以下のようになる。

図3においてX軸は、平均生産期間（τ）を表わす。先に説明したように、絶対生産期間をとって期首から期末に向かって、労働者を一人ずつ投入すると、労働者一人当たりの生産期間は長短ばらばらになる。しかし、平均生産期間をとると労働者一人当たりの生産期間は、全員同じく絶対生産期間の約$\frac{1}{2}$になる。さらに、労働者一人当たりの生産期間が延びれば、労働者一人当たりの生産数量が増えるのは、図2の右図（$t_1p_1 \to t_2p_2 \to t_3p_3$・・・）で示したことである。例えば、絶対生産期間が五期間であれば、労働者一人当たりの平均生産期間は絶対生産期間の二分の一で三期間である。もし、平均生産期間が三期間での各労働者の生産が、労働者一人当たりの一期間の生産が一単位として価値三単位であったとすると、絶対生産期間が一〇期間になれば、平均生産期間は五期間になり、価値の生産も五単位に増加する。このように、生産期間の延長とともに増加する労働者一人当たりの平均の価値単位の生産を図示すれば、それは生産函数曲線f（τ）によって図3のように描かれる。したがって、f（τ）は労働者一人当たりの平均生産高になる。生産函数曲線f（τ）の増加率は、はじめ増大しある点をすぎると減少する。生産函数曲線f（τ）が、はじめ凹型に増大し、のちに凸型に増大している形状がこのことを示している。これは、凹型では迂回生産の効果が、凸型では収穫逓減の法則が作用するからである。

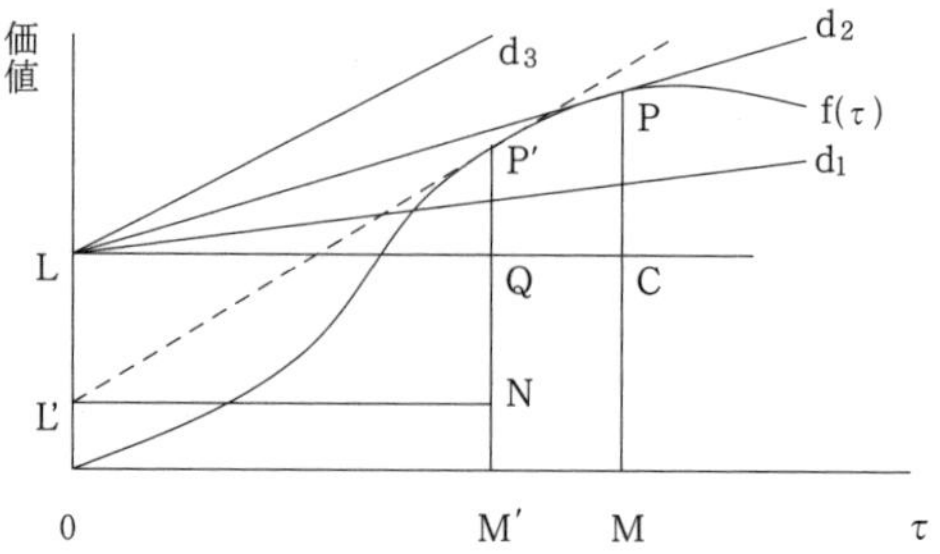


図3[15]

生産函数が決まったとして、次に、資本家の所有する資本である生存基本の数量が決まれば平均生産期間と労働者数との積が生存基本を越えない限り労働者全員は雇用される。賃金は、生存基本を労働者数で除した商で決まる。

しかし、生産の出発点では生産期間も、したがって雇用される労働者数も、当然賃金も決まっていない。したがって、このモデルは賃金を暫定的に決まったと仮定することからはじめなければならない。

図3は、仮に労働者一人当たりの賃金が0Lであったとき、賃金直線LCが生産函数曲線f（τ）を横切るまでは価値単位で表される生産数量は賃金を下回り、この点をこえて生産期間が延長されると賃金を上回ることを示している。この点までは、費用が収益を上回り、それ以降は費用を収益が上回って利益が出はじめる。この費用をこえた収益が利子である。利益である利子が最も大きくなるのは、f（τ）曲線上にあってL点からの直線$Ld_1$、$Ld_2$、$Ld_3$をひくと、利子直線の勾配が最も高く、利子を最も大きくするのは、利子直線（$Ld_1$, $Ld_2$, $Ld_3$）がf（τ）曲線に接するP点である。もし、生産高がP点で決まれば、平均生産期間も0Mで決まる。

このようにして決まった生産期間が均衡を保証するかどうかは、0Mで定まった生産期間において労働者が必要とする生存基本（図3における0M×0L）が、資本家の所有する生存基本に一致するかどうかによって確かめられる。もし、一致がなければ賃金、利子、生産期間が変動して、資本家の所有する生存基本と労働者に分配される生存基本が同じになる点が見出される。

今、すべての条件が整って均衡が成立したと仮定するならば、図3に見るように利子直線が生産函数曲線の接線であることによって、以下の命題が立てられる。

均衡において、生産期間（LC）あたりの利子（CP）は、価値単位で表された生産数量の生産期間あたりの限界生産高に等しい。[16] この命題は、利子率が資本の限界生産高に等しいというのと同じことである。

## 資本蓄積と賃金・利子の関係

ベーム＝バヴェルクの利子理論は、生存基本が資本としても賃金としても予め決まったものとしている。しかし、生存基本の大小、これによる生産期間の長短をルッツの作成した図3を基に考察することはできる。そこで、生存基本がなにかの理由で変動すると、どのような変化が賃金、利子、生産期間に生ずるかを、以下で検討する。これによって、資本蓄積と利子・賃金との関係がわかるからである。

図3において、なにかの理由で生存基本が減少し、その結果、資本家の所有する資本の減少にともない分配される労働者一当たりの賃金も0Lから0L'へと下落したと仮定する。[17] 図3によって利子を極大にする点Pは、P'へと移動する。利子の極大点がPからP'へ移動することによって、生産期間は0Mから0M'へと短縮される。これに対して利子は、CPからNP'へと上昇する。これら一連の変化によって新たに成立した賃金、利子、生産期間が均衡するかどうかは労働者に分配される生存基本と資本家が所有する生存基本とが一致するかどうかにかかっている。

もし、利子の極大点PもP'も、ともに均衡条件を満たし極大点とするならば両点はいずれも固定され動く余地なき点である。両点をこのような均衡点として、生存基本の増減から生じた変化を、図3の上で生存基本の減少を生産期間0Mから0M'への短縮、逆にその増加を0M'から0Mへの延長とすると、以下の命題が立てられる。

一、生産期間を短縮すれば（0M→0M'）利子は上昇し（CP→NP'）、逆に賃金は下落する（0L→0L'）。

二、生産期間を延長すれば（0M'→0M）利子は下落し（NP'→CP）、逆に賃金は上昇する（0L'→0L）。

以上、ベーム＝バヴェルクの利子理論は、生産期間の変化に対して利子と賃金が相反する変化を起すことを示している。生産期間が延長されればされるほど、利子は下落し賃金は上昇する。逆に、生産期間が短縮されればされるほど、賃金は下落し利子は上昇する。生産期間の長短は生存基本の増減によって決まるから、資本である生存基本が増大すればするほど、利子は下落し賃金は上昇し、生存基本が減少すればするほど、賃金は下落し利子は上昇する。したがって、ベーム＝バヴェルクの利子理論において、生産期間の延長を資本蓄積の増大、逆に生産期間の短縮を資本蓄積の減少と置き換えれば、スミスが言った資本蓄積の豊かな富国では利子率は低く、逆に貧国では高くなるという命題が証明されたことになる［Smith, 1973, 249–250］(18)。

## 第三節　ワルラスの資本理論―動態における資本理論―

### 貯蓄と永久純所得財Eとの関係

ワルラス（Léon Walras, 1834–1910）の資本理論は、資金需給説（loanable funds theory）と呼ばれる理論に近い。利子を、貯蓄から生ずる資金の供給と、投資から生ずる資金の需要との需給関係から説明している。この理論は、資金を供給する貯蓄も資金を需要する投資も、ともに利子の函数と置くところから出発する。これは価格理論において、物財の価格は需給関係によって決定されるとしながらも、その需要と供給とがともに価格の函数と置かれるところから出発するのと同じである。

ワルラスの資本理論は資本化（Kapitalisierung）を、貯蓄函数と投資函数とに用いている(19)。資本化という概念は、一定の収益が年々期待されるとき、その収益を利子率で割引くことによって、この収益をもたらす資本の現在価値を求めるときに利用される。これを、簡単な例によって説明すれば、以下のようになる。一年後に期待される年々一〇〇万円の収益は、その現在価値をv, 利子率を年四%とすれば次の方程式で求められる。

$$100=\left(1+\frac{4}{100}\right)v$$

$$v=100\div\left(1+\frac{4}{100}\right)$$

この方程式を解けば、vは約九六万円となる。同じように、二年後に期待される年々一〇〇万円の収益の現在価値vは次のようになる。

$$100=\left(1+\frac{4}{100}\right)^{2}v$$

$$v=100\div\left(1+\frac{4}{100}\right)^{2}$$

この答えは、約九二万円となる。このような関係を将来に期待される年々一定の収益をN, 利子率をi, 期間をtとして一般式で表わせば、t年後に期待される収益Nの現在価値vは次のようになる。

$$v=\frac{N}{(1+i)^{t}}$$

この関係を利用して、一定の収益を年々生ずる資本の現在価値Vを、年ごとに利子率で割引いた収益の合計として表わすと次のようになる。

$$V=\frac{N}{(1+i)}+\frac{N}{(1+i)^{2}}+\frac{N}{(1+i)^{3}}\cdots\cdots\frac{N}{(1+i)^{t}}$$

この式を、tを無限大として、その等比数列の和を求めれば公式によって$V=\frac{N}{i}$の値を得る。ワルラスの資本理論には、この資本化が貯蓄函数にも投資函数にも利用されている。まず、貯蓄函数から説明する。ワルラスは、貯蓄は永久純所得財Eに対する需要によって決まり、この永久純所得財Eの価格Peは、利子率の逆数$\frac{1}{i}$であるという。ワルラスのいう永久純所得財Eというのは、上式$V=\frac{N}{(1+i)}+\frac{N}{(1+i)^{2}}+\frac{N}{(1+i)^{3}}\cdots\cdots\frac{N}{(1+i)^{t}}$[20]における、期待される年々の収益Nの無限の流れのことである。ワルラスがこれを永久純所得財Eと名づけたのは、その収益が、例えば土地からの地代のように無限に続くとしたからである。そしてワルラスは、貯蓄を資本の生み出す年々の無限に続く収益に対する需要であると解釈する。さらに、永久純所得財Eの価格は、利子率の逆数$\frac{1}{i}$であるとした。これは、上式$V=\frac{N}{i}$から得られたものである。この式を変形すれば、$\frac{N}{V}=i$と、$\frac{V}{N}=\frac{1}{i}$の二つの式が得られる。$\frac{N}{V}$は収益÷資本であるから資本に対する収益の比率である利子率を、$\frac{V}{N}$は資本÷収益で収益当たりの資本であるから永久純所得財Eの単位当たりの価格を表わす。ワルラスは貯蓄を永久純所得財Eへの需要としているので、貯蓄は永久純所得財Eの価格が下がるとき、したがって$\frac{V}{N}$が下がるとき増加する。それは、利子率が上がって$\frac{1}{i}$が下がるときである。

次に、投資函数でも資本の現在価値を求める上式$V=\frac{N}{i}$が用いられている。投資函数は、資本の価格である資本の現在価値を$P_k$、資本の生み出す年々の収益を$p_k$、減価償却率をm，利子率をiとして次のように表されている。投資は、資本の現在価値$P_k$が上がれば増加する。次の式で明らかなように、投資は貯蓄とは逆に利子率が下がると増加する。

$$P_k=\frac{(p_k-mP_k)}{i}$$

## ワルラスの利子理論

ワルラスの利子理論は、一種の資金需給説であるから利子の函数である貯蓄と投資の関係によって利子が決まると説明する。価格理論において、ある価格で需要と供給との間に開きがないことが均衡の条件とされるのと同じように、利子理論においても、ある利子で貯蓄と投資との間に開きがないことが均衡の条件となる。ある利子において貯蓄と投資との間に開きがある限り利子は変動して定まらない。利子に変動がなくなるのは、貯蓄と投資とが一致するときである。したがって、ワルラスの利子理論では利子が決まるのは、貯蓄Sと投資Iとが等しいときである。

しかし、ワルラスの利子理論はこれでおわらない。これは出発点であって、ワルラスの利子理論の本領は貯蓄函数Sと投資函数Iとがどのように決められるかを明らかにしたところにある。まず、貯蓄函数Sがどのように決められるかを見ることにする。ワルラスによれば、貯蓄は永久純所得財Eへの需要によって決められる。永久純所得財Eへの需要は、他の物財の需要と同じく各種の価格によって決められる。この関係を、永久純所得財Eへの需要を$D_e$、各種の価格として土地用役の価格を$p_t$、労働用役の価格を$p_p$、資本用役の価格を$p_k$、消費財の価格を$p_b$、永久純所得財Eの価格$p_e$として函数で表わすと次のようになる。

$$D_e=F_e(p_t\cdots\cdots, p_p\cdots\cdots, p_k\cdots\cdots, p_b\cdots\cdots, p_e)$$

さらに、永久純所得財Eは、すでに説明して来た理由によって、利子率の逆数$\frac{1}{i}$の価格をもつから、永久純所得財Eの需要の数量$D_e$に、永久純所得財Eの価格$p_e$をかければ、需要された永久純所得財Eの総額である貯蓄の総額が得られる。この関係を函数で表わすと、次のようになる。

$$S=D_e p_e=F_e(p_t\cdots\cdots, p_p\cdots\cdots, p_k\cdots\cdots, p_b\cdots\cdots, p_e)\ p_e$$

さらに、永久純所得財の価格$p_e$は、利子率の逆数$\frac{1}{i}$であるから、上式は次のように変形できる。

$$S=F_e(p_t\cdots\cdots, p_p\cdots\cdots, p_k\cdots\cdots, p_b\cdots\cdots, \frac{1}{i})\frac{1}{i} \qquad (1)$$

以上で、貯蓄函数Sが決められる。(1)式によって見ると、土地、労働、資本、消費財の価格が一定ならば貯蓄は利子率の函数であることがわかる。もし、他の価格が一定ならば(1)式は、より簡単に$S=f(i)$と表わせる。貯蓄の総額Sは、永久純所得財Eの需要の数量$D_e$と永久純所得財Eの価格$p_e$との積である。この関係で、需要の数量$D_e$は確かに、利子率が上がり永久純所得財Eの価格$p_e$が下がるとき増加する。しかし、$D_ep_e$は$D_e$と$p_e$との積であるから、$p_e$が下がることで$D_e$は上がるが$p_e$は下がっているので、貯蓄の総額Sである$D_ep_e$の値が上がるか下がるかには問題がある。これに関しては、利子率が$D_e$を上げるほうが、$p_e$を下げるよりは効果が大きいとして、利子率が上がれば貯蓄の総額Sは増加するとしておきたい。

次に、投資函数Iがどのように決められるかを見ることにする。投資の総額Iを、新しく投資によって生産された資本財をK, K', K''・・・・とすると、それはKの数量$D_k$と価格$P_k$の積$D_kP_k$, K'の数量$D_{k'}$と価格$P_{k'}$の積$D_{k'}P_{k'}$, K''の数量$D_{k''}$と価格$P_{k''}$の積$D_{k''}P_{k''}$・・・・を合計したものになる。この関係を、函数で表わすと次のようになる。

$$I=D_kP_k+D_{k'}P_{k'}+D_{k''}P_{k''}+\cdots\cdots$$

この式は、利子が決まるのは貯蓄が投資に等しいときであるS=Iという条件によって、次のようにも表わせる。

$$S=D_kP_k+D_{k'}P_{k'}+D_{k''}P_{k''}+\cdots\cdots \qquad (2)$$

以上の函数$I=S=D_kP_k+D_{k'}P_{k'}+D_{k''}P_{k''}+\cdots\cdots$においては、資本財の生産数量$D_k$, $D_{k'}$, $D_{k''}$・・・・・と、資本財の生産価格$P_k$, $P_{k'}$, $P_{k''}$・・・・・とは、どれだけなのかは決まっていない。このためにワルラスは、なお二つの方程式を用意する。まず、投資によって生産された資本財の価格$P_k$,$P_{k'}$, $P_{k''}$は、それぞれの資本財の生産に要した費用に等しくなければならないということから、一つの方程式が立てられる。この関係を資本財K, K', K''・・・・の中から、Kだけを選んで表わせば、資本財Kに要した費用は、生産要素に要した費用である土地の費用（土地用役の数量$k_t$と価格$p_t$との積）、労働の費用（労働用役の数量$k_p$と価格$p_p$の積）、資本の費用（資本

用役の数量 $k_k$ と価格 $p_k$ の積）の合計に等しくなるから、次のような函数で表わせる。

$$P_k = k_t p_t + \cdots\cdots k_p p_p + \cdots\cdots k_k p_k + \cdots\cdots \quad (3)$$

(3)式は、資本財の価格 $P_k$ は、この資本財Kの生産に要した土地、労働、資本の費用が決まれば決まることを示している。これと同じことは、他の資本財K', K"……についても当てはまる。

次に、投資によって生産された資本財の数量 $D_k, D_{k'}, D_{k''}$……がどのようにして決まるかについてワルラスは、資本の価格である資本の現在価値が、一定の収益を利子率で割引いた値に等しいということから、もう一つの方程式を立てる。資本から生み出される年々の収益を $p_k$ とし、減価償却率をmとし、利子率をiとして、資本の価値 $P_k$ を表わせば先に見たように次のようになる。

$$P_k = \frac{(p_k - mP_k)}{i}$$

この式において年々の収益（粗収益）$p_k$ から、減価償却費 $mP_k$ を差し引いた純利益を $\pi_k$ で表わせば、上式は次のようになる。

$$P_k = \frac{\pi_k}{i} \quad (4)$$

(4)式における $\pi_k$ は、ワルラスの定義による永久純所得財Eに相当する。さらに、永久純所得財Eは利子率の逆数 $\frac{1}{i}$ の価格 $p_e$ をもつものであるから、(4)式は資本の現在価値である資本の価格（$P_k$）が永久純所得財E（$\pi_k$）とその価格（$\frac{1}{i}=p_e$）との積であると解釈できる。そうすれば、(4)式における $\pi_k$ は、永久純所得財Eの数量とも、資本財の生産数量 $D_k$ とも解釈できる。[21]

以上の理由で、$D_k=\pi_k$ であるならば、(4)式 $P_k=\frac{\pi_k}{i}$ は $P_k i=D_k$ と変形できる。この式を投資函数 $I=D_kP_k+D_{k'}P_{k'}+D_{k''}P_{k''}+\cdots\cdots$ に代入すれば、$I=P_k\cdot P_k i+P_{k'}\cdot P_{k'}i+P_{k''}\cdot P_{k''}i+\cdots\cdots$ となる。この式において、もし、資本財の価格 $P_k, P_{k'}, P_{k''}\cdots\cdots$ が、(3)式によって土地、労働、資本の費用が決まることによって決まるならば、投資函数Iは利子率iの函数となる。貯蓄函数 $S=F_e(p_t\cdots\cdots, p_p\cdots\cdots, p_k\cdots\cdots, p_k\cdots\cdots, \frac{1}{i})\frac{1}{i}$ を、簡単に $S=f(i)$ と表わしたように、投資函数 $I=P_k\cdot P_k i+P_{k'}\cdot P_{k'}i+P_{k''}\cdot P_{k''}i+\cdots\cdots$ も簡単に表わせば、$I=g(i)$ となる。$I=P_k\cdot P_k i+P_{k'}\cdot P_{k'}i+P_{k''}\cdot P_{k''}i+\cdots\cdots$ において、$P_k, P_{k'}, P_{k''}$ は(4)式から明らかなように、利子率が下がれば高くなる。したがって、投資総額Iは利子率が下がれば増加する。

このように、簡単に表わした貯蓄函数と投資函数とによって貯蓄と投資を等しくさせるような利子率iを求める方程式を立てるならば、$S=I=f(i)=g(i)$ あるいは、$f(i)-g(i)=0$ となる。

## 資本蓄積と賃金・利子との関係――永久純所得財Eの需要曲線――

ベーム＝バヴェルクの資本理論は静態における理論であるので、貯蓄と投資が決まるとこれによって利子や賃金がどのように決まるかを明らかにする。これに対して、ワルラスの資本理論は動態における理論であるので、貯蓄と投資とが利子によってどのように決まるかを明らかにし、同時に、このようにして決められた貯蓄と投資が、その次にどのようにして利子を決めるのかをも明らかにする。このように、ベーム＝バヴェルクの理論は貯蓄と投資の変動する理由を明らかにしていないが、ワルラスの理論はこれを明らかにしている。このために、ベーム＝バヴェルクの理論は貯蓄と投資に変動のない静態における資本理論、ワルラスの理論は貯蓄と投資に変動のある動態における資本理論とされている。両者の理論を比較してみると、ベーム＝バヴェルクの理論はなにかの理由によって資本蓄積が生じたとき、この結果、どのような変化が利子と賃金との関係に起るかを説明することに特色があり、これに対して、ワルラスの理論はベーム＝バヴェルクの理論では説明されていない資本蓄積がどのように生ずるかということと、資本蓄積と利子との間にどのような関係があるかを説明することに特色がある。

以下、ワルラスの利子理論によって、資本蓄積はどのように生ずるかということと、資本蓄積と利子との間にどのような関係があるかということを見ることにする。これによって、利子と賃金との間にいかなる関係があるかという問題への、ワルラスの利子理論からの答えを得ることにする。

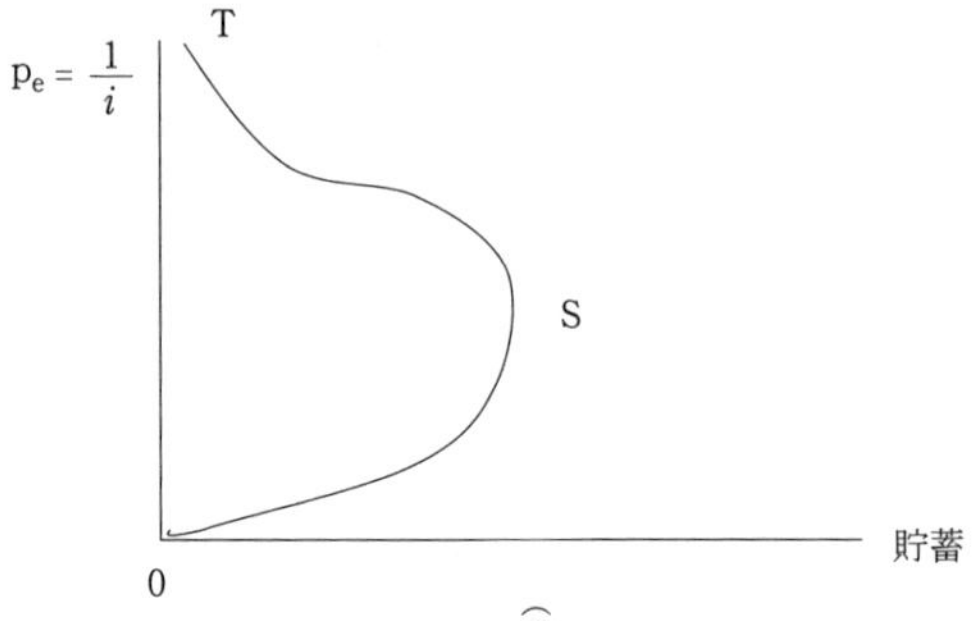


図４[22]

このために、ルッツの描いた永久純所得財Ｅに基づいた貯蓄曲線を利用する。貯蓄は、ワルラスによれば、永久純所得財Ｅへの需要によって決まる。永久純所得財Ｅへの需要が増大すれば、貯蓄も増大する。永久純所得財Ｅへの需要は、他の物財と同じく、価格が下がれば増大する。永久純所得財Ｅの価格 $p_e$ は利子率の逆数 $\frac{1}{i}$ であるから、永久純所得財Ｅへの需要は、利子率が上がると永久純所得財Ｅの価格 $p_e$ が下がるので増大する。このような利子率と、永久純所得財Ｅとの関係をもとにして、貯蓄曲線は図４のように描かれる。

図４において、Ｔから出発すると、貯蓄曲線は利子率が上がり価格 $p_e$ が下がるにつれて増大し、Ｓ点で極大となる。しかし、これ以上利子率が上がり価格 $p_e$ が下がると貯蓄は逆に減少し、原点０では利子率は無限大になり貯蓄はゼロになる。利子率が高く上がりすぎると、わずかな貯蓄で十分の収益が得られるので人は貯蓄を増やそうとしないからである。以上、Ｔから出発して利子率が上がるに

つれて貯蓄はどう変動するかと読んだ貯蓄曲線を、今度は逆に0から出発して、貯蓄が増大して行くにつれて利子率はどう変化するかを貯蓄曲線の上でたどるとどうなるか。こうすることによって、資本蓄積と利子との関係がわかる。

貯蓄がゼロ、利子率が無限大の原点0から出発して、貯蓄を増大して行くと、利子率が極めて高い水準では利子率はどんどん下がっていく。しかし、貯蓄が増大するのはS点が限度であって、それから先では貯蓄は減少して行く。これは、利子率があまり低く下がりすぎると、人は収益がなくなるので貯蓄をしなくなるからである。以上、ワルラスの貯蓄曲線を基にすると資本蓄積と利子との関係について、二つの命題を立てることができる。

一、利子率の比較的高い水準（0→S）においてはS点に至るまで、経済の発展途上では資本蓄積の増大によって利子率は低下する。

二、利子率の比較的低い水準（S→T）においてはS点を超えてから、経済が発展成熟すると資本蓄積は減少しても利子率は上昇せずに低下する。

以上ワルラスの利子理論では、ベーム＝バヴェルクの利子理論のように利子と賃金との関係は定められないが、資本蓄積と利子との関係は定められる。資本蓄積は、利子を低下させるというのがワルラスの利子理論からも得られる結論である。

## 第四節　ケインズの資本理論—貨幣的資本理論—

### ヴィクセルとケインズ

ルッツは、代表的な資本理論を三つの類型にわけたとき、ヴィクセル（Knut Wicksel, 1851–1926）を静態における資本理論を代表する一人としてベーム＝バヴェルクの後に置いた。これは、ルッツがヴィクセルとベーム＝バヴェルクとの関係を重視したからである。しかし、ルッツが二人の関係を論じたのはヴィクセルの一八九三年に出版された『価値・資本および地代』[23]に基づくものであった。したがって、一八九八年に出版された『金利と物価』[24]でヴィクセルが展開した自然利子と貨幣利子の議論は取り上げられなかった。

ルッツはベーム＝バヴェルクとの関係で、ヴィクセルが一つだけの生産物、一つだけの生産要素（労働）、そして単利だけに限定されていたベーム＝バヴェルクの前提を批判して、前提を拡張したことをヴィクセルの業績であるとした。しかし、本章はヴィクセルの業績を『金利と物価』で展開した自然利子と貨幣利子にあるという観点から、ヴィクセルとケインズとの資本理論における関係を指摘したい。

ヴィクセルは十九世紀末、利子と物価との間に不思議に思われる事実に直面した。[25]それは、利子が下がるのに物価が上がらないというデフレ現象であった。古典学派の貨幣理論によれば、利子が下がれば投資、生産、雇用が増えて物価は上昇する。その理由を、ハイエクは以下のように説明した。[26]例えば、銀行の信用創造によって流通する貨幣供給が増大したとする。貨幣供給の増加は、利子を下げる。利子が下がると、企業は銀行からの借り入れを増やして投資をする。投資は、資本の増加であるが、資本がどのように定義されるかによって、その内容は様々である。オーストリー学派のように生存基本とすればその増加、ワルラスのように土地や労働も資本とすればその増加、あるいは原料、道具、機械とすればその増加になる。どの定義を取ったとしても、資本需要の増加は生産財や資本財の価格を上げる。さらに、雇用の増加が所得を増やせば、消費財の価格も上げる。この結果が、物価の上昇であるのは明らかである。

しかし、古典学派の以上の説明には、いくつかの点で欠陥がある。まず、貨幣供給が利子を下げるというが、貨幣需要も同時に上がれば利子は下がらない。また、利子が下がれば投資が増えるというが、投資の期待収益も同時に下がれば、投資は増えない。そして投資の結果、生産財・資本財・消費財への需要増加は、物価上昇を起こすというが、これら諸財の供給増加が同時に起これば物価上昇も生じない。

この点に関連してハイエクは、古典学派の貨幣理論では明確でなかった貨幣市場と資本市場とを区分し、その上で両市場を結合する理論を構成したことにヴィクセルの業績があったと論じた［Hayek, F.A., 1935, 155］。貨幣利子は、貨幣市場で決められる。貨幣需要が変わらなければ、貨幣利子は貨幣供給が増えれば下がり、減れば上がる。自然利子は、資本市場で決められる。自然利子は、ヴィクセルもベーム＝バヴェルクと同じで資本の限界生産高で決まる。貨幣利子と自然利子の間には、貨幣の収益率である貨幣利子率と資本の収益率である自然利子率とが均衡する場合もあるし、そうでない場合もある。もし、貨幣市場で貨幣供給が増え貨幣利子率が自然利子率を下回れば投資費用は投資収益を下回るので、企業は投資を増やすことになる。投資を増やせば資本の限界生産高は下がるので、投資収益は減り投資費用に等しくなる。このように事が進めば、確かに投資需要の増加は物価を上げることになる。しかし、ヴィクセルの貨幣理論と資本理論でわかるように、貨幣利子率が下がっても自然利子率がそれを下回って低いときには投資は増えず物価も上がらない。資本の限界生産高が低落して投資の期待収益が低ければ、自然利子率は貨幣利子率を下回り、物価は下がり生産も増えないデフレ現象が継続する。物価が下がり生産が増えなければ、所得も上がらない。これが、物価をさらに押し下げる。物価↓生産↓所得↓物価の悪循環は、累積過程を生じ事態を一層悪化させる。ヴィクセルは十九世紀末の大不況（一八七三〜九七年）で経験した、利子と物価との間で感じた不思議を、貨幣利子率と自然利子率によって説明できるようにした。

ヴィクセルの貨幣市場と資本市場とを二つの利子率によって説明する貨幣的均衡理論は、ケインズによって継承された。ケインズによる貨幣市場で決まる利子率は、ヴィクセルの貨幣利子率と同じである。ケインズの資本市場で利子率とともに投資を決める資本の限界効率は、ヴィクセルの自然利子率を決める資本の限界生産高と同じである。本章のように、ヴィクセルの業績を貨幣利子と自然利子の貨幣的均衡理論に置けば、ヴィクセルはベーム＝バヴェルクにもましてケインズに近いといえる。(27)

## 流動性選好と利子との関係

ケインズの所得理論では、利子は流動性選好と貨幣数量の関係によって決まる。貨幣に対する需要である流動性選好は、現金に対する需要とも所有している有価証券を流動化して現金に代えることとも理解できる。貨幣に対する需要は、なによりも利子率の変動によって左右されやすい。したがって、貨幣に対する需要は利子率の函数とされる。貨幣に対する需要は、利子が下がると増大する。ケインズは、その理由を二つあげている。

一、取引動機。利子が下がれば所得理論の示すところによって、所得が増大する。所得が増大すると、取引目的あるいは消費目的の貨幣需要が増大する。

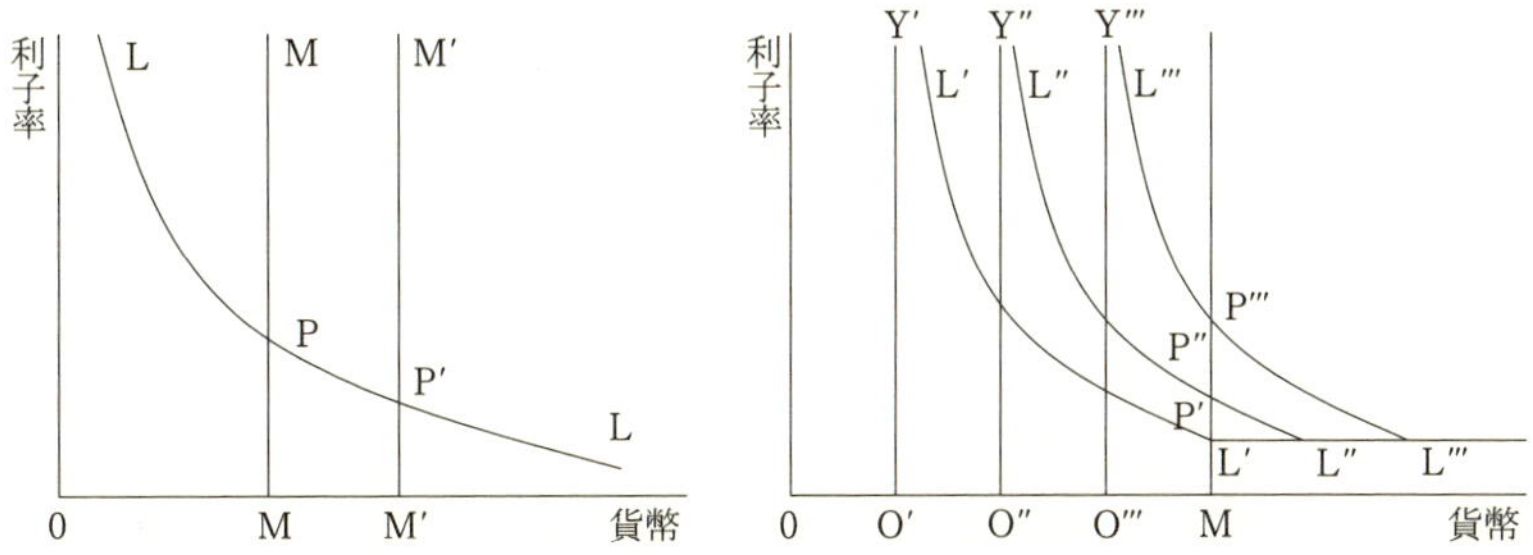


図5[28]

二、投機動機。利子が下がると、人は将来利子が上がるであろうと予想する。もし、利子が上がると、その予想される収益を利子率で割引いて得られる有価証券の現在価値は下落する。このように予想して、人は所有する有価証券を貨幣にかえる。この結果、利子が下がると貨幣に対する需要が増大する。

図5は、このような利子と貨幣に対する需要の関係を表わしたものである。左図は、所得の影響を受けない投機動機だけによる流動性選好曲線を表わす。右図は、所得の影響を受ける取引動機による流動性選好曲線と、投機動機による流動性選好曲線を合わせたものを表わしている。右図は、所得の水準がY′→Y″→Y‴へと上がるにつれて、取引動機による貨幣需要が増大するため、流動性選好曲線もより高い水準へと右上方へとシフトしていることを表わしている。

左図によって、利子率は貨幣数量が定まると決まることがわかる。貨幣数量が、0Mであれば、利子率はMPである。貨幣数量が、0Mから0M′へと増加すれば、利子率はMPからM′P′へと低下する。

右図は、貨幣数量が0Mであるとき決定する利子率が、所得の水準がY′→Y″→Y‴へと上がるにつれて、MP′→MP″→MP‴へと高くなることを示している。また、流動性選好曲線が、0MをすぎるとX軸と平行になるのは、利子が極めて低くなると、人は利子の上昇のみを予想し有価証券の現在価値も下落することのみが予想されるため、貨幣に対する需要が無限大となることを示している。これは、流動性の罠ともいわれる。

## 資本の限界効率と利子率の関係

ケインズの利子理論は、流動性選好と貨幣数量との関係で利子率が決まるという部分と、利子率と資本の限界効率との関係で投資の数量が決まるという部分の二本立になっている。利子率と資本の限界効率との関係によって投資の数量が決まるときの、資本の限界効率とは以下のことをいう。

資本の限界効率も、資本化という年々の純収益を利子率で割引いて資本の現在価値を求める方程式から出発する。年々の準地代ともいわれる純収益を$Q_1$, $Q_2$, $Q_3$・・・・・とし、利子率をiとして、このような年々の純収益を生み出す資本の現在価値Vを求めれば、以下の方程式が立てられる。

$$V=\frac{Q_1}{(1+i)}+\frac{Q_2}{(1+i)^2}+\frac{Q_3}{(1+i)^3}\cdots\cdots \quad (1)$$

次に、この方程式を解くことによってえられる資本の現在価値Vと、この資本を購入するのに実際に要した費用である資本の現実価格Cとを比較する。もし、資本の現在価値Vと資本の現実価格Cとの間に開きがなければ、当該利子率iで投資が成立し問題はない。しかし、もし、両者の間に開きがあればどうだろうか。この開きは利子率iの変動によって調整されるというのも一つの答えであるが、ケインズは新しい収益率rという概念をつくり出し、次のように説明する。収益率rは限界にまで増加させられた資本において、資本の限界効率となる。もし、資本の現在価値Vと、資本の現実価格Cとの間に開きがあったときに、資本の現在価値Vに資本の現実価格Cを近づけるためには、利子率iとは異なる別の割引率があるはずである。そして、この求められるべき割引率をケインズは収益率 r と名づけ、収益率 r を求める方程式を次のように立てる。

$$C=\frac{Q_1}{(1+r)}+\frac{Q_2}{(1+r)^2}+\frac{Q_3}{(1+r)^3}\cdots\cdots \quad (2)$$

この式で明らかなように、収益率 r というのは年々の純収益を、資本の現実価格に等しくする割引率のことである。(1)式と(2)式を比較して明らかなように、資本の現在価値 V に、資本の現実価格 C が等しくなるのは、収益率 r が利子率 i に等しくなるときである。ケインズは、投資が増加するにつれて、資本の現実価格 C は上昇し、純収益 $Q_1, Q_2, Q_3$ ・・・・・は減少すると見ているから、収益率 r は(2)式からわかるように、投資の増加につれて低下する。投資が増加して収益率が低下するときに、ある投資の数量において収益率 r が利子率 i に一致するまで低下したとするならば、この点は、資本の現在価値 V と資本の現実価格 C とが均衡するところであり、同時に、ここが、資本の数量が限界まで増加させられたという意味で、この点の収益率 r のことを限界収益率あるいは資本の限界効率という。

### 資本蓄積と賃金・利子との関係—IS曲線の意味すること—

ケインズの利子理論によれば、流動性選好と利子との関係、資本の限界効率と利子との関係は明らかにされているが、貯蓄と利子との関係は投資と利子との背後に隠れている。ワルラスの利子理論では、貯蓄と利子との関係は投資と利子との関係とともにその中心に位置している。これは、ケインズの所得理論が投資と所得の循環過程を中心に構成されているからである。しかも、ケインズの利子理論では流動性選好という有価証券を貨幣にかえる消費行動が前面に出るため、その逆に、貨幣を有価証券にかえる貯蓄行動が背後に隠れる結果になっているからである。

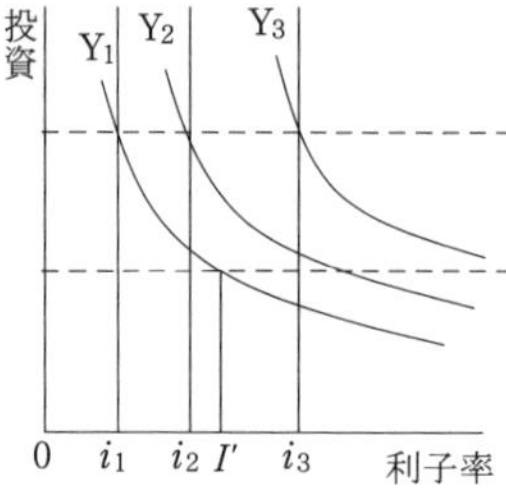


図6$_1$

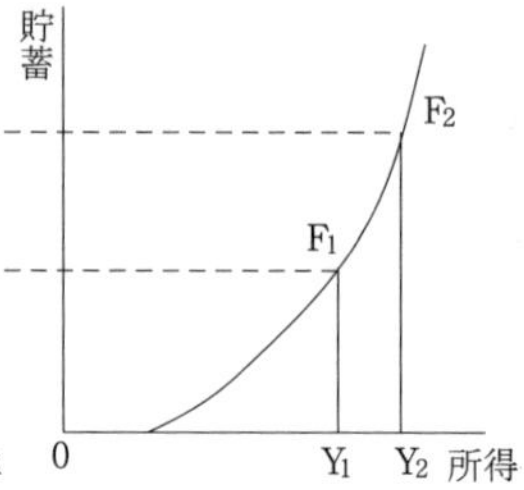


図6$_2$

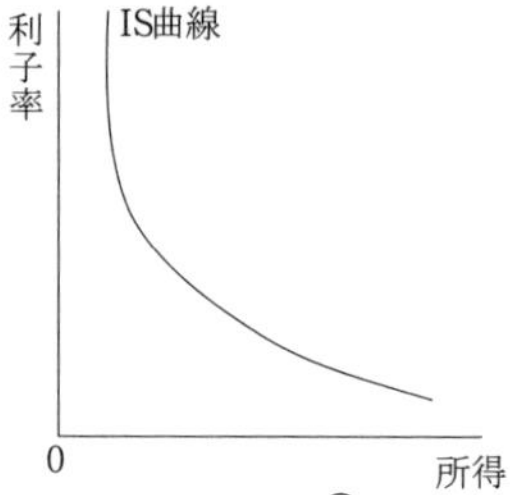


図6$_3$[29]

しかし、ケインズの所得理論においても、貯蓄と投資が等しいことが所得の均衡するための条件となっている。投資が所得を増やし、増えた所得が貯蓄を増やして、貯蓄と投資とが一致するとき所得はすべての変動を停止し、そこで所得は決定する。このような均衡状態における利子率と所得との関係を描いたのが、モディリアーニのIS曲線である。以下、IS曲線がどのように構成されるかを説明する。

まず、図6$^2$は貯蓄と所得の関係を示している。この図では、貯蓄は利子率との関係は省略され、所得の函数とされている。貯蓄は、所得とともに増大する。

図6$^1$は、投資と利子率との関係を示している。投資は、利子率が上がるとともに減少する。さらに、$Y_1$, $Y_2$, $Y_3$ 曲線は、投資が、所得の増大にともなって、$Y_1$, $Y_2$, $Y_3$ 曲線へと右上方へシフトすることを示している。

所得が $Y_2$ であったと仮定すると、その所得での貯蓄は図6$^2$の示すように $Y_2F_2$ となる。もし、この所得が均衡状態にあれば、貯蓄は投資に等しいから、$Y_2F_2$ の高さを図6$^1$に移せば、この投資での利子率は $i_2$ になる。もし、所得が所得 $Y_1$ に下がるとすると貯蓄と投資が一致する利子率は、図6$^1$によって $I'$ であることがわかる。これは、所得が $Y_1$ のときに貯蓄と投資が一致するときの利子率が $I'$ で、所得が $Y_2$ に上がるときの貯蓄と投資が一致するときの利子率が $i_2$ に下がることであるから、図6$^3$にあるように所得の増加とともに利子率が下がる右下がりのIS曲線が描かれることになる。

したがって、IS曲線は所得が増加するにつれて下落する。これは貯蓄や投資が増加するとき、利子率が下落すると読める。これによって、利子と賃金との間には、直接的ではないが間接的に、資本蓄積によって利子は低下するという命題が、ベーム＝バヴェルクやワルラスにおけると同様に、ケインズの利子理論においても成立することが明らかである。

## 第五節　ルッツの資本理論

### 資本利得と資本損失

ルッツが、一九五六年に『利子論』の初版を出したとき、この中にはルッツ固有の利子理論はまだ発表されていなかった。それから一〇年後、この第二版が一九六七年に出されたとき、その第五部に利子の積極理論と題してルッツ固有の利子理論が発表された。

ルッツの利子理論は、貨幣的資本理論の系列に入り、ケインズの利子理論に直結する。ケインズの利子理論が流動性選好と貨幣数量によって利子率が決まるとする貨幣市場と、このようにして決った利子率に資本の限界効率が等しくなるとき投資の数量が決まるとする資本市場の二本立てになっていたのを、ルッツは一本立てにした。このため、ルッツの利子理論は、ケインズでは分れていた貨幣市場と資本市場を一つに結合するものになっている。

人が、その資産を保有する方法は貨幣で保有するか、不動産を無視すれば証券で保有するかのいずれかである。資産をどのような方法で保有するかによって、資産は貨幣市場と資本市場のいずれかにふり分けられる。資産は、貨幣市場からひきあげられて資本市場に投入されたり、逆に、資本市場からひきあげられて貨幣市場に投入されたりする。その度ごとに、証券への需要が増えたり、逆に貨幣への需要が増えたりする。資産をこのように移動させるメカニズムは、なにであるか。これは、資本利得（Kapitalgewinn）と資本損失（Kapitalverlust）による。資本利得が予想されるときには証券への需要が増え、貨幣への需要が減る。逆に、資本損失が予想されれば貨幣への需要が増え、証券への需要が減る。これにつれて、資産は貨幣市場から資本市場へ、あるいは資本市場から貨幣市場へと移動する。このような資産の移動を決定する資本利得と資本損失は、どのように計算されるのか。

証券←→貨幣のメカニズムを、永久国債（コンソル）を例に説明すると次のようになる。永久国債が保有されるのは、永久国債から得られる収益が、永久国債に投資された費用を上回るからである。それでは、永久国債から得られる収益は、どのように計算されるか。また、その費用はどのように計算されるか。永久国債からえられる収益は、利札（クーポン）から得られる収益と、この永久国債が売却されたら得られるであろう収益との二つの部分から計算される。そして、この費用はこの永久国債が購入されたときの費用で計算される。

例えば、時価八〇万円、利札が年四万円の永久国債を購入したとして、一年後の資本利得を計算すればどうなるか。費用は、永久国債に投資された八〇万円である。収益の一つ、利札からの収益は、一年後には四万円である。それでは、もう一つの収益、この永久国債を売却したら得られるであろう収益はどのように計算されるか。これは、年々一定の収益が予想される資本の現在価値を求める公式 $V=\frac{N}{i}$ を利用して計算される。この永久国債は、年々四万円の利札収益を永久に生み出すはずであるから、N は四万円である。予想される利子率 i を四％とすれば、この永久国債の現在価値は $V=\frac{4}{0.04}$ によって一〇〇万円と計算される。この永久国債が売却されたら得られるであろう収益は、その現在価値から一〇〇万円と計算される。現在価値 V は予想される利子率によって、これが例えば四％から二％に下がれば二〇〇万円に上昇する。

以上、八〇万円で購入された永久国債は、一年後には、利札の収益四万円と売却されたら得られるであろう収益一〇〇万円の合計一〇四万円の収益をあげることになる。収益から費用を差引いた差額は二四万円となる。この関係を、資本利得をGとして表わせば、次のようになる。

$$G=\left(40{,}000+\frac{40{,}000}{0.04}\right)-800{,}000$$

この式を、両辺を投資された八〇万円で除して、貨幣一単位が、どれだけの資本利得$g$をあげたかという式に書きかえると、以下のようになる。

$$g=\left\{40{,}000\div 800{,}000+\left(\frac{40{,}000}{0.04}\right)\div 800{,}000\right\}-(800{,}000\div 800{,}000)$$ [30]

この式で40,000÷800,000＝(利札の収益÷永久国債の時価)は、この永久国債の利回りである。これは、計算すると五％になる。この式で、利回りを$R_0$、予想利子率を$R_1$として貨幣一単位が投資されることによってどれだけの資本利得があったかを表わすと、上式によって次のようになる。利回り$R_0$は現行の現実利子率、$R_1$は期待される予想利子率である。

$$g=R_0+\frac{R_0}{R_1}-1$$

この式によって、資本利得が生ずるのは$\frac{R_0}{R_1}>1$であるとき、もし$\frac{R_0}{R_1}<1$であっても、そのマイナスが$R_0$をこえないときであることがわかる。本章の例では、$R_0=40{,}000\div 800{,}000$で、0.05である。$\frac{R_0}{R_1}=\frac{0.05}{0.04}$で1.25である。したがって、$g=0.05+1.25-1$で、$g=0.3$となって、資本利得が生じている。

## ルッツの利子理論―資本損失と貨幣市場―

資本利得、あるいは資本損失が、ルッツの立てた方程式$\left(R_0+\frac{R_0}{R_1}-1\right)$によって決まるならば、資産が貨幣市場と資本市場とにどのようにふり分けられるかという問題は、$\left(R_0+\frac{R_0}{R_1}-1\right)$の値が、プラスと予想されるか、マイナスと予想されるかによって決まってくる。この値がプラスと予想されれば、資本利得を求めて資産は貨幣市場から資本市場へと移動し、マイナスが予想されれば、資本損失を避けて資産は資本市場から貨幣市場へと移動する。

次に、資本損失が予想されるとき、貨幣市場において利子率と貨幣需要との間にどのような関係があるかを見ることにする。便宜上、資本利得が予想されるとき、資本市場において利子率と証券需要との間に、どのような関係があるかという裏の関係は伏せておくことにする。(31)

資本損失がどれだけになるかは、$\left(R_0+\frac{R_0}{R_1}-1\right)$の方程式から、$\left(\frac{R_0}{R_1}-1\right)$によって計ることができる。資本損失は、$R_0$（利回り）が下がれば下がるほど大きく、また、$R_1$（予想利子率）が上がれば上がるほど大きくなる。$R_0$（利回り）は、利札の収益÷永久国債の時価によってわかるように、国債の時価が上がることによって下落する。国債の時価が上がり、$R_0$が下落しはじめたとき、資本損失がどのように判断されるかは、人々の$R_1$に関する予想によって差が生じる。利回りに連動して予想利子率も低下すると楽観する人は資本損失を小さく、利回りが低下しても予想利子率が低下しないと悲観する人は資本損失を大きく評価する。$R_0$の下落にともなって、貨幣に対する需要がどのように増大するかを見るならば、まず、$R_1$との関係で悲観する人の貨幣への需要が増大し、順次、楽観する人の貨幣への需要が増大する。図7は、資本損失を増加させる$R_0$の下落にともない、どのように貨幣に対する需要が増大するかを示している。

図7の縦軸には、現実利子率（$R_0$）と$R_0$が下がるとともに増加する資本損失がとってある。縦軸は、資本損失の裏が資本利得であるから$R_0$が下がるとともに資本利得は減少している。横軸は、保有される貨幣数量を表している。$R_0$が下がって資本損失が増加すると、証券は売却されて貨幣に代えられる。証券の売却は、予想利子率を

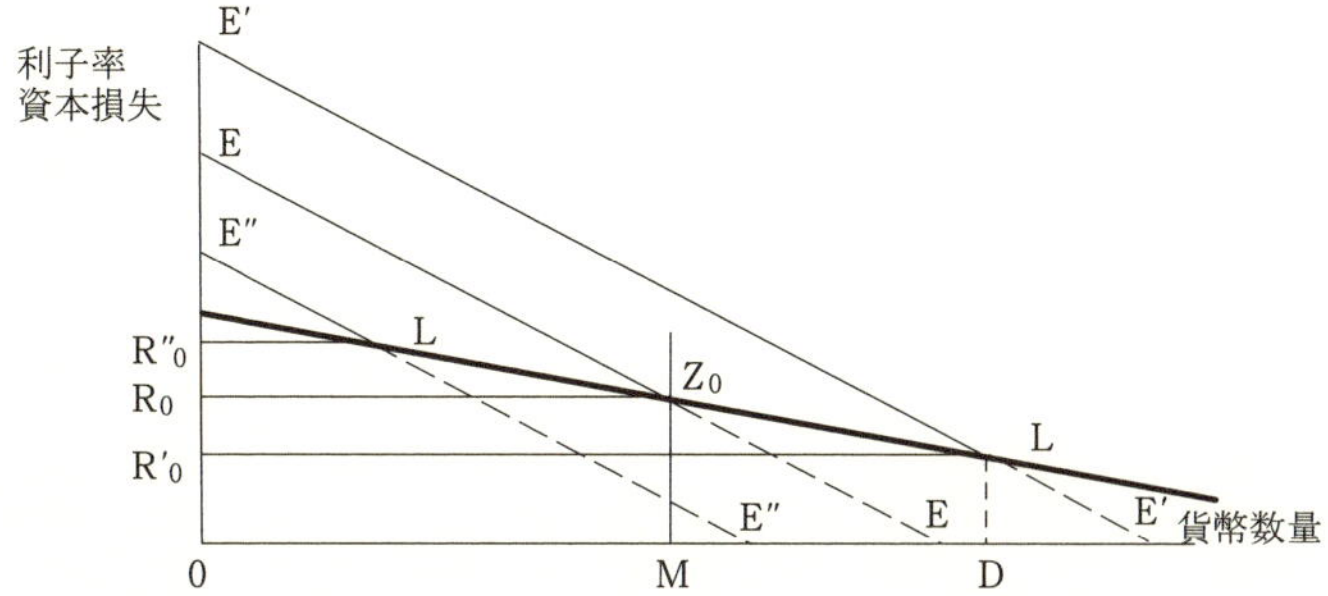


図7[32]

高く予測して将来の証券価格のさらなる下落を予測する人からはじまる。それに遅れて、予想利子率をそれほど高く予測しない人が証券を売却する。図7において、貨幣に対する需要直線E′E′, EE, E″E″はいずれも右下がりで、利子率が下がるとともに貨幣需要が増加することを表している。証券から貨幣への換金は、低い利子率を起点にするほうが高い利子率を起点にするより大きい。$R'_0$を起点にする需要直線はE′E′, $R_0$はEE, $R''_0$はE″E″となっている。貨幣に対する需要直線が右下がりである点では、ケインズの流動性選好曲線と同じである。ただし、ケインズが利子率と貨幣需要とを単純に組み合わせているのに対して、ルッツはこの中に資本損失と予想利子率を組み込んでこの関係をより現実に近づけようとする工夫がある。LL直線は、それぞれ異なる利子率を起点にする需要直線の上に、実際に利子率が$R''_0$, $R_0$, $R'_0$であったときの貨幣需要をつないだものである。利子率を数多くとれば、LL直線のような貨幣の需要直線が得られる。

　利子率はルッツの場合も、ケインズと同じく貨幣需要直線LLと供給される貨幣数量との関係で決まる。貨幣数量が、0Mのときは$MZ_0$（＝$0R_0$）に、0Dに増大すれば$0R'_0$で決まる。ルッツがケインズと異なるのは、ケインズが貨幣供給を中央銀行の貨幣政策で決まるとしているのに対して、ルッツは中央銀行の貨幣供給を一定として、貨幣市場に流入する投機目的の貨幣数量で決まるとしていることである。

## 資本蓄積と賃金・利子との関係

ルッツの利子理論は、貨幣市場においては貨幣の需給関係によって、資本市場においては証券の需給関係によって利子率がどのように決まるかを明らかにした。したがって、ワルラスやケインズの利子理論と同じく、賃金と利子との関係を直接に明らかにするものではない。しかし、資本蓄積と利子との関係については、ワルラスやケインズの利子理論と同じくこれを明らかにする。

図7によって、貨幣需要直線がLLであるとき、現実利子率（$R_0$）は上で述べたように、供給される貨幣数量によって決まる。ルッツは貨幣市場に流入して貨幣供給となるのは、財貨市場で取引目的に用いられるのでなく、利子率で動く投機目的の貨幣数量であるとする。したがって、貨幣市場に流入して貨幣供給となるのは、家計の所得のうち消費されずに貯蓄される部分と、企業の所得のうち生産財や資本財に支出されず貯蓄される部分となる。図7にある横軸上の貨幣数量0Mは、家計と企業とによる貯蓄の総計となる。図7で明らかであるように、貨幣数量が0Mであるときの利子率は$R_0$、貨幣数量が0Dであるとき利子率は$R'_0$である。したがって、貨幣数量が増大するとき利子率は低下する。上で説明したように、貨幣市場で供給される貨幣数量は貯蓄によって増大する。これによって、貯蓄によって増加する資本蓄積は利子率を低下させることになる。以上、ルッツの利子理論においてもベーム＝バヴェルク、ワルラス、ケインズと同じく、利子は資本蓄積によって低下するという命題が得られる。

注

（1）『国富論』第一篇九章　資財の利潤について、の冒頭でスミスは以下のように述べている。「資財の利潤の上昇および下落は、労働の賃金の上昇および下落と同一の諸原因に、つまり社会の富が増加状態にあるかまたは減衰状態にあるかに依存するが、これらの原因は、前者と後者とにいちじるしく異なる影響をおよぼすのである。資財の増加は、賃金をひきあげるけれども、利潤をひきさげる傾向がある」［大内・松川、1996, 89］。以上の文章で、スミスのいう社会の富を国民所得と置き換えれば、利潤や賃金は国民所得とともに増減することになる。また、スミスのいう利潤を利子、資財の増加を資本蓄積と置き換えれば、資本蓄積は賃金を上げ、利子を下げることになる。このため、本章は大内・松川訳では資財と訳されている stock を資本と訳し、スミスが capital への報酬を利子（interest）、stock への報酬を利潤（profit）と使い分けているのを、利潤と利子とは平行して変動するので利潤を利子と置き換えた。

（2）ルッツは、経済史と経済理論との関係を論じた論文の中で、論述の方法は異にするが「わたしの師（Lehrer）であるワルター・オイケンの著書『国民経済学の基礎』に大幅に依拠する」と述べている［Lutz, 1971, 57］。

（3）原著名は Grundlagen der Nationalökonomie という。

（4）原著名は Zinstheorie である。邦訳に、城島国弘訳『利子論』（巌松堂出版株式会社）が、昭和三七年（一九六二年）に出版されている。ただし、この訳は初版の訳であって、第二版で付加された部分は含まれていない。

（5）ゴットルは、社会科学には二つの研究方法があるとして、一つを理論研究（Theorie）、二つを事実研究（Empirie）とした［Gottl-Ottlilienfeld, 1931, 55］。

（6）一九一九～一九二三年のドイツのハイパー・インフレーションについて、オイケンとルッツとは異口同音に次のように言っている。「第一次大戦と、その後のインフレーションとは歴史学派では解決できない問題を提起した」［Eucken, 1951, 61］。「わたしの学生としての最初の印象の一つは、ドイツの一九一九～一九二三年のインフレーション問題に対する歴史学派を代表する講義者の救いのなさであった」［Lutz, 1971, 62］。

（7）本章が計画経済としたのはオイケンの用語では中央指導経済（zentralgeleitete Wirtschaft）、市場経済としたのは流通経済（Verkehrswirtschaft）である。経済用語としては、計画経済と市場経済がわかりやすく一般的であるのでオイケンの用語を変えて用いた。

（8）原著名は kapitaltheoretische Untersuchungen である。一九三四年に出版され、ベーム＝バヴェルクの生産期間を取り入れたオイケンの資本理論である。

（9）以下の論述は、ルッツの『利子論』を基にして、本章の解釈を交えて行った。

（10）ベーム＝バヴェルクの資本理論は、資本である生存基本と労働とを一定の所与として、利子が最大となる均衡の成立過程を説明する。したがって、オイケンのいう労働与件や資本与件など与件に変動のない経済を前提にしている。ルッツがベーム＝バヴェルクの資本理論を、静態における理論としたのはこのためである。

（11）ワルラスは、ベーム＝バヴェルクとは異なり変動する経済において利子がどう決まるかを説明した。ワルラスは、貯蓄も投資もともに利子の関数とした。したがって、利子の変化とともに貯蓄も投資も変動する。貯蓄と投資の変動は、所得や生産を変化させる。貯蓄と投資との均衡は、変動する経済のなかで実現する。ワルラスの利子理論が、動態における理論とされたのはこのためである。

（12）資本理論を古典理論と近代理論とに分けると、古典理論では制欲説でも、時差説でも、生産説でも、利子の発生理由に貨幣要因は入っていない。これに対して、近代理論では利子は貨幣市場で決まり、ここで決まった利子が資本市場で投資を決めると説明されている。ケインズの利子理論、投資理論、資本理論はこの利子理論の典型をなしている。

(13) ベーム＝バヴェルクのいう生存基本（Subsistenzfonds）は、古典学派の賃金基金（Lohnfonds）と同じである。古典学派が賃金基金は一定であるとしたのと同様に、ベーム＝バヴェルクも生存基本を一定の所与として、以下で論述する利子理論のモデルを構成している。

(14) 図2の右図は、ルッツの原図に、$t_1P_1$、$t_2P_2$……を記入してある［Lutz, 1967, 16］。

(15) 図3は、ルッツがベーム＝バヴェルクの数値によるモデルを、グラフの形に作図したものである［Lutz, 1967, 19］。

(16) 図3における、線分LCは均衡が成立したときの平均生産期間である。ベーム＝バヴェルクの平均生産期間の定義によって、I期間ごとに一人ずつ労働者が追加される。したがって、平均生産期間がLCであるときには、これに相当する人数の労働者が投入されている。労働者一人当たりの賃金は、賃金0Lによって知られている。したがって、平均生産期間（LC）の賃金総額、資本家にとっての生存基本も0L×LC（面積0LCM）で知られる。線分LCは平均生産期間であり、この期間に投入された労働者の人数と、この人数に支給された生存基本の単位数、すなわち資本の価値単位を表している。線分CPは、平均生産期間LCであげられた資本の生産高である。今、線分LCをK，線分CPをRとすれば、$\frac{R}{K}$は資本の平均生産高で、資本の収益率、資本の利子率となる。点Pは、生産期間当たりの限界生産高でもあるから、労働者一人当たりI期間の生存基本である資本をΔKとし、ΔKに対応する生産の増分をΔRとすれば、$\frac{\Delta R}{\Delta K}$と表せる。点Pが均衡点であるから、平均生産高（利子率）＝限界生産高のとき利子率は最大となり、利子率はここで決まることになる。

(17) 生存基本の増減が生産期間と賃金とを変化させることについては、例えば、生存基本の減少が生産期間を短縮させ、賃金を下落させることは、以下の数値例で説明できる。今、五五単位の生存基本が資本家に所有されていると仮定し、一〇人の労働者が一期ごとに一単位の生存基本を支給されるとする。絶対生産期間を、一〇期とする。期首に投入された労働者は、期末の一〇期目まで労働を投入したとすると、一〇期×一単位で一〇単位の生存基本を支給される。次に、第二期目の労働者は、九期の労働を投入し九単位を支給される。同様にして、期末の一〇期目の労働者は一単位を支給される。一〇人の労働者が全員雇用されたとすれば、支給された生存基本は合計で五五単位となる。ここで、生存基本が五五単位から一五単位に減少したとする。この場合、これまでの絶対生産期間は一〇期で、労働者の賃金を一期一単位とする生産が成り立たないことは明らかである。生存基本一五単位の生産を、一〇人の労働者を全員雇用するという条件で行うには、絶対生産期間を一〇期から五期に短縮し、賃金を一単位から〇・五単位に減らすしかない。例えば、期首には二人の労働者を投入する。二人の賃金は、一単位となる。五期にわたって投入された二人の賃金は、五単位である。第二期目に投入された同じく二人の賃金は、四期で四単位になる。以下同様に、第五期目の二人の賃金は一単位となる。この合計は、一五単位となる。このようにすれば、生存基本が五五単位から一五単位に減少しても、一〇人の労働者を全員雇用しての生産ができる。生存基本が減少すれば、生産期間を短縮させ、賃金を下落させることの説明はこれでなされる。

(18) 本章が、利子率としたものはスミスの原文では利潤率（rate of profit）である。本章は、スミスの利潤率は利子率と置き換えて差し支えないと判断して、利潤率を利子率とした。

(19) ワルラス以降の資本理論は、資本化という概念を盛んに利用するが、この概念の説明はサミュエルソンがわかり易い［Samuelson, 1958, 591–

596]。

(20) 永久純所得財Eは、邦訳には永久地代という訳もある［城島、1962, 125］。ルッツはこれを、確定利子付永久国債の確定利子への権利と解釈している［Lutz, 1967, 71］。ワルラスの『純粋経済学要論』の英文翻訳者ヤッフェは、これを the net income(E) と訳した［Jaffé, 1954, 307］。ワルラスの原文では、l'excédant du revenu sur consommation であった［Walras, 1874, 278］。ワルラスの l'excédant du revenu sur consommation というのは、資本から生じる年々の収益から減価償却費や保険補償費を差し引いた残りのことであった。これが、永久純所得財と訳されたものであった。

(21) 例えば、資本の現在価値（資本の価格 Kp）が一〇〇万円として、この資本からの期待収益（永久純所得財Eの単位価格）を一万円とすれば、永久純所得財Eの単位、あるいは資本財の生産数量は一〇〇単位となる。

(22) 図は、ルッツの著書にあるもの［Lutz, 1967, 73］。

(23) 原題は、Über Wert, Kapital und Rente である。邦題は、北野熊喜男の訳による。

(24) 原題は、Geldzins und Güterpreise である。邦題は、豊崎稔の訳による。

(25) ヴィクセルの感じた不思議について、エミール・ジャムは次のように言っている。「ヴィクセルが解決しようとした実際問題は、物価の変動と十九世紀末における貨幣事情との間の関係の問題であった。その時期には、物価は下落し、しかも利子率はきわめて低かった。ウィクセルはそのことを不思議に思ったのであった。古典主義者たちから学んだところによれば、利子率の低落は、信用の膨張と購買力の豊富な創造を、したがって、原理上では物価の上昇をもたらす、ということだったからである」［久保田・山川、1967, 438-439］。

(26) ハイエクは、古典学派の貨幣理論をカンティヨンやソートンによって説明した中で、貨幣と資本、利子と物価の関係を本章の本文中にあるように解説した［Hayek, 1935, 152-154, 鉢野、1993, 160］。

(27) ケインズはヴィクセルの自然利子率について、『貨幣論』においてはきわめて有望と考えていたが、ヴィクセルが物価水準の安定を保障するとしていた自然利子率は、完全雇用を保障しないという理由でこれを支持しないと『一般理論』で述べている［Keynes, 1973, 242-243, 塩野谷、1983, 241-242］。しかし、ルッツが貨幣的資本理論と名づけたケインズの貨幣市場と資本市場とをつなぐ利子理論は、ヴィクセルの貨幣利子と自然利子による利子理論と、本章が論述したように理論の構成はよく似ている。

(28) 左図は、本書の作図したものであり、右図は、ルッツの著書にあるもの［Lutz, 1967, 122］。

(29) 図は、ルッツの著書にあるもの［Lutz, 1967, 131］。

(30) 貨幣単位あたりの資本利得の式 $g=\{40{,}000\div 800{,}000+(\frac{40{,}000}{0.04})\div 800{,}000\}-(800{,}000\div 800{,}000)$ は、次のように書き改められる。$g=\{40{,}000\div 800{,}000+(40{,}000\div 800{,}000)\times\frac{1}{0.04}\}-(800{,}000\div 800{,}000)$。これは、$g=R_0+\frac{R_0}{R_1}-1$ と同じことである。

(31) ルッツは、利子率と貨幣市場の関係と、利子率と証券市場の関係を一つの図に合成しているが、ルッツの利子理論の説明には必ずしも必要でないので省略した［Lutz, 1967, 202］。

(32) 図は、ルッツの著書にあるもの［Lutz, 1967, 202］。

# 第三章　経済体制と経済発展
## ―パウル・ヘンゼルの経済体制論―

## 第一節　ヘンゼルの予測

### 計画経済と資本蓄積

東西ドイツの統一によって顕著になった事実の一つは、東ドイツにおける資本蓄積が西ドイツに比べていかに劣悪であったかということだった。以下の文章は、この点を生き生きと語っている。

「東ドイツの生産設備は古く、しかも環境対策がほとんど施されておらず、西ドイツの基準ではほとんど使いものにならないものが多かった。生産設備更新のためには、東ドイツＧＮＰの５倍に相当する約一兆マルクが必要であった。生産設備だけでなく、道路、通信などインフラストラクチャーの不足が再建の大きな隘路となった」(1)。

東ドイツで生じた資本蓄積の失敗は、東ドイツ政府が投資を軽んじ、これを怠った結果であったのだろうか(2)。事実は、これとは全く逆であった。なぜなら、東ドイツが計画経済の中核をなす投資の最大を目標にしないことはありえなかったからである。オイケンは計画経済で投資が強行される理由を、経済学では明らかにはできないと言った。なぜなら、オイケンが例に出した一九三六年以降のナチス・ドイツ、一九二八年以降のネップ（新経済政策）を目ざしたロシア、一五〇〇年代にヨーロッパに征服される以前のインカ、さらに古代エジプトで実施された異常に大きな投資は、経済的理由によったのではなく、権力の極大(3)という経済外的理由によったからである［Eucken, 1968, 62］。しかし、計画経済が異常に大きな投資を実施するのは、権力誇示のためばかりとは言い切れない。なぜなら、市場経済だけでなく計画経済の政府も、投資が生産・雇用・所得を増加させる最大要因であることは十分認識しているからである。

一定の与件のもとで一定の規模をもった経済が、経済発展を内生的に達成するには、投資が多いか少ないかが決め手になる。この経済発展のメカニズムは、計画経済にも十分に知られている。計画経済が、市場経済には達成できなかった失業、不況、格差のない経済社会を実現しようとすれば、なによりも投資の拡大が必要だからである。

しかし、東ドイツの歴史はこの実験に成功しなかったことを証明した。その理由は、オイケンがナチス・ドイツの経験を踏まえて指摘したように、計画経済には投資を有効にさせるために必要な、有機的な均衡実現の機能が備わっていないからである。オイケンは、その実例として一九三〇年代半ばのドイツで、大規模な高速道路の建設とガソリン供給の不足との間に生じた不均衡、また放置された鉄道建設のために起こった輸送物資の大量の滞貨をあげている［Eucken, 1968, 89］。

経済発展には欠かせない投資という用件は、ただ単に投資を増やせばそれで済む問題ではない。投資を有効にするためには、投資はすべての関係諸部門の間の有機的な均衡のもとで行われなければならない。そのためには、経済活動の均衡を細部にわたって組織させる経済体制が是非とも必要である。

## ベルリンの壁の崩壊と二つの国家条約

一九八九年一一月九日（木）、東西ドイツ分断の象徴であったベルリンの壁が崩れた。この日午前零時をもって、エゴン・クレンツ政権下の東ドイツ政府は東ドイツのすべての検問所を開放した。東西両ドイツの若者たちがベルリンの壁の上に立ち、ある者はハンマーを振るって壁の解体を行った。その後、かつての壁は舗道にその痕跡をとどめるだけになっている。

ベルリンの壁の消滅にともない、東西両ドイツは二つの国家と一つの国民（two states, one nation）[4]から一つの国家と一つの国民（one state, one nation）へと再統一された。二つの国家が一つの国家に統一されるには、政治・経済・社会すべての生活領域で既成の制度が統合されなければならない。政治では、東西に分かれて存在する両国の議会、政府が一つに統合されなければならない。経済では、厳しく対立した二つの経済体制の統合が必要だった。社会でも、例えば社会保障制度の統合が必要だった。

ドイツの再統一は、東西両ドイツの間で締結された二つの国家条約によって進められた。一つは、一九九〇年五月一八日に東西両ドイツの蔵相の間で調印され七月一日に発効した通貨・経済・社会保障同盟創設に関する条約[5]であった。もう一つは、一九九〇年八月三一日に東西両ドイツの内相によって調印され、九月一二日のモスクワでの二プラス四外相会議（東西両ドイツ＋米英仏ソ）の承認と、九月二〇日の東ドイツの人民議会、西ドイツの連邦議会と連邦参議院の議決を経て一〇月三日に発効したドイツ統一条約[6]とであった。

以上の統一へのプロセスは、ドイツの再統一が、まず経済と社会の統合ではじまり、次に政治の統合へと進み、そして最後に国家の統合に至ったことを示している。ドイツの再統一のプロセスは、同様にＥＵで進行しつつある経済・社会・政治の統合の順序と、ＥＵ統合とに一つのモデルを提供している。

ドイツの統一を完成させた二つの国家条約には、当初、先行した通貨・経済・社会保障同盟創設に関する条約と、後続したドイツ統一条約との間にどれだけかの猶予期間が予定されていた。しかし、二つの国家条約の発効日は七月一日と一〇月三日で、その間わずか三カ月と短かった。その理由は、通貨・経済・社会保障同盟の開始後、東ドイツに失業者の増加など経済問題が生じ、これに危機感を覚えた東西両ドイツの政権政党ＣＤＵ・ＣＳＵ（キリスト教民主同盟・社会同盟）とＳＥＤ（ドイツ社会主義統一党）とが、統一を急いだためであった［Sontheimer/Bleek, 2000, 105］。

先行した国家条約である通貨・経済・社会保障同盟の創設に関する条約の準備は、ベルリンの壁の崩壊から数カ月後の一九九〇年二月に東西両ドイツではじめられた。この国家条約では、通貨において通貨を西ドイツ・マルクに統一すること、西ドイツ連邦銀行を中央銀行とすること（国家条約　第1条2項、第10条）、経済においては、経済体制を西ドイツの社会的市場経済に統一すること（国家条約　第1条3項）、社会保障制度においては、東ドイツが年金、疾病、労災、失業の各保険制度を西ドイツに一致させること（国家条約　第1条4項、第17条～25条）が合意された。

これで明らかなように、その合意内容は東ドイツが西ドイツの社会的市場経済を全面的に受け入れるものだった。さらに、三カ月後に成立したドイツ統一条約によって、両ドイツはすでに通貨・経済・社会保障同盟の創設に関する条約がその前文で示唆したように、基本法（西ドイツ憲法）の第23条の規定によって、新しい憲法の制定なしに新しい国家を誕生させた。基本法第23条は、西ドイツ以外の東ドイツ諸州について以下のように規定してあった。東ドイツ諸州には、「(基本法）は、加盟後に効力をもつ」と。

基本法第23条を適用するためにドイツ統一条約は、第1条で「基本法第23条に基づく東ドイツの西ドイツへの加入が一九九〇年一〇月三日に効力を発するとともに、ブランデンブルグ、メクレンブルグ・フォアポンメルン、ザクセン、ザクセン・アンハルト、およびテューリンゲンの各州は、連邦構成州となる」(7)、第3条で「加入の効力が発する時点をもって西ドイツ基本法が前記五州および東ベルリンに適用される」(8)と定め、これによって、新憲法の制定なしで国家の再統一を完成させた。

東ドイツの諸州が基本法の効力を受けることによって、東ドイツの憲法は効力を失い、東ドイツは国家としての歴史的使命をおえた。ドイツ統一条約によって、ドイツ問題と呼ばれた二つの国家の問題は自動的に解消した。ドイツのすべての州が基本法の下で、基本法の定める立法・行政・司法の各機関を共有することになり、基本法は東西両ドイツにとって憲法の地位を占めることになった。これによって、東ドイツは経済体制だけでなく政治体制でも西ドイツにしたがうことになった。ドイツの統一は、東ドイツの西ドイツへの合併吸収と評されるのはこのためである。

このようにして統一後のドイツは、民主政治（Demokratie）、法治国家（Rechtsstaat）、社会国家（Sozialstaat）、連邦国家（Federalstaat）を国家秩序の四つの原則とすることになった(9)。東ドイツの集権型国家体制は解体し、西ドイツの分権型国家体制が存続することになった。

これによって、通貨・経済・社会保障同盟の創設に関する条約が前文に記した「一九八九年秋に東ドイツで平和的民主的革命が行われたという事実」が確定されて、戦後にはじまったドイツ分断四五年（一九四五～一九九〇年）の歴史はおわることになった(10)。

## ドイツの統一と三つの歴史的帰結

ドイツの再統一による新しい歴史の始まりは、同時にドイツ分断による古い歴史の終わりであった。ドイツ分断の歴史的帰結とは、なにであったのか。

第一に、それは冷戦構造によって引き裂かれた二つの国家の終わりであった。さらに、二つの国家共存の終わりであり、一つの国民が二つの国家をもつ時代の終わりであった。この歴史的帰結は、ミカエル・ゴルバチョフのペレストロイカ政策[11]なしではありえなかった。しかし、冷戦の終わりが、自動的にドイツ分断をおわらせたのではない。東西両ドイツ国民に統一への願望があったればこそ、統一が実現したのである。この願望は、両国憲法に異口同音に記されている。それは、以下の通りである。

一九四九年五月二三日に発布された西ドイツの基本法は、その前文で「全ドイツ国民は、自由な自己決定で、ドイツの統一と自由とを完成するように要請されている」と記し、同じく五カ月遅れで一九四九年一〇月七日に発布された東ドイツの憲法も、第1条第1項で「ドイツは不可分の民主的共和国である。これはドイツ諸州の上に建設される」と記して、ドイツの統一を目標に掲げていた。

ドイツ史に繰り返し現れるドイツ国民の統一と自由への願望は、ドイツ史を概観する誰の目にも明らかである[鉢野、1989, 231-235]。そして、ベルリンの壁の崩壊は、偶然にも統一と自由への願望を同時にかなえさせた。ドイツ再統一の歴史的帰結とは、ドイツ国民にとって伝統的な統一への願望の実現であり、これがドイツにおける二つの国家の歴史をおわらせた。

第二に、それは東ドイツ管理社会の終わりであった。統一後、世界に広く知られるようになったシュタージ

(Stasi)（Staatssicherheitsdienst 国家保安省）は、東ドイツ社会の隠された現実を明るみに出した。シュタージは、体制批判を封殺するための、閉ざされた社会（closed society）の監視機関であった。シュタージによって監視された社会は、たとえ社会が安定したとしても発展しない。それは、相互批判によって発展する開かれた社会（open society）とは対照的である。ドイツの統一は、相互監視でしか安定させられない閉ざされた社会の終わりであった［鉢野、1985, 30］。

一九九〇年一〇月三日リヒャルト・ワイツゼッカー初代ドイツ大統領は、国家統一の記念式典の演説でシュタージに触れて以下のように述べた。

「東ドイツの旧秘密警察が残した不信の塊という遺産は、特に重く心を圧迫する一章である。旧体制派の力は失われたが、それによってできた心の傷はまだ生きている。そのような国家の政治的理念が悪かったのではない。それを絶対的真理としたことが悪であった(12)」。

ワイツゼッカーは、ドイツ再統一の祝日での演説のため旧東ドイツに十分配慮してはいたが、ことシュタージについては容赦しなかった。ワイツゼッカー演説で傾聴しなくてはならないのは、単に百万人を超える東ドイツからの脱出者、延々と伸びる鉄条網と高い壁、そして地雷によって逃亡を阻まれ命を落とした犠牲者、親友や伴侶でさえも密告者であったという監視社会と管理社会への批判だけではない。それは、ワイツゼッカーが「国家の政治理念が悪かったのではない。それを絶対的真理としたことが悪であった」と表現した、目的は手段を聖化しないという平凡な真理であった。目的がよければよいほど、これを実現する手段もまたよいものでなくてはならない。目的がいいから、どんな手段を使ってもいいということにはならない。

例えば、東ドイツが一九四九年の憲法の前文で掲げた「人間の自由と権利を擁護し、社会と経済生活を社会正義によって形成し、社会進歩に寄与し、諸外国との友好を促進し、平和を確保する」という政治理念は決して悪くなかった。しかし、この目的を実現するために、強権をもって国民を服従させたことが悪かった。

東ドイツは、目的のために手段を誤った多くの歴史の事例の中に、もう一つの事例を残す国家となった。東ドイツは西ドイツに比べて、機能的でなくても人間的な国家の形成に成功していたならば国家を消滅させることはなかったであろう［鉢野、1989, 56］。東ドイツは、たとえ豊かでなくても、睦まじい国家であったなら存在理由を失わずにすんだ。しかし、シュタージに代表される管理社会は、豊かでもなく、睦まじくもない国家をつくり出した。この管理社会の歴史的帰結が、ドイツの統一であったともいえる。

第三に、それは東ドイツが信奉した歴史理論の終わりであった。この歴史理論を、弁証法的史的唯物論(13)とすると、人類の歴史は原始社会から、奴隷制、封建制、資本主義のような階級の対立と闘争とによって刻まれた歴史をもつ社会を経て、社会主義社会へと、そして最後には共産主義社会へと進んで行くことが予測された(14)。しかし、東ドイツのたどった歴史は階級の矛盾と対立と闘争をもつ資本主義から、階級の矛盾と対立と闘争をもたない社会主義、そして共産主義への必然的な移行ではなかった。一九八九年秋東ドイツではじまった平和的民主的革命は、それとは逆に社会主義、あるいは共産主義からの資本主義への移行であった［福田、1996, 15］。

史的唯物論には賛否両論があるが、秩序の思惟（Denken in Ordnung）の立場に立って、史的唯物論を歴史発展の思惟（Denken in geschichtlicher Entwicklung）として、真っ向からこれに対立したのは、オイケンであった［Hensel, 1972, 11］。

オイケンにとって歴史とは、人間が主体的に形成するものであって、決して歴史の発展法則に人間がしたがうべきものではない。したがって、歴史発展の思惟が前提とする歴史の法則性あるいは必然性を承認しなかった。秩序の思惟は、人間が直面する問題解決にこれに適合した秩序の発見・形成・維持をもって応えようとする。オイケンは、資本家と労働者による資本制的生産関係が、生産力の発展によって生産手段を共有にし階級差別のない社会制的・共産制的生産関係へと必然的に移行することは認めなかった。以上の点を、オイケンの言葉で説明すると以下のようになる。

「歴史においては、誰もあらかじめ言い当てることのできないような予想もできなかった転換が起こることが珍しくない。歴史家は本質的な歴史の傾向を認識し、将来の危険を警告できるだけである。しかし、これはいわゆる発展法則によって予測を立てるということではない」[Eucken, 1968, 208]。

東ドイツで生じたのは、資本制的生産関係から社会制的・共産制的生産関係への体制転換でなく、全くその逆であった。それはオイケンの言ったように予想もできなかった転換であった。そして、これはオイケンの言ったように発展法則による予測を覆す歴史であった。ドイツ統一の歴史的帰結は、オイケンのいう歴史発展の思惟に立つ歴史理論の終わりであった。

## ヘンゼルの予測

オイケンの後継者パウル・ヘンゼル（Karl Paul Hensel, 1907–1975）は、東西両ドイツの再統一を相当早くから予測し、一九六〇年代の論文で自己の見解を明らかにしていた。ヘンゼルの予測は、オイケンのいう秩序の思惟によるものであった。それは、本質的な歴史の傾向を認識し将来の危険を警告するもので、歴史の法則性あるいは必然性を予測する歴史発展の思惟によるものではなかった。

ドイツの再統一は、結果としてはヘンゼルの予測に近い形で進展したが、勿論ヘンゼルがすべてを正しく予測したのではない。しかし、ヘンゼルはドイツの二国家体制の解消、二つの経済体制の統合、および東の経済体制に対する西の経済体制の優位、以上三つを正しく予測していた。ドイツの再統一が、二国家体制を解消させ、一つの経済体制を選択させ、それが西の経済体制であった以上、これを事前に予測したヘンゼルの経済体制論は正当に評価されなくてはならない。

年報誌『オルドー』(ORDO) 第一二巻 (一九六〇・一九六一年合併号) に、ヘンゼルは「東西の経済社会体制の構造対立か接近傾向か?」[15] と題する論文を発表した。この中でヘンゼルは、東西の工業技術水準が接近するにともなって東西の経済社会体制も次第に接近あるいは収斂して第三の混合体制になるという、当時話題になったヤン・ティンバーゲンの収斂予測を批判した [福田、1996, 40]。

その批判の根拠は、異なる秩序原理に基づく二つの経済体制は、互いに接近し収斂することはないとするヘンゼルの秩序理論によるものだった。ヘンゼルは、もし体制の接近があるとすれば、それは東西双方が体制の接近を欲しなければならないとし、しかし双方が自己の体制を最善とする限り、体制の接近や収斂はありえないとした。さらに、両体制が接近や収斂する混合体制もないとすると、現実政策による妥協もありえないとした。しかし、それでもなお両体制の接近が望まれるなら、以下のようにするしかないとして、ヘンゼルは自己の見解を次のように述べた。

「それは、一つの体制が他の体制に完全に接近することが問題になるだけであろう。しかし、これは一つの体制が他の体制へと完全に転換することを意味するであろう。この問題は、再統一の場合に、ドイツにとっては極めて現実的である。しかも、二つのドイツ地域を統合する経済政策は、それぞれ自由な社会と分散した運営体制へと明確に根本的に方向づけられなければ成功しえない」[Hensel, 1960/1961, 328]。

ヘンゼルが、ドイツ国民が二つの経済体制の二者択一を迫られるなら、それは極めて現実的（hochakutuell）な問題とし、選択されるのが西の経済体制であることを予測したことは、以上によって明らかである。福田敏浩が比較体制論の研究において、ヘンゼルの移行論を両ドイツの再統一を予想した炯眼《けいがん》は特筆に価する［福田、1996, 43］と評価したのも当然である。

## 第二節　ヘンゼルの経済体制論

### ヘンゼルの経済体制論の三つの前提

ヘンゼルが東ドイツから西ドイツへの国家体制の移行を、結果として正しく予測できた理由は、その経済体制論が三つの前提に立っていたからである。

第一に、ヘンゼルは、歴史が法則ではなく、秩序によって変化するという歴史理論を前提にしていた。ヘンゼルは、すでに述べたように歴史発展の思惟でなく、秩序の思惟をもっていた。これによって、経済体制は歴史発展の法則によってではなく、人間の形成する秩序によって変化するという見解をもっていた。すなわち、歴史の中に法則を発見するのでなく、秩序を発見しようとした。この歴史理論はオイケンが開拓したものであり、ヘンゼルはこれを継承した。

経済体制は、計画分散型の市場経済でも、計画集中型の計画経済あるいはヘンゼルのいう中央管理経済でも、様々の形態の組み合わせによって成っている。同じ市場経済でも完全競争の市場から双方独占の市場まで、形態の組み合わせによって様々の経済秩序が可能である。同じく計画経済でも計画の変更と修正を許さないものから、消費財の交換や選択を認めるものまで経済秩序は多様となりうる。したがって、経済秩序や経済体制のこのような多様性と歴史性を、一定の法則で説明し予測することは容易ではない。さらに、どのような形態を選択し、経済秩序をどう形成し、どの経済体制にするかは、その時々の国家や国民が主体的に決めることであって、歴史の法則性や必然性によって決まるものではない。これが歴史発展の思惟とは異なる秩序の思惟であり、この立場に立ったのがオイケンであり、ヘンゼルであり、また、現在も続くオルドー学派[16]の研究者達である。

ヘンゼルはすでに述べたように、一九六〇年代に秩序の思惟によって東西両体制の収斂予測を否定した。経済体制が収斂するという必然性に、疑問を抱いたからである。さらに、一九七〇年代にウイリー・ブラントの東方政策[17]以降、二つのドイツの現実は動かせないものとして、東西両体制には平和共存が最も望ましい政治の現実とされたときにも、以下のようにこの見解を批判した。

「ドイツの分裂は、政治の議論ではいわゆる現実にしたがうとされている。この現実はもはや除去できないし、国際政治の永続状態とされている。実際には、歴史が教えているように、このような『現実』(Realität) とは多くは疑わしいものである。というのは、ここにいう将来とは、現在の現実の投影に過ぎないからである。大きな王国も帝国も不滅と思われたが、消滅したり小国に分裂したりしてきた」[Hensel, 1972, 174]。

以上のように、ヘンゼルは歴史を形成論で解明し、必然論で解釈する歴史理論とは対立した［鉢野、1981, 61］。歴史を秩序の形成として、現在の投影とも法則の結果ともみなさなかった。ヘンゼルがドイツの国家体制の移行を予測できたのは、このような歴史理論を前提にしていたからである。

第二に、ヘンゼルは経済体制の種類は多様でも、二つに大別されるという経済体制の二分法を前提にしていた。

ヘンゼルの用語では市場経済（Marktwirtschaft）と中央管理経済（Zentralverwaltungswirtschaft）の二つである。ヘンゼルによれば、経済活動は計画なしには成り立たない[18]。国民経済も国際経済も、家計、企業、政府が立てる数々の計画が整序されて成立する。このように、すべての経済活動は計画によって成り立つという理解によってヘンゼルは、市場経済と計画経済という、今日広く用いられる用語を避けて計画経済でなく、中央管理経済を用いている［Hensel, 1972, 103］。

しかし、どの用語を用いるかは別として、経済活動の調整を市場と政府のいずれに委ねるかによって経済体制を二分する点ではヘンゼルも同じだった。ただし、経済活動の調整が市場に委ねられるときは計画立案の主体が家計、企業、政府に分散され、政府のときは主体が政府に集中する点が、ヘンゼルの特徴であった。計画が分散されるときを市場経済、集中するときを中央管理経済とした。これについて、ヘンゼルは以下のように言う。

「可能な計画システムから見ると、分業化した全体過程には分散計画か、集中計画か二つの経済秩序しかありえない」［Hensel, 1972, 23］。

ドイツの再統一に際して、二つの経済体制を明確に区分し、東ドイツの西ドイツへの体制転換（Transformation）を予測できたのは、ヘンゼルが以上のように経済体制の二分法を前提にしたからである。

第三に、ヘンゼルは秩序の相互依存性（Interdependenz der Ordnungen）を前提にしていた。国家を人間共同生活の単位とすれば、国家は政治・経済・社会の生活領域に分けられる。国家は、これらの生活領域の構成体であり統一体である。したがって、政治・経済・社会には、それぞれ固有の生活領域があり固有の秩序があるとしても、国家が統一体である限り、それぞれの秩序の間には相互依存性があり整合性もなければならない。これが、秩序の相互依存性ということである。

国家を政治・経済・社会の三者の生活領域からなる構成体とすれば、三者の秩序関係は以下のように説明できる。例えば、経済がヘンゼルのいうように計画の分散による市場経済であれば、政治も権力が分散する民主政治となり、社会も権利を同等に分散させる契約社会あるいは自由社会となって、政治・経済・社会の間には秩序原理の整合性が成立する。さらに、このような秩序原理をもつ国家は分権国家を形成する。これに対して、計画が集中すれば計画経済となり、政治も権力が集中する専制政治となり、社会も権利が集中する血縁社会あるいは管理社会となる。そして、このような国家は集権国家になる。

秩序の相互依存性に関して、ヘンゼルは西ドイツの基本法を論じた中で以下のように述べている。

「ドイツ連邦共和国の基本法において、国民には一連の基本的人権が保障されている。基本的人権が、われわれの自由と秩序をもつ社会の基礎である。これとともに、自由な生活形成の領域が、経済、文化、社会、そして政治においてもつくられている。同時に、基本的人権によって、国家権力がそれを超えて行使されない限界も定められている」[Hensel, 1972, 98–99]。

先に見たように、一九九〇年一〇月三日のドイツの再統一は、経済と社会にとどまらず政治をも含んだ全面的な体制転換であった。このような全面的な体制転換が生じたということは、国家を構成する政治・経済・社会の間に秩序の相互依存性があることを実証している。ヘンゼルが経済体制にとどまらない国家体制の全面移行を予測できたのは、以上のように秩序の相互依存性を前提にしていたからである。

## ヘンゼルの経済体制論と計画のバランス・シート

経済体制の変化・移行・転換に関する議論には、資本主義が様々な理由で社会主義へと体制転換（Transformation) するというマルクス、シュンペーター、ティンバーゲン、ガルブレイスと、これに反するミーゼス、ハイエク、レプケ、オイケン、ブキャナンの系列とがある［Kloten, 1989, 104-107］。

ミーゼス系列の議論の中心は、経済活動を市場の価格調整以外の調整原理で行おうとしても成功しないことを明らかにすることだった。ミーゼスが一九二〇年から三〇年代にかけてランゲとの間で展開した経済計算の問題は、このテーマをめぐるものだった。オイケンの計画経済批判も、経済計算に関するものでありミーゼスと同一線上にあった［Gutmann, 1989, 56］。オイケンはナチスの計画経済で、政府の管理調整が価格管理にはじまり、生産管理、消費管理、分配管理、投資管理へと管理の連鎖を生じさせ、いかに経済活動を硬直させるかを身をもって経験した。この経験によってオイケンは、価格調整を価格以外の調整原理で置きかえることは不可能だと判断した。計画経済の計画調整が経済活動を硬直化させるのは、経済計算を市場の価格のように円滑に合理的に行えないからである。

しかし、ミーゼスにはじまる社会主義批判は経済計算の合理性による議論以上には進展しなかった。ミーゼス系列の計画経済批判には、価格に代わる計画による調整原理について事実に即しての議論がなかった。これに対してヘンゼルは、価格調整以外の調整原理を計画のバランス・シートと名づけて、これを説明し検証した。

ヘンゼルは一九一七年のロシア革命のとき、指導者レーニンが共産主義には頼るべき経済政策の指針がないと嘆いたというエピソードを紹介し、この新しい国家体制には経済政策の欠陥があることを明らかにした［Hensel, 1972, 11］。ロシア革命は、資本主義の歴史を批判して、工業の発達の陰で生じた資本集中・貧富格差・階級闘争などの経済社会問題を克服する目的でスタートした。しかし、歴史の批判だけでは、新しい国家体制は建設できない。これを可能にする、理論と政策が必要である。ロシア革命が七三年後、一九九〇年のソ連邦の崩壊によってその経済体制の欠陥を露呈したのは、計画経済に欠かせない理論と政策を確立できなかったからである。

ヘンゼルは経済体制が経済秩序によってなり、経済秩序は秩序形態によってなるという経済体制の理論をもっていた。(19) この経済体制、経済秩序、秩序形態の関係をヘンゼルは、以下のように説明した。

経済財を生産し消費しようとするときに、経済体制は欠かすことができない。特に、人間が欲求をもち欲求を充足するため経済財を必要とし、しかも不足がちな経済財の生産を人間相互の協力によって増加させ持続させ、欲求の充足をはかるときに経済体制は欠かせない。経済体制は、生産と協力とを効果的に形成する経済秩序を必要とする。

経済秩序を、ヘンゼルは道徳的、法律的、形態的構成体と表現している［Hensel, 1972, 18］。それは、経済秩序が道徳・法律・形態によって構成されるということである。経済秩序を構成する形態に関しては、以下の八つが秩序形態として挙げられている［Hensel, 1972, 19–20］。

㈠計画の形態。これは、すでに述べたように分散計画と集中計画とに二分される。㈡所有の形態。これは、私有と公有に二分される。あるいは共有を入れれば三分される。㈢企業の形態。これは、私企業や公企業、これらの間にも様々の形態がある。㈣意志決定の形態。これは企業の意志決定のことで、集団的意志決定と単独的意志決定に二分される。㈤業績計算の形態。利潤原理と計画達成原理に二分される。㈥価格の形態。これは、公定価格と市場価格とに二分される。㈦市場の形態。これは、競争市場から寡占市場さらに独占市場と様々の形態がある。㈧貨幣の形態。これは、中世の金貨銀貨のような鋳造あるいは実物貨幣を別にすれば、今日では信用通貨が使われ、これは現金通貨と預金通貨に二分される。

ヘンゼルの経済体制論は、以上の諸形態が道徳と法律との結合によって特定の経済秩序となり、それが経済体制を形成すると説明する。上に挙げた八つの秩序形態の中で、最も中心になるのは計画の形態である。計画の形態が、分散計画になるか集中計画になるかによって、すでに述べたように経済体制は市場経済と計画経済とに二分される。計画の形態を中心にその他の諸形態が結合されるが、この結合の形式によって多様な経済秩序が生じ、また経済体制も決まってくる。

計画分散型の市場経済では、家計・企業・政府の多種多様の計画が多数の市場で価格の調整によって需要と供給が均衡し、これによって欲求の充足がはかられる。これに対して、計画集中型の計画経済では価格調整を排除するので、これを他の調整原理で代替しなくてはならない。計画のバランス・シート（Planbilanz）と差引残高（Mengensalden）が、その代替原理になる。[20] 計画のバランス・シートは市場に、差引残高は価格に相当する。価格に代わる差引残高についてヘンゼルは、以下のように述べている。

「経済学は、ただ二つの不足表示の形態しか知らない。経済の不足差額は(a)価格によるか、あるいは(b)財貨における計画のバランス・シートの差引残高によるしかない。価格や計画のバランス・シートがどのように成立するかによって、不足差額がどの程度正しく、場合によってはどの程度誤って表示されるかが決まってくる」［Hensel, 1972, 22］。

計画のバランス・シートは、ヘンゼルが戦時経済で帝国皮革局に勤務した経験に基づいていた［Gutmann, 1989, 159］。価格の上昇と下落で知られる需要と供給の不均衡が、計画のバランス・シートでは、貸借対照表の負債（貸方）と資産（借方）の差額としての差引残高で表示される。

ヘンゼルによる貸借対照表の一般的な形では、負債（貸方）には㈠期末の在庫、㈡国内需要（消費・使用）、㈢輸出があげられ、資産（借方）には㈠期首の在庫、㈡国内供給（生産・調達）、㈢輸入があげられる（表1）。

表1　計画のバランス・シート（一般形式）

| 資産（借方） | 負債（貸方） |
|---|---|
| 1. 期首在庫<br>2. 国内供給（生産・調達）<br>3. 輸入 | 1. 期末在庫<br>2. 国内需要（消費・使用）<br>3. 輸出 |

表2　革靴配給局のバランス・シート

| 資産（借方） | | 負債（貸方） | |
|---|---|---|---|
| 1. 期首在庫 | 10,000 足 | 1. 期末在庫 | 10,000 足 |
| 2. 差引残高（国内供給不足分） | 500,000 足 | 2. 国内需要（消費・使用） | 500,000 足 |
| 3. 輸入 | 0 足 | 3. 輸出 | 0 足 |
| | 計 510,000 足 | | 計 510,000 足 |

計画のバランス・シートの負債（貸方）は市場の需要に、資産（借方）は供給に相当する。計画のバランス・シートの一例を、ヘンゼルが示した革靴配給（表2）、革靴製造（表3）、皮革製造（表4）によって説明すると以下のようになる。

最終消費財である革靴のバランス・シートは、中央計画局の革靴配給局からはじまる。革靴配給局では、予想される革靴の年間の国内需要の集計がされる。それが、例えば五〇万足であれば革靴配給局のバランス・シートにおいて負債（貸方）に国内需要（消費・使用）の項目としてそれが記載される。ただし、革靴配給局は革靴を担当する革靴製造局ではないので、バランス・シートにおける資産（借方）の国内供給（生産・調達）の項目は、需要に対する供給の不足分が差引残高五〇万足として記載される。この表では、簡略化のために貿易のない封鎖経済を仮定している。したがって、輸出輸入はともにゼロである。在庫については、期首と期末ともに、一万足を予定している。

次に、革靴配給局の資産（借方）では国内供給不足分として記載された五〇万足は、革靴製造局に発注されるので、革靴製造局のバランス・シートでは負債（貸方）の国内需要（消費・使用）の項目として五〇万足が計上される。革靴製造局では、この国内需要を受けて国内供給に五〇万足を

表3　革靴製造局のバランス・シート

| 資産（借方） | | 負債（貸方） | |
|---|---|---|---|
| 1. 期首在庫 | 10,000 足 | 1. 期末在庫 | 10,000 足 |
| 2. 国内供給（生産・調達） | 500,000 足 | 2. 国内需要（消費・使用） | 500,000 足 |
| 3. 輸入 | 0 足 | 3. 輸出 | 0 足 |
| | 計 510,000 足 | | 計 510,000 足 |

表4　皮革製造局のバランス・シート

| 資産（借方） | | 負債（貸方） | |
|---|---|---|---|
| 1. 期首在庫 | 20トン | 1. 期末在庫 | 20トン |
| 2. 輸入 | 0トン | 2. 輸出 | 0トン |
| 3. 国内供給（生産・調達） | 880トン | 3. 国内需要（消費・使用） | |
| | | 1. 革靴製造用皮革 | 500トン |
| | | 2. 鞄製造用皮革 | 200トン |
| | | 3. ベルト製造用皮革 | 100トン |
| 4. 差引残高（国内供給不足分） | 300トン | 4. その他 | 380トン |
| | 計 1,200トン | | 計 1,200トン |

生産し、革靴配給局に納入する。表3は、この関係を表している。

さらに、革靴製造局が五〇万足の革靴を生産するには、このための靴職人の労働、製靴工場という資本、靴紐のような中間生産財、そしてなによりも原料になる皮革という生産財が必要になる。このために革靴製造局は、各関係部局に様々な発注をする。その一例を、皮革製造局への発注で示したのが表4である。上の表3の資産（借方）に記載されていた五〇万足の生産は、一足の革靴には1kgの皮革が必要だという計算で五〇〇トンの革靴製造用皮革が、表4の負債（貸方）の国内需要（消費・使用）の項目の一つとして記載されている。

皮革製造局では、革靴製造用皮革だけでなく、鞄製造用皮革やベルト製造用皮革など様々の用途からの国内需要が集計される。表4は表3と同じく、封鎖経済を仮定して輸出輸入はゼロであるが、負債（貸方）は期末在庫を入れると総計一、二〇〇トンになる。資産（借方）が、負債（貸方）とバランスするためには表4で見るように、期首在庫二〇トンを除けば一、一八〇トンの皮革の原料になる生皮が必要である。生皮は、牛馬の屠殺によって得られる。屠殺は、通常食肉のためであって、生皮のためではない。したがって、生皮の調達は食肉のための屠殺の頭数で決まってくる。これによって決められる生皮の調達数量が、表4のように八八〇トンであれば、差引残高三〇〇トンの国内供給不足分が生じてくる。

この不足が、牛馬の飼育頭数を増やすことで早急に充当できない限り、差引残高をなくすためには、皮革を需要する関係部局の間で皮革使用の削減をめぐる調整が必要になる。仮に、革靴製造が優先されれば、その他の用途の大幅な削減が避けられない。このように見てくると、計画経済では、例えば生産の最川下の革靴配給局の計画が、最川上の家畜飼育局で覆されることが決して珍しくないことがよく分かる。ヘンゼルの計画のバランス・シートは、革靴配給の例で見るように、革靴配給のバランス・シートでは資産（借方）に計上される差引残高がより川上にある革靴製造のバランス・シートでは負債（貸方）に計上され、同じように資産（借方）に計上される国内供給がさらに川上にある皮革製造の負債（貸方）に計上されるように、生産の各段階の関連が分かるように作成されている。これによって計画経済での価格に代わる差引残高による需給調整の仕組みをヘンゼルは示したのである。このように計画経済では、市場経済の価格調整に代えて数量調整が調整原理として用いられることになる。

### 経済体制の三つの問題――計画・効率・利益問題――

経済体制が、欲求の充足に必要な経済財の生産と、分業による生産に欠かせない人間相互の協力を効果的に形成しようとすれば、三つの問題があるとヘンゼルは論じる。

第一に、経済活動に生じる多数の需要計画と供給計画とを、消費財・中間財・生産財のすべての品目や数量にわたって部分的に一般的に調整しなくてはならない。この計画調整がなされないと、生産と協力の効果的な形成が果たせない。この計画調整は、すでに述べたように、原則として市場価格によるものと差引残高によるものの二つがある。市場価格による場合は、家計・企業・政府がそれぞれ独立した計画立案の主体となり、価格によってすべての計画が需要と供給の両面で調整される。差引残高の場合には、すでに説明したように、バランス・シートの負債（貸方）と資産（借方）の双方で、消費・使用と生産・調達を調整するため、多くの主体の個別計画は斥けられて政府がすべての計画のバランス・シートを一元管理することになる。ヘンゼルは、前者の市場価格を経済秩序の中心とする経済体制を市場経済、後者の差引残高を中心にするものを計画経済あるいは中央管理経済と名づけたのである。

第二に、計画調整が市場価格あるいは差引残高のいずれかで行われるとしても、これが効率よくなされるときとそうでないときとでは明らかに優劣の差が生じる。この差は、経済体制の効率問題を生じさせる。この問題は、生産と協力を高める秩序の形成に帰着する。このための秩序には、統制と自由の二つがある。統制は、ノルマを課して人間相互を競わせて効率をあげる秩序である。自由は、各人の自発性で効率をあげる秩序である。人間は通常、強制による秩序では効果的な生産と協力は実施しない。各人の創意による秩序が効果的である。明らかに、この点で自由の秩序が、統制の秩序にまさっている。分散計画の市場経済が、集中計画の計画経済より人間の創意・工夫・意欲を十分に発揮させる。人間は、上意・指令・罰則ではお座なりのことしかしなくなる。その結果、効率のわるい生産と協力におわる。一九九〇年代に発生した社会主義諸国での体制転換のドミノ現象は、計画経済が効率問題の前に崩れ去る歴史でもあった。

第三に、利益問題である。人間は自己の利益のためであれば進んで行動するが、自己の利益を犠牲にしてまで他人の利益のためには通常行動しない。したがって、生産と協力が、各人の自己の利益によって高められるだけでなく、他者を犠牲にして自己の利益をはかることに利用されないための秩序が必要である。これは、自己の利益を抑制する秩序である。私益が、公益にバランスするための秩序である。市場経済では、顧客を得るのに他者との競争で自己の利益を抑制しながら目的を達成させる秩序として市場が役立ってきた。市場は、需要と供給をバランスさせるだけでなく、私益と公益のバランスにも役立っている。しかし、計画経済ではこのような市場による個別の利益の抑制ができないので、権力による抑制が行われる。ここでは計画の形態は集中型、所有の形態は公有、企業の形態も公企業であるので、公益事業の発展には適している。公共関連事業や福祉関連事業などには、個別の利益を抑制しやすい計画経済が効果的である。これらの事業に必要な租税と社会保険料の徴収も容易である。ただし、自己の利益を抑制しすぎる経済体制には、先に述べた効率を損なう欠点がある。

## 第三節　統一後のドイツの課題

一九九〇年のドイツの統一は、旧東ドイツにとっては画期的な国家体制の転換であった。また、経済体制の転換でもあった。この経済体制の転換を、旧西ドイツは一九四八年の通貨改革のときに経験した。当時、通貨改革で西ドイツに生じた経済復興は、経済の奇跡と呼ばれた。しかし、西ドイツが経験した経済復興は、一九九〇年の旧東ドイツには起こらなかった。体制転換でみれば、両者ともにヘンゼルのいう集中計画から分散計画への経済体制の移行であった。だが、通貨改革の当時のような数カ月後の経済復興は、旧東ドイツでは起こらなかった[Schüller/Weber, 1998, 38]。時代背景を異にする二つの体制転換を、単純に比較はできない。しかし、両者の間には際立って異なる点が一つある。それは、一九四八年の体制転換が、当時の経済大臣ルードウィッヒ・エアハルトを中心とする内生的・主体的・能動的体制転換であったのに対して、一九九〇年の旧東ドイツの体制転換は外生的・他動的・受動的であったことである。この差が、旧東ドイツに経済復興を即座にもたらさなかった原因の一つである。

ヘンゼルは、先にも述べたように、経済秩序は道徳的、法律的、形態的構成体であると言った。秩序は、形態・体制・制度・組織・様式・類型・タイプ・システムなどと類似の用語であるが、これら類似の概念には共通する点がある。それは、簡単に模倣できるが、秩序や制度や組織を生かすのは人間であるということである。

例えば、選挙制度は適任者を多数者の総合判断で選定する制度であるが、買収行為で制度がゆがめられれば所期の目的は果たせない。秩序、制度、組織も、正しく運用されるには条件設定が不可欠である。選挙では、買収等の行為が生じない条件設定が必要である。秩序や制度や組織を取り入れるときには、どのような条件設定が必要か事前に十分研究することが大事である。旧東ドイツでも、分散型計画の市場経済が取り入れられる際、事前に東ドイツの現実との適合性をチェックする必要があった。東ドイツの体制転換が、十分な成果をあげていないとすれば、秩序と現実との照合が十分に行われなかったからである。この関連で、ヘンゼルが、経済秩序を、単に形態と法律の構成体とせず、道徳の構成体としたのは意義あることであった。

統一後のドイツの課題として、秩序と制度と組織との十分な条件設定と、その形成とがあげられる。ドイツには、社会的市場経済をはじめとして、社会保障制度にも世界に先駆けて建設された優れた体制・制度・組織が少なくない。このような諸構成体を生み出した根底に、オイケンのいう秩序の思惟が働いていることは明らかである。統一後の課題として、秩序と制度と組織との十分な条件設定をあげても、ドイツはこれに応《こた》えられるはずである。

アルフレッド・シューラーとラルフ・ウェーバーは、一九四五年のドイツの分裂から一九九〇年の再統一までを、個人原理（Individualprinzip）と集団原理（Kollektivprinzip）で分析した［Schüller/Weber, 1998, 368］。二人によると、一九四五年に東ドイツは集団原理をもってソ連の体制に組み入れられた。一九六一年にはベルリンの壁が構築されたが、これは個人原理によって経済復興に成功した旧西ドイツが旧東ドイツに勝利した証明であった。しかし、勝利した西ドイツにも経済復興とともに利益・圧力団体が集団原理をもって出現した。これによって、経済復興の推進力が失われはじめた。この間一九七〇年代はＳＰＤの政権時代であったが、集団原理が個人原理を圧倒し、国家予算に占める公共事業と社会保障の比率は高められ、国家予算の規模も大きくなった。一九九〇年に政権はすでにＳＰＤからＣＤＵへと交代して、コール首相は個人原理を支持する立場であったが個人原理と集団原理との勢力関係は大きくは変わらず、国家予算の規模も著しくは変わらなかった。

シューラーとウェーバーは統一の時期が、このように旧西ドイツ国内でも集団原理が優勢であるときであったことに注目する［Schüller/Weber, 1998, 381］。旧東ドイツは、統一まで集団原理による国家であった。このような旧東ドイツが旧西ドイツに編入されるとき、旧東ドイツの集団原理とはげしく衝突する個人原理でなかったことが、旧東ドイツの体制転換を容易にしたと二人は判断したのである。この点は、旧東ドイツにとっては激変緩和の役割を果たしたことになるが、反面、旧西ドイツにとっての旧東ドイツの援助負担を一層大きくし、さらに統一後のドイツにとっても、政治合理性と経済合理性との間の摩擦を一段と激しくしたと二人は分析したのである［Schüller/Weber, 1998, 381］。

二人のあげる二つの原理は、これらの原理を支える価値を明らかにすると分かりやすい。またそれによって、二人があげた問題も理解しやすい。まず、個人原理は自主・自治・独立を価値とする。これらは、自由主義を支える価値でもある。したがって、二人のあげた個人原理というのは自由主義と言い換えることもできる。次に、集団原理は、団結・連帯・組合を価値とする。同じく、これらは社会主義を支える価値でもある。同じように、二人のあげた集団原理は社会主義とも言い換えられる。

旧西ドイツが旧東ドイツの失業、経済インフラ、公害対策に負担する連帯税[21]は、集団原理がこれを支える思想基盤となっている。もし、個人原理が前面に出れば、旧東ドイツの経済復興は自己負担を求められていたかもしれない。しかし、集団原理が一時の援助・救済・協力にとどまらず、これが永続・固定・慣例となると、集団原理の非効率が問題となるのは疑いない。この点に関連して、シューラーとウェバーは、二つの原理の綱引きが経済合理性と政治合理性との摩擦を一段と激しくすると分析した。多くの経済問題の解決が、弱者の救済という集団原理の心情に乗せられて、経済合理性ではなく政治合理性の問題として政策決定されると、経済合理性を損なう結果を生じる。

この種類の問題は、新しいようで古い問題である。かつては、資本主義批判の核心の一つが分配の不平等であった。豊かな階層の所得・資産を貧しい階層に移転するのは、団結・連帯・組合を価値とする集団原理や社会主義の自然な結論である。しかし、所得の平等な分配は、生産の非効率という別の問題を生じさせる。

シューラーとウェーバーとが二つの原理によって明らかにした問題は、ヘンゼルの経済体制論との関連では、集団原理の勢力は、経済体制を計画分散型の市場経済から計画集中型の計画経済への逆転換を促す契機になる。ヘンゼルの秩序形態でいえば、計画の形態が分散型から集中型、所有形態が私有から公有、企業形態では私企業から公企業への逆転換が起こることになる。経済体制の逆転換が、経済効率を損なうことのないようにするには、分散計画型の市場経済の維持が必要である。このためには、この経済体制を、思想基盤で支えてきた自主・自治・独立の価値を失わないことが肝要である。この思想基盤は、ヨーロッパでは工業化・都市化・大衆化の中で、自由よりは安全を求める人間の精神欲求とともに次第に衰退し、侵食され、動揺している。

統一後のもう一つのドイツの課題は、秩序・制度・組織の条件設定にとどまらず、経済的には評価の定まった民主政治・市場経済・契約社会を根底で支える思想基盤を反省し再建することである。これは、集団原理と社会主義を根底で支える思想基盤を軽視するということでなく、ドイツの基本法が基本的人権で定めたように、国家体制の中核を個人原理に置くのが秩序整合性から正しいからである。

注

（1）以上の引用文は、『事典 現代のドイツ』の「経済：統一とドイツ経済」［加藤・麻生・木村・古池・高木・辻編集, 1998, 241］による。

（2）オイケンは、オイケンのいう中央指導経済における投資と貯蓄を論じた中で、次のように言っている。「投資の最高の拡大が中央経済計画の核心をなす限り、製鉄所、発電所、その他の生産手段産業諸部門への投資は、主として、再び一層の投資に用いられる財貨の生産にあてられる」［Eucken, 1968, 88］［大野, 1967, 119］。以上の文章には、文意を分かりやすくするため一部、本章の私訳を加えた。

（3）「投資による権力の極大」は、ドイツ語原文では次のようである。„Maximum an Macht durch Investionen".

（4）"Together again ?" in, The Economist, June 17, 1989.

（5）「両独の国家条約案」（朝日新聞、一九九〇年五月一九日）。同紙の本条約の訳語は「通貨・経済・社会保障同盟に関する条約」である。ドイツ語名称は、次のようである。eine Währungs-, Wirtscafts-, Sozialunion zwischen der Bundesrepublik Deutschland und der DDR.

（6）「ドイツ統一条約要旨」（日本経済新聞、一九九〇年九月一日）。同紙の本条約の訳語は「ドイツ統一条約」である。ドイツ語名称は、次のようである。Vertrag über die Herstellung der Einigkeit Deutschlands oder Einigungsvertrag.

（7）（8）「ドイツ統一条約要旨」（日本経済新聞、一九九〇年九月一日）。

（9）ドイツ連邦共和国の国家秩序の基礎が、民主主義、法治国家、社会国家、連邦国家の四つの原則にあるというのは、ドイツ政府の広報冊子に記載された文章である。この冊子の邦語訳は『ドイツの実情』あるいは『ドイツの現状』と両様の訳がある。この原則は、四つでなく五つという版もある。本書は、一九八一年の第3版を参照した［Römer, 1981, 92］。

（10）ドイツ分断の時代を、東西両ドイツがそれぞれ憲法を発布した一九四九年をもってはじまるとすれば、一九九〇年一〇月三日の国家統一まで、その歴史は四一年となる。分断の歴史を一九四五年にはじまるとしたのは、分断をドイツの占領からとしたからである。

（11）ソ連では一九八五年三月に、ゴルバチョフ政権が成立した。ゴルバチョフは、内政ではグラスノスチとペレストロイカによる改革、外交では新思考外交によって東欧諸国にブレジネフ・ドクトリンによる主権の制限を解除した。この主権制限の解除によって、一九八九年五月ハンガリー政府は隣国オーストリーとの国境を開いた。これによって東ドイツ市民は、ビザなしで入国できたハンガリーに入り、オーストリー経由で西ドイツへと亡命した。同様の東ドイツ市民の出国は、ポーランドでもチェコスロバキアでも当地の西ドイツ大使館への亡命願いという形で行われた。東ドイツ市民による大規模な西ドイツへの移動が、一九八九年一一月のベルリンの壁の崩壊と、その後の冷戦終結へと進んで行った［加藤・麻生・木村・古池・高木・辻編集、1998, 117–118］。ゴルバチョフの内政と外交の改革の背景には、ソ連が経済問題と民族問題の解決に苦慮していたことがあった。

(12)「ワイツゼッカー初代大統領の演説要旨」（『朝日新聞』一九九〇年一〇月四日）。

(13) 史的唯物論は、東ドイツの歴史家ヨハヒム・シュトライザントによって、以下のように説明された。「歴史の法則――これは説明が必要な概念である。カール・マルクスはその著書『経済学批判』の序文で、いまでは古典的になっているが、次のような命題を示している。『歴史上の発展のある段階では、社会の物質的生産力は、現にある生産関係と矛盾してくる。いいかえると、それの法律的表現にすぎないが、これまで社会の物質的生産力が働いていた所有関係との間に矛盾を生ずるものである。生産力の発展形態から、従来の所有関係が生産力を拘束するように変わるのである。そうしたときに、社会革命のひとつの時期が現れるのである』」［小森、河辺、一条、1983, 7］。

(14) シュトライザントはこの歴史発展の理論を、マルクスがフリードリッヒ・エンゲルスとともに証明したと言っている［小森・河辺・一条、1983, 7］。

(15) この論文の原題は、以下である。Strukturgegensätze oder Angleichungstendenzen der Wirtschafts-und Gesellshaftssysteme von Ost und West ?.

(16) 社会学者のヘロー・メーラーは、オイケンを中心にフライブルク大学で形成された研究者のグループをオルドー・サークル(Ordo-Kreis)、その立場を秩序自由主義（Ordoliberalismus）と名づけたことは、序章の注(3)で述べた。しかし、このグループをオルドー学派とまでは呼ばなかった。この研究者グループをオルドー学派と名づけたのは、日本の研究者が早かった［矢島、1991, 67、大野、1994, 40］。ドイツでは、クリスチャン・ミュラーが二〇〇七年発刊の『ORDO』で、オルドー学派（Ordo-Schule）の名称を使った。

(17) ブラントは、一九六九年の選挙によって社会民主党と自由民主党との間の小連立政権を成立させると、東方政策を実施した。一九七〇年には西ドイツ・ソ連条約によって武力不行使と国境不可侵に合意し、西ドイツ・ポーランド条約を締結し、一九七一年にはベルリン四国協定によって、西ドイツと西ベルリン間の交通の自由、東西ベルリンの往来の保障を決めた。一九七二年には、東西両ドイツ政府による基本条約に調印して互いの主権的平等を保障した。これらを通して、ブラントの一民族二国家の立場が貫かれていた［加藤・麻生・木村・古池・高木・辻編集、1998, 18］。

(18)「不足緩和という主要問題のために経済活動は、常に計画を必要とする。すべての経済活動は必然的に『計画経済』である」［Henzel, 1972, 21］。

(19) ヘンゼルの用語では、経済体制・経済秩序・秩序形態（形態要素）は以下のようである。経済体制は Wirtschaftssystem、経済秩序は Wirtschaftsordnung、秩序形態（形態要素）は Ordnungsform（Formelement）と表記される。

(20) オイケンも『経済政策原理』の中で、市場経済では価格が行う需要と供給の数量調整を、計画経済では需要と供給の数量調整がバランス・シートによって行われることを、ヘンゼルの計画のバランス・シート（Planbilanz）に倣って数量のバランス・シート（Mengenbilanz）と名づけて説明している［Eucken, 1968, 66］。オイケンの数量のバランス・シートは、ヘンゼルの計画のバランス・シートと形式は同じである。バランス・シートの向かって左側は、借方・資産の欄で国内生産、占領地区からの取得、輸入、在庫からの引き出しが記入される。この欄の総計は、総供給を表す。向かって右側は、貸方・負債の欄で国内消費、占領地区からの需要、輸出、在庫への積み増しが記入される。この欄の総計は、総需要を表す。左右両欄の数量は、均衡するように調整される。

（21）一九九三年に連邦政府は、連帯協定（Solidarpakt）を発表した。旧東ドイツ支援に必要な援助項目と、財政負担を連邦、州、市町村でどのように分担するかを一〇項目にわたって定めた。連帯税あるいは連帯付加税（Solidaritätzuschlag）は、その項目の一つであって、一九九五年度から個人・法人の所得税に七・五％が付加されることになった［加藤・麻生・木村・古池・高木・辻編集、1998, 243-244］。

# 第二部　秩序自由主義による福祉へのアプローチ

# 第四章　福祉と労働

## ―アドルフ・ウェーバーの労働理論―

### 第一節　賃金の上昇と生産の上昇

#### ウェーバーの疑問

オイケンが経済問題にイデオロギーがつきものであるとしてあげた一例に、賃金の上昇をめぐる労働者と資本家との意見の対立があった［Eucken, 1989, 14］。賃金の上昇は、労働者にとって望ましいものであるから、労働者は賃金の上昇を正当化するイデオロギーを支持する。労働者の購買力を高め、有効需要を消費の面から押し上げGDPを高くするという。これに対して資本家は、賃金の上昇は生産費を増加させ利潤を減少させ生産拡大の意欲を損なわせるので、有効需要を投資の面から引き下げGDPを低くするという。したがって、資本家は賃金の上昇を抑制するイデオロギーを支持する。いずれの言い分が正しいか、労働者の購買力説か、それとも、資本家の生産性説か、いずれの意見が正しいかは平行線をたどる。

アドルフ・ウェーバー（Adolf Weber, 1876–1963）(1)は、この問題を賃金の上昇が労働者の生活を改善するかどうかという形で取り上げた(2)。賃金の上昇は、労働者の所得を増加させるので、その限りでは確かに生活を改善する。しかし、賃金の上昇がそれだけにおわらず、例えば物価騰貴の原因となれば賃金の上昇はこれによって相殺され、労働者の生活は改善されない。どうして、このようになるのか。賃金の上昇による需要の増加に、生産の上昇による供給の増加が対応しなかったからである。古典学派の用語では、賃金基金（Lohnfonds）が上らず、貨幣賃金だけが上がったのでインフレーションになったのである。賃金の上昇には、生産の上昇がともなわなければならない。それでは、賃金の上昇が物価の上昇を起こさない賃金基金の拡大は、いかにして可能であるのか。これに対する答えは、限界学派、新古典学派、ケインズ学派のいずれの近代理論も、これを投資に求めている。すなわち、投資あるいは資本蓄積を阻害しない賃金の上昇が望ましいことになる。ウェーバーは、賃金の上昇が労働者の福祉や生活を無条件に改善するという意見に賛同しなかった。それには、ドイツのたどった特殊な歴史があったと本書は判断する。その理由を、以下で説明する。

第一に、一八四八年に三月革命のあった一八五〇年前後、ドイツは漸く農業国から工業国へと移行した。先進国イギリスに遅れること五〇年にして開始されたドイツの産業革命は、一応ここに完成の段階を迎えた。この産業革命による資本蓄積の過程において、自然資源に恵まれないドイツの武器となったのは安価な人間労働であった。それだけでなく、一八五〇年代に入りドイツが国際市場で先進国イギリスと価格競争をしなければならなかったとき、自然資源と資本蓄積とに劣っていたドイツが武器としなければならなかったのも、再び安価な人間労働であった。このように、途上国が先進国に追いつくためにたどる経済発展の歴史を、ドイツは世界で最初の途上国として経験した。安価な人間労働が、資本蓄積と価格競争の有効な武器として用いられた。ドイツが途上国を脱した一八五〇年代以降においても、この歴史の経験がウェーバーに賃金の上昇には慎重な見解をもたせた。

第二に、一九〇〇年代ドイツの賃金理論をリードしたのは、実践的社会主義に対立する講壇社会主義を代表したブレンターノ（Lujo Brentano, 1844-1931）であった。ブレンターノは、高い賃金は高い労働生産性を可能にし、高い国民経済の生産高（GDP）を可能にするという理由から、労働組合による賃金の上昇要求を正当化した。ウェーバーは、このブレンターノの賃金理論に疑問をもった。なぜなら、ブレンターノの理論によれば、国民経済の生産高は、個々の労働生産性を合計したものとなるが、ウェーバーは国民経済の生産高をこのようには理解しなかったからである。ウェーバーは、国民経済の生産高が土地、労働、資本三つの生産要素の協業によって決まると理解した。もしそうなら、個々の労働者の生産性のみによって国民経済の生産高が高くなるというブレンターノの賃金理論は根拠の乏しいものになる。したがって、労働生産性を高めるための賃金の上昇も根拠の乏しいものになる。

第三に、第一次大戦直後ドイツを襲ったインフレーションは、いかに生産の上昇をともなわない賃金の上昇が破壊的影響を国民経済に及ぼすかということを示すことになった。しかも、戦中は別として戦後のインフレーションが、高まりつつあった社会主義運動と労働運動とによる賃金の上昇要求に起因したことも明らかであった。ドイツのこの体験が、ウェーバーを無条件の賃金の上昇には懐疑的にさせた。

## ウェーバーの経済社会学としての労働理論

ウェーバーは、新古典学派の経済学者とされている。(3) 確かに、ウェーバーの賃金理論は古典学派の賃金基金説と限界学派の限界生産力説とをベースにしている。しかし、ウェーバーの労働理論はこのような理論研究だけでなく、労働組合史や労働運動史といった歴史研究の上に立てられている。したがって、本章はウェーバーの労働理論を、理論と歴史とを総合する経済社会学としたい。理論と歴史の総合を志向する点で、ウェーバーの労働理論は秩序自由主義と同じベクトルをもつ。

ウェーバーの労働理論を、このような観点から検討すると以下の特徴が指摘できる。

第一に、ウェーバーは国民経済という上位概念の下で、労働と資本、労働者と資本家、労働組合と産業団体の問題を検討した。これは、それぞれを個別に分ける分析的思惟に対して両者を統一して論じる総合的思惟を示すものであった。

第二に、ウェーバーは労働問題を労働運動史と労働理論史の両面からとりあげている。これも同様に、理論的思惟だけでない歴史的思惟を示すものであった。

第三に、ウェーバーは労働が土地と資本とならぶ生産要素であるとしながらも、労働を土地や資本のような客体と同列におくことをせず、労働に主体としての固有価値を認め賃金の決定を市場に一任せず、むしろ労働組合の存在を積極的に評価している。これは、賃金が労働市場での労働需給だけで決まるとする功利主義的思惟に対する理想主義的思惟を示すものである。

以上、ウェーバーの労働理論は、古典学派と限界学派という理論の中核を有しながらも、それだけにおわらず歴史をも加えた経済社会学の性格をもつ。

# 第二節　ドイツの労働運動史

## 第一次大戦以前の労働運動―ボルンとラサール―

ドイツの労働運動史を遡及《そきゅう》すると、二つの労働組合の祖型が見られる。以下、この点について説明する。一八五〇年頃を境に、この前後にドイツに重要な労働運動の指導者ボルン（Stephan Born, 1824-1898）とラサール（Ferdinand Lassalle, 1825-1864）が出ている。一八五〇年代というのは、すでに述べたように、ドイツの産業革命史上大きな転換期であった。イギリスの産業革命が農業革命、交通革命、そして工業革命と順序を追って進行したのに比較し、約半世紀の遅れをもって十九世紀のはじめに開始したドイツの産業革命は、いわば三つの革命を同時に進行させた。このため、その社会的混乱も大きかった。このことが、社会政策学会の設立（一八七二年）や、世界に模範とされる社会保障制度の確立（一八八三～一八八九年）の要因ともなった［鉢野、1978, 26］。

前半五〇年の資本蓄積、後半五〇年の価格競争のいずれにおいても、ドイツの安価な人間労働が武器として利用された。しかし、それもこれも、ドイツの産業革命が支払わなければならない代償であった。ただし、その代償の大きな部分は安価な人間労働を武器にした必然の結果として、つよい資本家でなく、よわい労働者が負担させられたところにドイツの問題があった。ボルンが一八四八年に労働者親睦会(4)を組織し、ラサールが一八六三年に全ドイツ労働者同盟(5)を組織したときの時代背景はこのようなものだった。

ボルンの時代には安価な労働賃金の上に資本蓄積が達成されたので、労働運動には前途に希望をもたせるものがあった。ボルンが次のように言えたのも、このような事実を背景にしていたからである。

「われわれは、たがいに対立している勢力を融和させるように努めなければならない。労働者の勢力を資本家のそれに敵対させるのではなく、二つの勢力を自由な合意へと導くよう努めなければならない」[Weber, 1954, 38]。

しかし、ボルンの時代にふくらんだ労働者の希望は、二〇年もしないラサールの時代には無残にも踏みにじられて行く。ボルンの時代に生じた資本蓄積による生活改善への期待は、イギリスとの価格競争のために起った安価な労働賃金の強制によって空しく消されることになった。この裏切られた労働者の期待を反映して、一八六〇年代にはストライキが多発し、ベーベルの言葉でいえば労働組合は、雨後の竹の子のように簇生《ぞくせい》した[Weber, 1954, 40]。

ボルンの穏健な体制改善志向に比較すると、過激な体制変革志向のラサールの労働運動は、このような時代背景をもって起ってきた。

## 両次大戦間の労働運動

一八五〇年前後のボルン型とラサール型二つの労働運動の祖型は、その後、ボルン型はヒルシュ＝ドウンカー組合(6)と、キリスト教労働組合(7)へと承け継がれ、ラサール型はフリッチェとシュヴァイツァーに率いられるラサール派（国内派）(8)と、ベーベルとリープクネヒトに率いられるアイゼナハ派（国際派）(9)とに承け継がれ、第一次大戦までのドイツ労働運動の二つの潮流を形成する。

第一次大戦直前一九一三年におけるボルン型とラサール型の勢力関係を労働組合員数で比較すると、ボルン型のヒルシュ＝ドウンカー組合は約一〇万人、キリスト教労働組合は約三四万人、そしてラサール型の、当初ラサール派とアイゼナハ派とに分れ一八七八年にゴーダー綱領（Godaer Programm）(10)によって合同した自由労働組合は約二五〇万人であった［Weber, 1954, 55］。この勢力関係は、両次大戦間（一九一四〜一九三九年）を通じて変らなかった(11)。ドイツの労働運動史上主流をなしたのは、上の組合員数でわかるように過激な体制変革志向のラサール型であった。第二次大戦がおわるまでは、穏健な体制改善志向のボルン型は傍流であった。

両型の労働組合の個性を表現する言葉を引用すると、以下のようになる。

(一)　体制変革を志向する自由労働組合の、一九〇二年シュトットガルトで開かれた第四回労働組合会議で、ベーメルブルグが語った言葉。

「労働運動と社会民主党とは一つである。ここには、二つの道は存在しない」［Weber, 1954, 61］。

以上の言葉をもってベーメルブルグは、自由労働組合の目標が当時の社会民主党が目ざした資本主義を社会主義に変革することと、この目的のための手段が階級闘争であると言ったのである。

(二)　体制改善を志向するヒルシュ＝ドウンカー組合の、一九〇八年の綱領にある言葉。

「われわれは、現在の社会秩序を変更せず、この中で、労働者階級を自立させ、対等にまで高めるように努めている。この目的のためにわれわれは、自己扶助と国家扶助とによって、現在の社会秩序を有機的に改善するように求めている。この場合われわれは、労働者階級が賃金労働者という不確実、かつ依存的な生活のゆえに好ましくない状態にあるとの認識から出発する。われわれは、賃金雇用の枠内で、労働者のために安定した生活を勝ちとることを欲している」［Weber, 1954, 62–63］。「われわれは、政党に関する中立性の原則と、階級闘争ならびにマルクス主義的共産制の代わりに賃金交渉という形で使用者に同調し国家を尊重する点において、社会民主党系の労働組合と自からを区別する」［Weber, 1954, 62–63］。

(三)　体制改善を志向するキリスト教労働組合の、一八九九年第一回キリスト教労働組合会議での決議文の言葉。

「労働者と企業家が、共通の利害をもつことが忘れられてはならない」[Weber, 1954, 62]。「資本と労働の両方なしでは、生産はありえない。したがって、労働組合の全活動は融和的精神によって貫かれ、かつ担われていなくてはならない」[Weber, 1954, 62]。

一八五〇年代から一九四〇年代にいたる約一世紀の労働運動史では、すでに述べたように、ラサール型が主流をなしボルン型が傍流をなしている。その第一次大戦までの理由は、産業革命の負担がつよい資本家でなくよわい労働者に負わされたことにあった。第一次大戦以降の理由については、これはドイツの敗戦に求められる。ある国家が戦争に敗れれば、その国家の体制に変革が求められる。第一次大戦末期のドイツでは、一九一八年に一一月革命が起こった(12)。その結果、政治体制は君主政治から民主政治へ、経済体制は資本主義から社会主義へと変革された。ドイツの労働運動で、ボルン型が主流とならずラサール型が主流であり続けたのは、このような歴史があったからである。

**第二次大戦以降の労働運動**

両次大戦間までは、対立しつつ並存したボルン型とラサール型二つの潮流はナチスの台頭とともに荒々しく壊滅させられ(13)、第二次大戦の終結にともない、ドイツ国家の東西への分裂により、ラサール型は東ドイツへ、ボルン型は西ドイツへと分流して承け継がれて行った(14)。この経緯を、以下で説明する。

一九三三年に国家社会主義政権が成立すると、ドイツの労働組合はすべてドイツ労働戦線へと統合された(15)。これは、国家社会主義の共同体理念の下での労働平和(16)と称された。国家社会主義の共同体理念(17)に適合しない限り、階級闘争を煽動する自由労働組合も、階級協調を唱導するキリスト教労働組合も区別されなかった。いずれの組合指導者も、ナチス的共同体理念に適合しないという理由によって強制収容所へと送られた。しかし、この強制収容所での共通体験がやがてナチスが倒れ組合指導者が自由の身となったとき、二つの労働組合の指導者を一つに結びつける契機となった[18]。かくして、第二次大戦後のドイツには、両次大戦間まではボルン型とラサール型に分かれていた労働組合は一本にまとまり、一つの労働組合が形成されることになった。ただし、東ドイツには自由ドイツ労働総同盟（ＦＤＧＢ）が西ドイツにはドイツ労働総同盟（ＤＧＢ）が、それぞれ別かれて一つの組合となった[19]。

戦後一つにまとまった労働組合は、西ドイツのドイツ労働総同盟に関する限りラサール型の過激な体制変革はなく、ボルン型の穏健な体制改善を志向するものとなった。それは、ヒルシュ＝ドウンカー組合や、キリスト教労働組合の唱導してきた方向に近いものになった。この方向を決定づけたのが、一九五九年に発表された社会民主党のバード・ゴーデスベルク綱領であった[20]。この綱領の中で社会民主党は、階級政党から国民政党への転換、計画経済から市場経済への転換を宣言した。

一九五三年すでに一人の社会民主党議員は演説の中で、次のように述べていた。

「社会民主党はイコール計画経済であるというレッテルを政府は控えてもらいたい。市場経済の有効な機能が認められるところでは、社会民主党は真正な競争を承認する用意がある[21]」。

戦後西ドイツに起った労働運動と社会民主党の政策転換は、労働運動の体制変革を志向するラサール型から体制改善を志向するボルン型への軌道修正であった。この軌道修正をうながした理由として、本章は二つをあげておきたい。

第一に、第一次大戦後のハイパー・インフレーション（一九一九〜一九二三年[22]）から大恐慌（一九二九年〜一九三二年）へといたる過程で、生産の上昇をともなわない賃金の上昇が、国民経済に破壊的な影響を及ぼすことをドイツ国民が認識するようになったこと。

第二に、一九〇七年ロシア革命が起こりプロレタリア独裁による社会主義経済が現実のものとなったとき、社会主義経済の経済全体の生産性が資本主義経済に比べて劣ることをドイツ国民が知るようになったこと。国民経済の生産性を高めるのは、経済体制の如何《いかん》を問わず、投資であることが正しく認識されるようになったからである。生産の上昇をともなわない賃金の上昇によっても、また投資を誘引しない経済体制によっても、労働者の生活改善が計れないことをドイツ国民が認識したことが政策転換の理由であった。

## 第三節　労働理論史

### 古典学派の労働理論―スミス、リカード、マルサス―

古典学派の労働理論によれば、労働運動によって労働賃金は上がらない。なぜなら、労働賃金は賃金基金(Lohnfonds)(23) と労働人口の関係によって決まるのであって、賃金基金が一定である限り労働人口の減少の他に、労働賃金を上げる方法がないからである。これが、古典学派の労働理論であった。これをミルは、次のように表現した。

「賃金は、労働者の報酬として積み立てられた全体基金(the aggregate funds)が増加するか、あるいは労働者の人数が減少しない限り、決して上がることはありえない」[Mill, 1968, 338, Weber, 1954, 208]。

このように、労働賃金は賃金基金を労働人口で除した商によって決まるならば、労働運動は無駄なことになる。

事実、スミスは労働運動が賃金を上げることにならないとして、有効な方法は労働市場に人手不足（Mangel an Händen）［Smith, 1973, 68, Weber, 1954, 206］の状態をつくり出すことであり、このためには資本家の間に労働者を求める競争が起るように、不生産労働に対する生産労働の比率を高める資本蓄積が必要であると説いたのである。[24] 同じようにリカードも、一般的な賃金の上昇は、資本の増加によって労働者への新しい需要が喚起されてはじめて期待できる、と説いたのである［Ricardo, 1924, 81, Weber, 1954, 207］。[25]

しかし、資本蓄積が必ず労働者の雇用を増やし、労働賃金を上昇させるかどうかは明確ではない。なぜなら、資本蓄積は投資によって実現するが、投資には雇用を増大させるだけでなく、逆に雇用を減少させる効果もあるからである。例えば、投資が機械の生産を増やすなら、確かに機械の生産に従事する労働者の雇用と賃金とは増大する。しかし、その生産された機械が労働を代替すれば、投資は労働者の雇用と賃金とを減少させることになる。古典学派においては、投資と資本蓄積とが労働者の雇用と賃金とに正負いずれの効果をもつかは明確ではなかった。ラダイト運動（機械破壊運動）[26] によって問題がつきつけられると、古典学派では投資と資本蓄積による労働への成果が疑わしく思われ、結局、賃金が生存費に等しくなるという賃金生存費説[27]へと傾いて行った。

古典学派の賃金生存費説は、賃金基金が増加しても、これが労働者一人当たりの賃金を上げることにはならず労働人口の増加によって、もとの生存費に戻されることをいう。この賃金理論の背景として、十九世紀初頭ナポレオンによる大陸封鎖によってイギリスでは穀物増加が見込めなかったという歴史が指摘される［杉原、1965, 797］。[28] しかし、これにはこの歴史的理由のほかに理論的理由として収穫逓減の法則をあげることができる。リカードの場合、土地の拡大を投資とし、穀物の生産を所得とすれば、前面に出るのはケインズのように投資の乗数効果ではなく収穫逓減の法則である。ケインズのように、投資の乗数効果が前面に出ると投資は所得を倍加させ、その結果として賃金の上昇が期待できるが、リカードのように収穫逓減の法則が前面に出ると、投資の割に所得は増加せず賃金の上昇も期待できない。

リカードの賃金生存費説をさらに鮮明に描き出し、賃金基金と労働人口との間には救い難い乖離のあることを示したのがマルサスであった。マルサスの人口論は、賃金基金と労働人口との図式であると同時に、収穫逓減の法則の論証でもあった。マルサスの人口論は、食料の増産が等差数列的であるのに対して、人口の増加は等比数列的であるという[Malthus, 1872, 6](29)。これによれば、食料は等差数列で、例えば、公差1の数列で示せば、1, 2, 3, 4, 5・・・・・・と増加する。同じく、人口は等比数列で、公比2の数列で示せば、1, 2, 4, 8, 16・・・・・・と増加する。この例で、仮に食料は1単位、2単位、3単位、4単位、5単位・・・・・・と増加し、人口は1単位、2単位、4単位、8単位、16単位・・・・・・と増加するものとして、人口一人当たりの食料生産高の比率をとってみると、1単位、$\frac{2}{2}$ (1) 単位、$\frac{3}{4}$ (0.75) 単位、$\frac{4}{8}$ (0.5) 単位、$\frac{5}{16}$ (0.3)・・・・・・となって一人当たりの食料生産高は徐々に減少する。このように、マルサスの人口論も収穫逓減の法則を前提にしていた。

## 歴史学派の労働理論―ブレンターノ―

古典学派の賃金理論では、投資が労働需要を創出する効果は認識されていたが、賃金基金を拡大させる効果は認識されていなかった。このため、古典学派では賃金基金は一定と見なされるか、リカードの賃金鉄則やマルサスの人口論に見られるように、賃金基金は労働人口に比較して相対的に減少すると見なされていた。

古典学派は、賃金基金について一定ないし相対的に減少という見方はしていたが、賃金基金が全額、労働者に分配されるという点については疑念をもたなかった。これに対して、古典学派の賃金理論に疑問を投げかけたのがマルクスであった。マルクスは、生産要素を労働以外に認めず、一切の生産は労働の結果であるとの立場から、賃金基金も全額が労働者に分配されるべきとした。しかし、賃金基金はその全額が労働者に分配されていない。ここに、生産された賃金基金と、分配された賃金基金との間に乖離が生じている。それでは、この乖離はどうして生じるのか。それは、資本主義経済の生産関係の下では、資本家階級と労働者階級の間に支配と服従の関係があるため、前者による後者の搾取が不可避だからである。このようにマルクスは、全額が労働者に分配されるはずの賃金基金が生産関係からくる搾取によって、労働者に分配されていないことを明らかにした。かくして、マルクスの賃金理論では、賃金基金が一定であろうと拡大されようと、分配される賃金基金は生産されたものの一部であり、このため労働賃金は常に生存費水準に押し下げられることになる。

さらにマルクスの労働理論は、労働者がこの傾向に反抗して労働組合や労働運動によって賃金を上昇させようとしても無駄であるとする。なぜなら、労働賃金が生存費水準に押し下げられるのは、生産関係からくる搾取が原因だからである。搾取をなくすためには生産関係を変えること、資本主義経済を変革して社会主義経済にする他に道がないからである。

マルクスのこのような労働理論は、労働組合や労働運動の根拠にはなりえなかった。一八七〇年代以降、ドイツの労働運動に理論的根拠を提供したのはマルクスではなく、シュモーラーとともに歴史学派や社会政策学会に属し、講壇社会主義者の一人であったブレンターノであった。ブレンターノは、若き日、師のベルリンの統計局長官として著名であったエンゲルの勧めで一八五〇年代のヴィクトリア時代[30]の繁栄で労資関係が良好であったイギリスに渡り、イギリスの労働組合について研究した。ブレンターノは、当初労働組合も労働運動も時代錯誤に思われ研究に乗り気でなかったが、そのうち、中世ギルドと労働組合を積極的に評価するにようになった［Weber, 1954, 50］。

古典学派は経済を国家から解放しようとして経済政策を追求したが、歴史学派は経済を国家によって救済しようとして社会政策に重点を置いた。ブレンターノの労働理論は、このような意味での社会政策という性格を帯びている。ブレンターノは、マルクスと同じく賃金基金は全額が労働者に分配されるべきだという立場に立つ。ただし、マルクスの搾取論を排除して、労働者の団結で資本家の搾取を解消し、賃金の上昇を勝ちとろうとした。ブレンターノの以下の言葉が、この立場をよく表現している。

「自己の賃金、およびすべての労働者の平均賃金を引き上げることは、個々の産業の労働者の団結力に懸っている。このような人為的賃金上昇のコストは、いかなる産業の労働者の負担になるものでもなく、労働者以外の社会階級によって担われることになる」[Weber, 1954, 211]。「労働者が団結によって、国民所得のより大きな部分を受けとることにより労働者の賃金を上昇させるという方策は、国家の成員の間に国民所得のより平等な分配をもたらすことになる」[Weber, 1954, 211]。

## 限界学派の労働理論

古典学派もマルクスも、労働賃金が生存費に等しくなると見ている点では共通している。ただし、なぜそうなるかという理由を、古典学派は収穫逓減の法則をもとにして賃金基金は増大が期待できず一定であるからとするのに対して、マルクスは労資の生産関係をもとにして賃金基金が全額、労働者に分配されないからであると説明する点に相異がある。

このような賃金理論に対して限界学派は、賃金基金が一定であるという古典学派の前提を批判することによって古典学派を、賃金基金は全額労働者に分配されないというマルクスの搾取論を批判することによってマルクスを、それぞれ克服しようとする。このため限界学派は、古典学派が前提とした収穫逓減の法則が軽減されるように規模の経済（economy of scale）[31]を前提に置き、マルクスが前提とした搾取論の作用が軽減されるように資本蓄積による労働の生産性向上と、それによる賃金の上昇[32]を前提に置くのである。

収穫逓減の法則の代わりに、規模の経済を前提に置くとは古典学派のように、例えば一定の土地の上に労働を増加させるような経済モデルを前提にするのではなく、拡大する土地の上に労働を増加させる経済モデルを前提にすることである。同じく、一定の資本に労働を増大させる経済モデルを前提にするのでなく、増大する資本に同じく増大する労働が協業する経済モデルを前提にすることである。このことによって、労働の生産性が収穫逓減の法則のように減少するのでなく、規模の経済のように一定ないし増大する経済モデルを構成するのである。これによって、限界学派は生産要素（土地、労働、資本）の同時拡大という経済モデルよって、古典学派の賃金基金一定という理論を克服したのである。

この経済モデルによって労働の生産性が増大すれば、これによって、賃金基金も労働賃金もともに上昇する。しかし、マルクスのいうように、賃金基金が増大しても搾取によって労働賃金は生存費にまで押し下げられることが起るかもしれない。だが、生産要素の同時拡大によって増大した賃金基金の分配を労働者から奪取することによって、資本家になにの得があるのだろうか。そのようなことを行えば、それこそ購買力説がいうように資本家は消費需要を失うだけである。このように限界学派は資本蓄積による労働の生産性の向上を前提にすることによって、マルクスの搾取論をも克服したのである。

以上のように、限界学派は古典学派のように生産要素を固定せず、同時拡大という関係を前提にすることにより、さらにマルクスのように生産要素を労働だけに限定せず、土地、労働、資本の三者の協業とすることによって、賃金基金というパイ（国民所得）が増大する経済モデル、ならびに労働の生産性が向上する経済モデルを構想した。この結果、限界学派の賃金理論は、労働価値説をとらないために生産の全額が賃金となるほど高くはないが、かといって、古典学派のように生存費に等しくなるほど低くもない、その中間にくるようなものになっている。

この賃金理論は、チューネン（Thünen, J. Heinrich, 1783–1850）の賃金方程式によって端的に表現されている。チューネンは、自然賃金をL、生存費をa、労働生産物をpとして、この三者を比例中項によって表わした。[33] その方程式は、以下のようである。

$$L^2 = a \times p \quad (L = \sqrt{ap}) \qquad (1)$$

比例中項とは、例えば、1, 2, 4, 8, 16, 32・・・・・といった等比数列があるとき、この中のある数の二乗は、その数の両隣りの積に等しいことをいう。この数列で、この中の4を例にすれば4の二乗は16である。そしてこの16は、4の両隣の数である2と8との積に等しい。チューネンの方程式でいえば、Lを4とすれば、aが2、pが8という関係になる。したがって、自然賃金（L）は、生存費（a）と労働生産物（p）の比例中項となる。この関係は、労働賃金が労働生産物の全額ほど高くはないが、かといって、生存費までには低くはないことを示している。以下の(2)式が、これを表している。

$$a < L < p \qquad (2)$$

# 第四節　購買力説と生産性説

## 購買力説—ブレンターノ、レーデラー、タルノフ—

賃金の上昇をめぐって、購買力説（Kaufkraftstheorie）と生産性説（Produktivitätstheorie）とは激しく対立する。賃金闘争の根底には、この両理論の対立が横たわっている。労働者は購買力説を賃金の上昇の根拠とし、資本家は生産性説を賃金の抑制の根拠にする。一体いずれの理論が正しいのか。そして、いずれか一方が正しいとすれば、その理由はなにか。

すでに述べたように、生産性説は生産の上昇をともなわない賃金の上昇はインフレーションを起すだけだと言い、これに対して購買力説は、賃金の上昇が生産の上昇をもたらすと言う。以下、購買力説の言い分から検討する。購買力説の骨格を形成した学者に、ブレンターノ、レーデラー、タルノフの三人をあげることができる。それぞれ購買力説の立場から、賃金を上昇させる必要性を論じた。

まず、ブレンターノが賃金の上昇は労働者の生産性を上昇させるから、総体として国民経済の生産性をも上昇させるとして、購買力説の第一の骨格を形成した。

次いで、レーデラーが景気変動の上昇期には価格上昇の順序は、最初に原料価格、次に製品価格、最後に労働賃金であることを基にして、生産財の生産に比べて消費財の生産は常に遅れるから、消費財の販売を促進して生産財が消費財に比べて過剰にならないように賃金の上昇が必要であるとして、購買力説の第二の骨格を形成した。

最後に、タルノフがレーデラーとよく似た過少消費説を展開して、資本主義の生産構造が農業から工業へと変化することによって、生産が著しく高まり消費の不足によって生産が過剰になり設備が遊休化する危険が常に存在するようになったため、この事態を回避するには、賃金の上昇によって生産を消費によって吸収することが必要であるとして、購買力説の第三の骨格を形成した。

タルノフの購買力説は一九二九年に発表され、折から生じた大恐慌を最もよく説明するように思われたため広く受け入れられた。タルノフは、アメリカの繁栄はアメリカの高賃金によるとするところから出発する。これが、アメリカの労働者の生産性を高め、同時に物財生産における滞貨の防止に役立っていると言った。さらに、生産が消費を決定するというセイの販路理論は、資本主義経済ではあてはまらなくなったと言った。なぜなら、この因果関係は逆転して、消費が生産を決定するようになったからであるとした。あまりに生産が高まったので、これに見合った消費がなければ、生産が過剰になると言った。

タルノフの言葉は、以下のようである。

「生産性が向上しても消費が停滞したなら、経済に不均衡が生じる。われわれが、正に現時点において見ているのはこのことである。確かに、過去にも生産が消費を上回るということはあった。しかし、その頃は、現在とは比較にならない程度に逃げ道があった。しかし、経済的構造変化の結果、以前には古いヨーロッパ諸国の工業生産物を吸収してくれた巨大な地域が、自らの工業をもつようになった。第一次大戦は、この発展を加速させた。このことは、数十年にわたってヨーロッパの工業生産物とヨーロッパの労働力の膨大な余剰の買い手であったアメリカが、その植民地時代を終結させたことのなかに示されている。われわれは、かくして、生産と消費の不均衡を、自国の中で解消するよう努めなければならなくなっている。このためには、国内で購買力を高める他に方法がない。そして、これは根本的に賃金水準の問題なのである」[Weber, 1954, 223]。

## 購買力説の五つの立脚点とその批判

以上のように、ブレンターノ、レーデラー、タルノフによって形成された購買力説には五つの立脚点が認められる[Weber, 1954, 246–265]。次に、その五つの立脚点を列挙しあわせてウェーバーに即して個々の立脚点に批判を加え、これによって購買力説の全体を批判的に検討する。

第一に、賃金の上昇は生産性を高めるという立脚点。スミスも、以下のように言っている。「賃金は高ければ高いほど、労働者に精を出させる刺戟は大きくなり、労働者に体力増進を計らせる誘引も大きくなる。かくして、より大きな業績が可能になる」[Smith, 1973, 81, Weber, 1954, 247]。ブレンターノも、すでに述べたように、同じことを言っているが、このような関係は果たして確かなことであろうか。この点については、すでに、ブレンターノのいう国民経済の生産性とは、個々の労働者の生産性を合計したものであるが、国民経済の生産性というのは単に、個々の労働の生産性のみによって決定するのではなく、土地、労働、資本三者の協業によって決定するというウェーバーの生産性説(34)を説明したときに批判した。ここでは、トゥガン＝バラノフスキーの以下の説を補足として付記する。トゥガン＝バラノフスキーは、社会主義者であるが次のように言った。

「労働生産性が賃金水準に依存するというのは、極めて限定された範囲であるにすぎない。もし、賃金水準によって労働生産性が上がるものなら、資本は労働と闘争することはないだろう。なぜなら、資本家は賃金水準の上昇が自己の利益になるなら、これに反対するほど愚かではないから」[Weber, 1954, 248]。

第二に、賃金の上昇は技術革新を促進させるという立脚点。ブレンターノは必要が発明の母であるという古諺《こげん》をもとに、労働運動による賃金の上昇が労働を節約するための資本家による技術革新を促進させていると言う。シェーンホフも同じように、次のように言った。

「賃金の高いアメリカほど、使用者の努力が労働の節約へと引きつけられるという引力の法則が完璧にあてはまるところは他にない」［Weber, 1954, 248］。

しかし、賃金の上昇は引力のように技術革新を引きつけるといえるだろうか。まず、労働組合自らが、労働との代替効果をともなう機械の導入に賛成するかどうかが問題である。さらに、技術革新に関してはブレンターノよりも、シュンペーターの方が正しいことを言っている。なぜなら、シュンペーターは技術革新が学術進歩の結果である［Weber, 1954, 250–251］と、誰もが知っている事実を指摘していたからである。

第三に、賃金の上昇は資本蓄積を促進させるという立脚点。この立脚点は、レーデラーやタルノフの過少消費説と関係する。レーデラーもタルノフも、生産が著しく高まったのに消費がこれに対応していないところに資本主義経済の問題があるとして、この危険性を防止するために賃金の上昇により生産を吸収することが必要であると言った。しかし、このようなレーデラーやタルノフの購買力説は正しいであろうか。確かに、生産が消費を上回って不況が生じている時点において、企業の売り上げと収益を支えるためには消費需要が必要である。このためには、賃金の上昇も企業のコスト負担が許す範囲では有効である。しかし、賃金の上昇は個別企業の単独行動ではなく、企業全体あるいは産業全体の協調がないと困難である。したがって、政府の経済政策で行われる所得減税なり政府支出の増額が消費需要を高める一般的方法である。しかし、このようにして生産と消費との均衡は一時的に維持することはできるとしても、このような経済政策の効果は、あくまでも一時的なものであって永続的なものではない。

やはり、永続的な資本蓄積に効果があるのは、資本家による貯蓄であり企業家による投資である。

第四に、賃金の上昇は好景気のときに必要であるという立脚点。レーデラーは、すでに述べたように、景気が上昇するとき、価格は原料価格、製品価格、労働賃金の順序に上昇すると言った。この結果、消費財の生産は、生産財の生産に遅れがちであり、ここから生じる生産財の過剰生産を防止するためには賃金の上昇が必要であると言った。しかし、この必要があるのだろうか。なぜなら、一旦開始した生産財の生産や資本財の生産である投資は、途中で中断するのは無駄である。それでもし、生産財の生産を継続することが望ましいとして、景気が上昇して利子も上がっている時期にあわせて賃金も上げるなら、これは企業にとってコストの二重の負担になる。さらに、企業の投資が妨げられることは、決して国民経済の生産性にとっても望ましいことではない。

第五に、賃金の上昇は大衆消費財の需要を増大させるという立脚点。

オッペンハイマーは、以下のテーゼを好んで用いた。

「賃金が高くなればなるほど、社会的物財（大衆消費財）が重きをなす」［Weber, 1954, 263］。

しかし、大衆消費財への需要は賃金の上昇によって高まるであろうか。例えば、物財への需要が増大せず、余暇への需要が増大するということにならないだろうか。必要なものが安く生産されるという結果には、必ずしもならないかもしれない。

### 生産性説

ブレンターノ、レーデラー、タルノフなどによる各種の理論にも拘らず、購買力説の正しくないことは、特に第一次大戦後のインフレーションによって証明され、かつこのことは労働組合の指導者によっても認識された。一九一九年、ニーダーザクセンの労働組合の指導者オンデゲエストは以下のように宣言した。

「従来の労働組合の戦術は、賃金の上昇と労働時間の短縮を勝ちとることにあった。しかし、あらゆる国において、賃金の上昇の後には、常に、生活費の上昇が起っている。逆に、生活費が上昇した後には、賃金の上昇が起っている。われわれは、この忌わしい循環から抜け出す道を見つけなければならない」［Weber, 1954, 244］。

労働運動が、このような賃金と物価との悪循環を起させず、賃金を上昇させるには、なによりも賃金として分配される賃金基金を増加させなければならない。これによってはじめて、インフレーションを起さない賃金上昇が可能となる。これによって生ずる購買力が、再び生産の拡大と雇用の増加をもたらす。この点を、ディーツェルは次のように述べている。

「より多くの生産物が、消費者および生産者にとって処分可能になればなるほど、それだけ全体の購買力も高くなる。すなわち、全体の生産物の裏付けをもった有効な生産物への需要が高くなる。さらに、これとともに、企業労働者への全体の有効需要もより高くなる」［Weber, 1954, 245］。

生存基金を増加させる条件について生産性説の立場から、ベーム＝バヴェルクは労働組合の圧力で実現した賃金上昇が労働の限界生産性を上回るような生産高での賃金を実現させることがあり、限界生産性による賃金理論を疑わせることがあっても、それは一時的でしかないと言った。

「初期の過度な外的強制による賃金上昇が、その後に生じた経済条件の変化のために、持続性を帯びるようなケースがあるため、理論的判断が混乱させられることが起りうる。このようなケースが、権力行使によって、賃金が単に一時的でなく永続的に、限界生産性によって定められた水準を超えた水準へと高められることを証明するように思えるからである。しかし、厳密に見ると、このようなケースは、言うまでもなく、このことを証明するものではない。最初の賃金の上昇は、権力行使の結果であっただろう。しかし、永続的な賃金の上昇は、権力行使の結果ではなく、第三の事情（第三の生産要素である資本）の結果だったのである。この第三の事情が、権力行使とは独立に、少くとも権力行使との直接的関係をもたずに、労働の限界生産性を高め、同時に、労働賃金を可能である永続的水準へと高めたのである」［Weber, 1954, 246］。

## 第五節　アドルフ・ウェーバーの労働理論

### 賃金の上昇に関する見解

ウェーバーの労働理論は、二つの命題に要約することができる。

第一、賃金の上昇は、国民経済の生産性を高める原因にはならない。国民経済の生産性を高めるものは、土地、労働、資本、三つの生産要素の有効な結合である。これを可能にする主体的要件は、資本家及び企業家である。

第二、労働組合および労働運動は、労働者階級を資本家階級の圧制から防衛する自助団体として必要である。ただし、労働組合および労働運動は、現行の経済社会秩序を、改善するものであっても変革するものであってはならない。なぜなら、現行の経済社会秩序あるいは、いわゆる資本主義経済は、国民経済の生産性を向上させる点で有効と認められるからである。

以上、ウェーバーは賃金の上昇には否定的、労働組合および労働運動には肯定的な見解をもっていた。これが、ウェーバーの労働理論の骨格である。

古典学派やマルクス経済学に対して、近代経済学の賃金理論を最も的確に表わすのは、すでに述べたチューネンの賃金方程式 $L^2=a\times p$（$L=\sqrt{ap}$）である。これは、自然賃金が労働生産物と生存費の比例中項であることを示す。この式は、収穫逓減の法則によって賃金は一方的に生存費に近づくという古典学派の賃金理論を批判する。なぜなら、規模の経済が土地、労働、資本の同時的拡大によって収穫逓減の法則を相殺するからである。さらに、労働生産物は全額、労働者に分配されるべきだとするマルクス経済学の賃金理論をも批判する。なぜなら、生産は労働のみを生産要素とするものではなく、土地、労働、資本の三つを生産要素とするからである。したがって、その生産物も労働のみに分配されるべきでなく三つの生産要素間で分配されるべきだからである。これによって、自然賃金は労働生産物と生存費との中間に置かれている。

近代経済学の賃金理論は、このように古典学派が一定と仮定した賃金基金が、土地、労働、資本の結合によって拡大可能であることを明らかにした。そして、このようにして拡大した賃金基金が労働のみでなく、この拡大に貢献した土地、資本にも分配されるべきことを明らかにした。この場合、生産の拡大に貢献したものとして特に重視されていたのは、土地でなく資本であった。それは、近代経済学の時代には農業社会から工業社会への移行がより一層進展していたからである。

近代経済学で重視された資本蓄積を、ベーム＝バヴェルクのように迂回生産と呼ぼうが、ケインズのように投資と呼ぼうが、この過程の主体的要件が資本家および企業家であることは疑いない。資本家および企業家について、金利生活者、無為徒食の寄生虫、あるいは労働者から最後のものまで奪い取る吸血鬼というイメージのため[Weber, 1954, 10]、資本家および企業家の貯蓄者として投資家として国民経済に占める役割が誤解されやすい。確かに、資本主義経済が手工業段階から機械工業段階へ移行する過程で、多額の資金を必要とした資本家の間に労働搾取が行われた事実は否定できない。しかし、国民経済において企業家が果してきた、㈠欲求調査 ㈡生産要素結合 ㈢生産過程管理 ㈣消費充足 ㈤危険負担の役割は正当に評価されるべきである［Weber, 1954, 13］。ラーテナウは、その『回想記』(Reflexionen) の中で、以下のように言っている。

「自己の貨幣利潤に拘泥《こうでい》している者は、大きな事業家にはなりえない」［Weber, 1954, 14］。

社会民主党の左派であるヤッフェも、以下のように言っている。

「ドイツの企業家は、企業の経営というものは国民経済的に間違いなく重要な仕事を意味するとの感情を抱いており、商業にせよ工業にせよわれわれの船長は、貨幣利益は仕事の究極目標でなく、単に、それ以上の自己に課せられた課題を正しく解決したことの証明であり、そのことに対しての報酬にすぎないという感覚をもっている」［Weber, 1954, 15］。

資本主義経済と呼ばれる経済社会秩序において、資本蓄積には欠くことのできない貯蓄ならびに投資という活動を担当したのは、資本家および企業家であった。貯蓄のためには、消費を節約することが要求される。消費に要求されるこのような節制を担当したのが、資本家であった。さらに、貯蓄された資本を、危険を承知で、また将来の不確定な利益を覚悟の上で投資を敢行したのが企業家であった。資本蓄積が、これからも無限に拡大されるかどうかは疑問である。しかし、資本は、工場にせよ、機械にせよ、道路にせよ磨滅して行かないものはない。たとえ、新らしい資本蓄積に限界がきたとしても、古い設備は常に更新されて行かなければならない。この限りで、貯蓄と投資、これを担当する資本家および企業家には将来も果たすべき役割がある。

### 労働組合及び労働運動に関する見解

時代が中世から近代に移り、社会も農業社会から工業社会に移ったとき、その基本的な生産および社会関係も、領主対農奴の関係から資本家対労働者の関係へと移った。しかし、この変革は、社会の主たる階級の顔ぶれの変更であって、決して、支配と服従の階級関係の解消ではなかった。中世の農奴にとって領主が生命の危険をおかすことなく反抗できない相手であったのと同じように、近代の労働者にとって資本家は生活の危険をおかすことなく反抗できない相手であった。領主と農奴の間にあった支配と服従の関係が、資本家と労働者の間にも継承された。このために、いくら資本家および企業家が、貯蓄や投資の活動によって国民経済に貢献するといっても、労働者にとっては安楽生活（dolce far niente ＝ sweet doing nothing）［Weber, 1954, 31］を貪ぼる慈悲深き御主人［Weber, 1954, 31］というイメージが、資本家および企業家のイメージに重なりあった。

社会に階級が存在し、支配と服従の関係が存在し、特に支配する階級による服従する階級への圧制がある限り、支配を受ける者の集団が団結し自己防衛の策を講ずることは必要である。過去においても、労働組合が資本家による幼年労働者や婦人労働者の使役、長時間労働の強制に対して戦ってきた。労働組合が労働条件の改善に果した役割は、否定できない。労働者が資本家に対して労働契約を結ぶときに、対等の立場にない事情には変りがない。なぜなら、いかなる労働者も労働契約を結ぶときには、すでに企業を組織し一家をなしている資本家および企業家と単独で対面するのである［Weber, 1954, 30］。このような状態で、対等な労働契約が結ばれることはない。その他、市場状態の見通しとこれにあわせての方向転換において、景気変動への対応において、競争者との協定を結び半独占的地位をつくることにおいて、資本家には労働者に対して有利な点が多々ある。このため労働者には、労働組合を組織し団結する必要がある。その上、労働者には経済変動に対して転職が困難なこと、仕事への愛着があること、再教育が困難であること、家族扶養の義務があること、居住地変更に抵抗があることなど、他の客体的生産要素である土地や資本には見られないものが様々ある［Weber, 1954, 32］。

いずれの先進国でも、労働問題への対策は二つの方面から講じられている。経済政策と、社会政策の二つである。経済政策では、国民経済の生産性を上げることに重点がおかれる。経済の成長政策がこれである。国民の物質生活の水準を上げることにより、労働者の物質生活をも豊かにし、労働者階級につきまといがちの貧困から労働者を解放することがその目的である。これに対して社会政策は、経済進歩に遅れがちな労働者階級を、社会保険制度、ならびに社会保障制度によって救済しようとするのがその目的である。経済政策と社会政策とを反省してみると、いずれも現行のそれが国家的規模のものであり官製のものである。経済政策はその性格上、国家的規模であることはいたしかたないとしても、社会政策まで国家的規模でなくてはならないかは疑問である。医療保険にせよ、傷害保険にせよ、失業保険にせよ、国家的規模のものでなく、労働組合規模のものが構想できないだろうか。労働組合が、労働者同志の相互扶助機関としてこの役割を担うことはできないだろうか。丁度、投資が国家的規模においてでなく企業規模において実施されているように、教育が国家的規模においてでなく家庭規模において実施され、社会保険も労働組合規模で実施されないものであろうか。現代の文明社会は、規模という量を追うことがすべてになり、効果という質を見失っているのではないだろうか。社会保険および社会保障をふくんだ社会制度も、責任のとれる、納得のゆく、満足される制度となるために、そのあるべき規模を再検討すべきである。

注

（1）　アドルフ・ウェーバーは、日本ではマックス・ウェーバーが唱えた没価値性論（Wertfreiheit）を支持した経済学者として紹介［木本、1965,

90］される以外、多くを知られていない。ドイツでは、フランクフルトに東欧研究所を設立し、ミュンヘンの経済学を専門にするギムナジウムの名称にその名が残され、経済学の多くの専門書を残した経済学者として知られている。しかし、その業績が経済学の通説に基づいたと理解されたため、マックス・ウェーバーやアルフレッド・ウェーバーほどには知られていない。しかし、本章が明らかにしたように、資本と労働のいずれにも偏せず、国民経済の欠かせない生産要素として両者の融和を立証しようとした労働理論は注目に値する。アドルフ・ウェーバーを、本章のように秩序自由主義に入れることに関しては、秩序を重視していたことに加え、市場を重視しルードウィッヒ・エアハルトとの深い関係と社会的市場経済とも関わりをもったこと［Nicholls, 1994, 153］が理由としてあげられる。

（2）　ウェーバーは、自己の著書『資本と労働の闘争』(Der Kampf zwischen Kapital und Arbeit) の初版に寄せた社会民主党右派で修正主義者といわれたエドアルド・ベルンシュタインの批判的書評を引用して、ベルンシュタインの言葉を借りて自己の賃金闘争への疑問を以下のように述べている。「労働組合によって戦い取られた賃金引上げは、労働者全員を一様に益したであろうか。それとも、労働者階級間の所得格差を広げさせ、社会的均衡に向かわせず、かえって単に不均衡へと変えさせているだけではないのだろうか［Weber, 1954, 220］」。

（3）　ドイツの辞典『Daten ＋ Fakten zum Nachschlagen, Wirtschaft』では、アドルフ・ウェーバーは、新古典学派を代表する（Vertreter der neoklassischen Volkswirtschaft）経済学者とされている［Daten＋Fakten zum Nachschlagen, 1981, 219］。

（4）　シュテファン・ボルンは一八四八年、三月革命直後の高まる社会運動を背景に、ベルリンで労働組合を組織することを試みた。この集会がもとでつくられた中央委員会で、ボルンは推進役を果たした。この中央委員会から、三月革命によって設立されたフランクフルト議会に一連の要望が出された。その中には、労働時間や最低賃金の規定、徒弟数の制限規定、国家による貧困者と障害者の扶養義務などがあった。ボルンの組織した労働組合は、労働者親睦会（Arbeiterverbrüderung）と名づけられた［Weber, 1954, 37-38］。

（5）　一八六〇年代ドイツでは、労働者の各種の団体が形成され、ストライキの件数も増加していた。これを時代背景として、フェルディナンド・ラサールは一八六三年に新しい労働組合を設立した。これが、全ドイツ労働者同盟（Allgemeiner Deutscher Arbeiterverrein）であった。これが新しい労働組合であるというのは、ラサールの労働組合にはボルンのように資本と労働の融和という目標はなく、両者の利益共同体という意識ももたれていなかったからである。ラサールは労働者に、階級意識への覚醒を求めていた［Weber, 1954, 40］。

（6）　本章が、ヒルシュ＝ドゥンカー組合（Hirsch-Dunkersche Gewerkverreine）をボルン型としたのは、これが資本と労働の融和と体制改善を志向する点でボルンの労働者親睦会と共通すると見たからである。マックス・ヒルシュは社会改革の刺激と教訓とを求めて、労働組合の発祥の地であるイギリスに渡った。ヒルシュは労働争議がストライキによらず、仲裁によるべきであるという意見をもっていた。フランツ・ドゥンカーは、ヒルシュと同じく労働運動が階級闘争とは異なるという立場であり、国家の社会的役割を認め、労働組織は労働者の権利と利益を守ることにあるという意見であった。両者には、ドゥンカーが発刊していた国民新聞にヒルシュが「イギリスからの社会書簡」を寄稿するという関係もあった［Weber, 1954, 41-45］。

（7）　本章が、キリスト教労働組合（christliche Gewerkschaften）をボルン型とした理由も、上記注（6）のヒルシュ＝ドゥンカー組合と同じである。キリスト教労働組合は、旧教（Katholizismus）と新教（Evangelium）と別々にスタートした。旧教は一八六〇年代に労働者階級の経済的道徳的向上を目標にキリスト教社会団体（christlich–soziale Verreine）を設立した。新教は、一八七七年に宗教的立憲君主制を基礎とする社会改革の中央団体を創設した。これは、一八八二年に社会民主党に対抗してプロテスタント労働団体になった。旧新両教派は、一八七一～一八八七年までのビスマルクによるカトリック弾圧の文化闘争を経て、一八九九年に労働組合の統合を達成した。

（8）本章が、フリッチェとシュヴァイツァーに率いられた労働組合をラサール型というのは、両者共に一八七一年に開設された帝国議会の労働者の政党であった社会民主党の議員であり、ラサールと同様労働者の階級意識を高めることを目標にしていたからである。フリッチェとシュヴァイツァーが共同で発表した一八六八年の宣言には、「ストライキは、現行の生産基盤を変えることや、資本と労働の対立とこれに基づく階級対立を一掃するための手段ではない。それは、ただ階級意識と労働者の同族意識と、もてる者の利害とは対立する利害を共有するとの意識を高めるための手段に過ぎない」とある［Weber, 1954, 44］。ラサール派は、ベーベルとリープクネヒトに率いられるアイゼナハ派（国際派）のような革命的マルクス主義とは一線を画し、労働者の意識の変革によって労働者階級の地位改善をはかろうとした。ラサール派を国内派というのは、アイゼナハ派（国際派）のように社会主義者の国際組織、第一インターナショナル（一八六四～一八七六年）に同調し、ドイツ国外のドイツ語を話すドイツ人労働者にまで組織を広げようとはしなかったからである。

（9）ベーベルとリープクネヒトのアイゼナハ派（国際派）は、上記注(8)に記したように、革命的マルクス主義にしたがい、社会主義者の国際組織第一インターナショナルにも同調した。ベーベルが発刊した機関紙の名称『国際労働組合』(Internationale Gewerkschaftsgenossenschaft) がこの立場を表している。ベーベルは、一八七二年に発表した文章で以下のように言っている。「労働者階級の未来は、労働組合に懸かっている。それは、労働組合のなかで大衆は階級意識をもつようになり、資本との闘争を学び、労働者を自然に社会主義者にさせるということである［Weber, 1954, 47］」。

（10）ドイツでは一八六八年の営業秩序で結社の自由が明記されたことで、労働組合の結成が一八六〇年代に盛んになった。このため労働者の資本家への対抗力が、労働組合数の増加で結束が失われることが懸念されていた。一八七五年ドイツ中部のゴーダで開かれた労働組合の統一を求める会議で、すべての労働組合の統一はできなかったが社会主義系の二つの労働組合、ラサール派とアイゼナハ派とは統一されて自由労働組合 (Freiheitliche Gewerkschaften) となった。

（11）自由労働組合、キリスト教労働組合、ヒルシュ＝ドゥンカー組合の勢力関係を、第一次大戦直前（一九一三年）と大恐慌直前（一九二八年）とで比べると、いずれもワイマール期の労働運動の興隆を反映して組合員数は増加しているが、自由労働組合が主流の地位をしめる点では変化はなかった。組合員数を一九一三年と一九二八年で比較すると、以下のようである。自由労働組合は約二五〇万人→約四四〇万人、キリスト教労働組合は約三四万人→約七二万人、ヒルシュ＝ドゥンカー組合は約一〇万人→約一六万人であった［Weber, 1954, 59］。

（12）第一次大戦の末期におけるドイツの敗戦と革命との関係は、時系列としてはドイツとフランスとが対峙した西部戦線でのドイツの敗北（一九一八年秋）があって、一〇月二八日キール軍港での水兵の反乱にはじまる革命が起こった［京都大学文学部西洋史研究室、1979, 305］。したがって本章が、敗戦が体制の変革を引き起こすというのも失当ではない。

（13）ウェーバーは国家社会主義が勝利した後の情況を、労働組合はすべて突如（schlagartig）一掃されたと表現している［Weber, 1954, 83］。

(14)　第二次大戦後、ドイツは英米仏ソの四カ国に分割統治された。東ドイツはソ連の管理下にあり、ソ連の政治経済の影響を受けた。ソ連の共産党がそうであったように、東ドイツもドイツ社会主義統一党（Sozialistische Einheitspartei Deutschlands, SED）の一党独裁であった。そして、ソ連の共産党が農民と労働者の階級政党とされたように、東ドイツのドイツ社会主義統一党も労働者の階級政党とされていた。それは、東ドイツの自由ドイツ労働総同盟（Freier Deutscher Gewerkschaftsbund, FDGB）の規定に、以下のようにあることからも明らかである。「自由ドイツ労働総同盟は、ドイツ社会主義統一党に労働者階級の政党を見る［Weber, 1954, 96］」。ソ連と東ドイツの相異は、前者の体制変革が革命、後者が戦争の結果であったことである。本章が、体制変革を志向したラサール型が東ドイツに継承されたと言ったのは、以上の理由による。

(15)　一八七八年のビスマルクの社会主義者鎮圧法（Sozialistengesetz）とは異なり、ヒトラーは労働組合を一掃した後に新しい労働組織として、ドイツ労働戦線（Deutsche Arbeitsfront）を設立した。これは、ヒトラーが一九三四年一〇月二四日発令した指令に基づいていた［Weber, 1954, 84］。

(16)　ナチスの国民共同体の理念の下で、労働者は共同体の形成に協力すべきものとされた。参加は原則自由であったが、実際は労働戦線への参加を拒めなかった［Weber, 1954, 84］。国民共同体に参加することで労働者は、平和に寄与するのである。これが、ナチスのいう労働平和（Arbeitsfrieden）であった。

(17)　国家社会主義の共同体理念（nationalsozialistische Gemeinschaftsidee）を実現するためには、階級闘争にせよ階級協調にせよ、階級が妨げになる。階級を排除しなければ、国民共同体は成り立たない。ナチスが、共同体の理念と両立しない組織として労働組合を排除したのは当然のことであった。

(18)　ナチスによって外面ではナチスに同調していると見せかけながら、内実従前どおりの理念を忠実に保持していると見なされた労働組合指導者は、自由労働組合とキリスト教労働組合の別なく保護検束され、強制収用所へと送られた。しかし、この両組合指導者の共通体験が、一九四五年以降統一労働組合（Einheits-Gewerkschaft）を結成するきっかけを与えた［Weber, 1954, 84］。

(19)　ドイツ労働総同盟（ＤＧＢ）は、最大の労働組合である。傘下には、八つの産別組織がある。例えば、統一サービス産業労働組合（Verdi）、金属産業労働組合（ＩＧメタル）、ドイツ官吏連盟（ＤＢＢ）がある［ドイツの実情研究会、2003, 252］。

(20)　一九五九年にボンに近いバード・ゴーデスベルクで開かれたＳＰＤの臨時党大会において、党の新しい綱領が決められた。これは一九二五年にハイデルベルクの党大会以来のもので、ＳＰＤの目的を宣言していた。これはドイツ社会民主党の綱領、通称ゴーデスベルク綱領（Godesberger Grundsatzprogramm）と呼ばれている。綱領中には、もはや生産手段や分配や交換の社会化という言葉はなく、所得のより公正な分配への要求があるだけである［Nicholls, 1994, 368］。ＳＰＤの目標は改革であって、もはや革命ではなくなった。ＳＰＤの支持母体であったドイツ労働総同盟（ＤＧＢ）も、階級闘争と体制変革を目的にしたラサール型の労働組合ではなくなった。

(21)　第二次大戦前一九三三年の労働組合指導者は、例えばルドルフ・ウィッセルなどは労働組合がストライキによって労働条件の改善を求めることを当然のことのように主張できた。戦後このような要求こそ影を潜めたが、労働組合は戦後復興の全体計画とそれへの参画を求めていた。しかし、この全体計画への参画要求も国民と政党（ＳＰＤ）の支持を得られなくなっていた［Weber, 1954, 85–86］。一九五三年のＣＤＵ・ＣＳＵ新政権発足においてのＳＰＤ議員の議会発言は、ＳＰＤの計画経済から市場経済への転換を先取りし、戦後西ドイツの労働組合にも方向転換を求めるものであった。

(22) サムエルソンも、ハイパー・インフレーションには貨幣数量説での説明が適切であることを認めている［Samuelson, 1976, 286］。ドイツの第一次大戦後のインフレーションについては、本書も貨幣数量説による過剰流動性説を支持する。しかし、当時のインフレーションを、賃金の下方硬直性をもとにコスト・プッシュによる物価の上昇が重なったと説明することも可能としたい。

(23) 賃金基金は、下記注(24)と(25)とで説明するように、スミスではあらゆる国の収入や資財、リカードでは富と資本、ミルでは全体基金などと表記されている。いずれも、生活に必要な食料と衣料とをもたない労働者が、土地や資本に労働を投入して生産をあげ、その報酬として食料や衣料を入手するまで、地主や資本家から受ける前払いを指している。賃金基金は、地主と資本家のもとで予め蓄積され、その額は生産の当初もその後でも固定していると古典学派は仮定している。

(24) スミスの『国富論』の説明では、「賃金によって生活する人々に対する需要は、あらゆる国の収入（revenue）や資財（stock）の増加とともに必然的に増加する」（［Smith, 1973, 69］、［大内・松川訳、1996, 230–231］）となっている。本章は、スミスが収入と資財の増加と国富の増加とを同一視し、国富の増加は分業によってなり、分業は不生産労働に対する生産労働の比率の増加、そしてこの比率は資本の増加によるとしていることにより、資本蓄積が労働需要を高めるとした。

(25) リカードの『原理』でのこの箇所の文章は、「賃金が上昇するならば、それは一般的には富（wealth）と資本（capital）の増加が労働に対する新しい需要を引き起こしたから」（［Ricardo, 1924, 81］、［羽鳥・吉澤、1987, 148］）となっている。上記注(24)のスミスの用語「収入（revenue）や資財（stock）」とリカードの「富（wealth）と資本（capital）」とは類似している。いずれも、ミルの用語「全体基金（the aggregate funds）」と同じと見なせる。リカードは、賃金の騰落を労働者の供給と需要によるものと、労働者の生存費を構成する賃金で購入される諸商品の価格、との二つに分けている（［Ricardo, 1924, 75］、［羽鳥・吉澤、1987, 140］）。前者は労働の市場価格、後者は自然価格とされている。リカードが富と資本の増加によって上がるとした賃金は、市場価格のことである。リカードによれば、労働の市場価格も他の商品と同じくいずれは自然価格に等しくなる。労働の自然価格は、経済発展とともに収穫逓減のために上昇する食料価格によって貨幣賃金では上昇する。しかし、上昇した貨幣賃金も上昇した食料価格を超えることができないため穀物賃金では減少する。このようにリカードの賃金理論は、名目賃金で上昇する賃金は、いずれ実質賃金の下落となっておわるので悲観的とされている［Weber, 1954, 207］。

(26) ラダイト運動は、産業革命後十九世紀前半のイギリスで生じた労働運動の革命的暴力的活動をいう。運動の中心は、手工業生産から機械制生産への移行によって職を失った没落した親方や職人であった［石田、1975, 233］。リカードの『原理』の初版は、この時代を背景に一八一七年に出版されている。リカードは、機械生産によって労働者の生存費が安くなることは認めていた［Ricardo, 1924, 72］。しかし、生活費を構成する生活必需品は機械生産が効果をもつ衣料だけでなく、収穫逓減をまぬかれない食料が大きい。このため、リカードの賃金理論では上昇した賃金は同じく上昇する生存費によって相殺され、労働者の生活の改善にはならないという結論になっている。

(27) 賃金が労働者の生存費に押し下げられるという理論は、上記注(25)で説明したリカードの賃金理論に基づいている。それによれば、労働の市場価格は労働需要の増加によって上昇して自然価格を上回り生存費を超えたとしても、生活に余裕を生じた労働者の人口増加による労働供給によって再び自然価格に戻るので、労働者の生活は改善されないことになる。

(28) 上記注(25)で説明したように、労働需要の増加によって確かに、貨幣賃金は上昇する。しかし、十九世紀初頭のイギリスが経験したように大陸封鎖によって、穀物輸入が途絶えれば、穀物価格は上昇して労働者の生活は改善されずに悪化する。

(29) 高野岩三郎・大内兵衛訳『初版 人口の原理』にあった「人口は、制限せられなければ、幾何級数的に増加する。生活資料は算術級数的にしか増加しない」[高野・大内、1962, 30] は、第7版にはない。ただし、同一内容の表現はある。

(30) ヴィクトリア女王の在位期間は、一八三七年から一九〇一年までの六四年間であった。

(31) 収穫逓減の法則 (law of diminishing returns)は、二つの生産要素、例えば土地と労働とが協業して生産されるとき、一定の土地に労働を投入して行くと土地からの生産高が次第に減少することをいう。しかし、二つの生産要素を同時に増加させると収穫逓減は生じることなく、収穫は一定になりあるいは逓増する [Samuelson, 1976, 552]。このことを規模の経済 (economy of scale) という。これを、大量生産の経済 (economy of mass production) ということもある。費用逓減型産業は、このケースである。

(32) 限界学派のベーム＝バヴェルクも、上記注(31)で説明した二つの生産要素が同時に増加したときに生じる収穫逓増による労働の限界生産性によって、労働の生産性向上と賃金の上昇とを明らかにした [Weber, 1954, 246]。本書の第一章 秩序自由主義における資本理論の源流―ベーム＝バヴェルクの資本と資本利子理論―で言及した、ベーム＝バヴェルクのいう漁をするのに素手でするのと網を使う二つのケースというのは、網という資本と人手という労働とが同時に増加したときの収穫逓増を示す素朴な例であった。

(33) テューネンは、賃金方程式 $L^2 = a \times p$ ($L = \sqrt{ap}$) を墓碑に彫らせたという [青山・都留・脇村、1954, 1227]。

(34) ウェーバーは、国民経済の生産性が三つの生産要素の協業によって決定するという理論をルギ・コッサ (Lugi Cossa) に教えられたとしている。ウェーバーは、ギムナジウム (高等学校) の学生であったとき、コッサの書いた経済学の入門書に出会った。コッサの著書にあった生産要素協業の理論は、終生ウェーバーの脳裏を離れることがなかった [Weber, 1961, 39]。

# 第五章　オルドー学派による労働市場、社会政策、福祉国家の批判的分析

## 第一節　オイケンの労働市場、社会政策、福祉国家へのスタンス

### 社会問題の三つのタイプ

人間を尊重する気風のないところで、社会問題は起こらない。逆に、人間を尊重する気風が根づくところ、人間の尊厳を損なう事項は次々と社会問題とされる。オイケンが、社会問題は工業化にともなってますます人間生活の中心的な問題となってきたと述べたとき［Eucken, 1968, 1］、オイケンは無意識ながら重要な発見をしていた。なぜなら、工業化は産業革命とともにはじまるが、これは同時にフランス革命のときであり、人間の尊重は人権宣言となって人類の意識に枢要な地位をしめはじめたからである。(1)(2)

オイケンは社会問題を、㈠分配の問題㈡雇用の問題㈢自由の問題と三つのタイプに分けた［Eucken, 1968, 186, Volkert, 1991, 92］。しかし、これらいずれも人間を尊重する気風のないところでは、社会問題とはならない。例えば、分配について言えば、資産なり所得なりの分配に格差があったというなら、近代より中世の方が顕著であっ

た。資本家と労働者より、領主と農民の格差の方が、その所有した土地や家屋や従者を比べると大きかった。しかし、中世では貧富の格差は社会問題とはならなかった。同じく、雇用について見ても、身分制度(3)のあった中世では、職業は独占され貴族は貴族、農民は農民と職業に、また雇用に差別があった。しかし、これも社会問題とはならなかった。さらに、自由についても自由は上位階層の特権であって、階層秩序が揺らがなかった中世では、これが社会問題とされることもなかった。しかし人間が人間を尊重するように、人間の思想が進化すれば、社会もそのように進化し、経済もまたそのように進化することが求められる。

## 分配の問題―社会問題の第一のタイプ―

近代国家は十六世紀の絶対主義から十八世紀の市民社会への移行によって、経済政策も政府を中心とするものから市場を中心とするものへと転換した。これは同時に、経済学の主流が重商主義から古典学派へと交代するときでもあった。上で述べたように、人間の尊重が人類の意識に上ったのが十八世紀後半のフランス革命を起点にしたとすれば、貧困、過酷な労働、貧富の格差などが社会問題とされ、批判の的にされたときの経済体制は市場経済であった。

オイケンは、十九世紀の自由放任時代のもっとも厳しい批判者として、シュモーラーとマルクスの二人をあげた[Eucken, 1968, 26]。シュモーラーは歴史学派の、マルクスは社会主義の立場から市場経済を批判した。オイケンは、シュモーラーの階級闘争の見解について以下のように言った。

「現代の支配的社会対立は企業家と工場労働者の対立である、と十九世紀の終わりにシュモーラーは書いた。それは、まったく正しかった」[Eucken, 1968, 185]。

オイケンは歴史学派の提案した、年少労働の禁止、労働時間の法的縮小、工場監督、病気、事故、衛生に対しての国家による労働者の保護には賛成だった［Eucken, 1968, 186］。しかし、マルクスの私有財産制度廃止の提案には批判的であった。そして、以下のように言った。

「マルクスは、当時の社会問題を激しくとらえた。マルクスは社会問題のうちに、法則的に進行する歴史過程を見た。同時にマルクスは、この問題を一点にまで凝縮した。そして、社会問題を所有問題に結びつけた」［Eucken, 1968, 185］。

以上の認識に基づいて、オイケンは十九世紀に生じた分配の問題がマルクスの提案した財産制度の改革、したがって経済体制の転換では改善されなかったとして、分配の問題を改善した三つの原因をあげた［Eucken, 1968, 186］。

第一に、それは技術進歩であった。なぜなら、技術進歩は労働者の限界生産力を高め、これによって労働者の賃金を上昇させ、所得の増加に役立ったからである。

第二に、それは技術進歩とも関連したが、交通、通信、労働紹介という制度の発達であった。これによって労働者は、特定の地域に閉じ込められ、地域の企業によって労働需要を独占されることなく、自由に地域外へ出て職を求めることができるようになった。

第三に、労働組合の結成があった。労働組合は、労働市場で資本家が労働需要を独占するとき、労働供給の独占をもって資本家の権力行使に対抗することを可能にした。

オイケンは、以上の原因の中で第一と第二とを評価し第三の労働組合については、以下に述べる雇用の問題との関連で条件付き賛成の立場であった。

**雇用の問題―社会問題の第二のタイプ―**

雇用は、十九世紀の自由放任時代における経済政策が失敗し、第一次大戦後にはじまる二十世紀前半の実験時代[Eucken, 1968, 55]の社会問題であった。オイケンは第一次大戦（一九一四年）以前には、大衆の長期的失業はなかったという[Eucken, 1968, 186]。確かに、一九一四年以前に失業率が一〇%を越えた年はドイツ、イギリス、アメリカにはなかった。これら三国で失業率が一〇%を最初に越えたのは、一九二〇年代に入ってからであった[(4)]。それでは、一九二〇年代に入ってはじめて大衆の長期的失業が生じた理由はなにか。オイケンは、この問題には直接触れていない。しかし、オイケンがその原因を企業集団と労働組合による市場の硬直性に求めたことは明らかである。なぜなら、企業集団は寡占市場や独占市場での価格によって、産業団体と労働組合とは双方独占の市場での賃金によって、それぞれ市場の弾力性を失わせたからである。

市場の硬直性が失業の原因であるというのは、オイケンが失業の原因を次の三つに分析したことから説明できる[Eucken, 1968, 47]。

第一は、与件の変化による失業がある。例えば、欲求与件に変化があれば需要が失われた商品の生産と雇用とは減少する。これによる失業は、商品市場や労働市場が完全競争であっても避けられない。

第二は、市場の硬直性による失業がある。欲求与件の変化によって需要が失われたとき、企業は販売価格を下げ賃金を下げて需要を維持することができなければ、生産を減らし雇用を減らすしか選択肢がなく結果的に失業が生じる。

第三は、貨幣供給の縮小による失業がある。欲求与件に変化がなく、市場の完全競争が賃金と価格とを弾力的に変化させたとしても、貨幣供給が充分でなければ貨幣を原因とする需要不足によって、逆に供給過剰によって生産と雇用とが減少させられる。

以上のように、オイケンは新古典学派のように実質賃金が労働者の限界生産力をこえて上昇することが失業の原因とは言わなかった。この場合には、限界費用が限界収益を超えたので企業が雇用を減少させたと説明される。オイケンが上の分析であげた原因は、経済秩序の問題であった。新古典学派もケインズも経済秩序と市場形態に関しては、完全市場を前提として深くは追求していない。これに対してオイケンは、経済秩序と市場形態とを分析と政策の対象にした。市場の硬直性は、企業集団と労働組合が価格や賃金の弾力性を失わせることによって生じる。したがって、十九世紀の社会問題を解決するのに役立った労働組合は、いわば諸刃の剣のように二十世紀に入って雇用の問題というもう一つの社会問題の原因となった。

### 自由の問題―社会問題の第三のタイプ―

自由の危機を社会問題としたのは、オイケンがはじめてであった。したがってこれを、オイケンの社会問題の理想であり、近代国家が絶対主義から市民社会へと転換するときの指標でもあった。自由はフランス革命の標語の一つであり、市民社会(Euckensche Soziale Frage)［Volkert, 1991, 97］と言う。自由はフランス革命の標語の一つであり、市民社会

自由の価値は、次第に安全の価値に置き換えられつつある。しかし、自由より安全が望ましいという価値観の完全な転換がない限り、オイケンのように自由の危機を問題にし、これを守る秩序をつくることは重要である。

自由は、権力と二律背反の関係をもつ。自由が増加すれば権力は減少し、逆に権力が増加すれば自由は減少する。近代国家の推移にあてはめれば、絶対主義では権力は増加し自由は減少、逆に市民社会では自由は増加し権力は減

少した。しかし、十九世紀自由放任時代の市場経済は増加した自由を守りきれなかった。理由は、十九世紀の経済学は古典学派にせよ新古典学派にせよ、秩序は自由から自然に生まれると信じられ、自由は秩序なしでは成り立たないという認識が欠けていたからである。この結果、オイケンのいう二十世紀の実験時代になって、経済秩序の認識を欠いた市場経済は、これを支える三本柱である市場秩序と、貨幣秩序と、貿易秩序のいずれにおいても理想の秩序を失って行った。市場秩序では競争市場が独占市場へ、貨幣秩序では金本位制から管理通貨制へ、貿易秩序では自由貿易から保護貿易へと移行した。このようにして、経済過程の自己調整機能は失われて行った。

理想の秩序を失った市場経済は、その後放棄されるか修正された。実験時代の経済政策は、一九一七年以降ロシアではじまった計画経済も、一九三〇年以降アメリカとドイツではじまった完全雇用政策も、一九四五年以降イギリスではじまった福祉政策も、経済過程の運営を市場に任せず政府に移すことでは共通している。しかし、市場から政府への権限の移行は、分権から集権へ、市民社会から絶対主義への逆行でもあった。ここに十九世紀に増加した自由が、再び減少の危機を迎えたことになる。自由の問題を、オイケンは次のように言った。

「経済過程の管理経済的運営がつよまればつよまるほど、社会は上から形成される。社会秩序は、ピラミッド型になる。いつの時代にも、指導層はある。階級なき社会は決して存在しなかったし、これからも存在しないだろう。しかし、ピラミッドは下から建設されるものである。そうしないと、頂点が底辺の秩序を決めることになってしまう」[Eucken, 1968, 188]。

## オイケンの労働市場、社会政策、福祉国家へのスタンス

オイケンは労働市場、社会政策、福祉国家がどうあるべきかについて相当はっきりと自己の意見を残した。

第一に、労働市場についてオイケンは、十九世紀の分配も、二十世紀の雇用もともに経済秩序の問題であったとする。十九世紀の需要独占、二十世紀の双方独占が労働者の十九世紀における貧困、二十世紀における失業の原因であったとする。労働市場が企業による需要独占であるときの社会問題を、オイケンはシュレージェン地方の事例を用いて説明した［Eucken, 1968, 44］。(5) シュレージェン地方では、一つの木綿工場しかなく、少年、少女、婦人達には他に就業の機会がなかった。そのため労働時間、就業規則、労働賃金に過酷な条件が押しつけられた。それは労働者に他に就業の機会がなく、工場主は警戒を要する競争相手をもたなかったからである。

この事例が示すように、労働組合が十九世紀の社会問題の解決に役立ったことは確かである。(6) しかし、労働組合による解決は労働市場を競争秩序へと移行させることによるものではなかった。むしろ、労働市場で双方独占という新しい秩序政策的難問［Eucken, 1968, 46］をつくりだした。双方独占は、団体交渉が平行線をたどるときには市場の均衡を妨げるだけでなく、利益団体を越えた政府機関の市場介入を招くことになる。

しかし、双方独占市場を競争市場へと移行させることは、利益団体がつよく抵抗する限り困難である。それでは、どのようにこの問題を解決するか。これについて、オイケンはその解答は示さなかった。しかし、オイケンが十九世紀の社会問題の解決に役立ったのは、技術革新による交通、通信、労働紹介の制度改善であったとしたことから、解決の方向が示されている。制度改善は、確かに技術革新の結果であった。しかし、技術革新が商品と労働の移動に役立つためには、鉄道制度、郵便制度、戸籍制度の制度改善が必要である。技術革新は制度改善をともなうことによって、労働市場での需要独占を打破し競争秩序への移行をうながした。このように、労働市場での競争秩序は利益団体の解消という方向からでなく、技術革新にともなう制度改善によってもたらされた。同様に、技術革新と制度改善とによって国際的な労働移動と、国際的な資本移動とが進展すれば、労働市場においても商品市場においても、経済秩序での競争秩序が期待される。この点、ＥＵの母胎となったローマ条約が、ガットの協定にはない資本と労働の移動を自由にする規定を入れたのは、オイケンが理想とした経済秩序の競争秩序への方向にも合致していた［鉢野、1994, 38］。

第二に、社会政策については、オイケンが競争政策だけでは社会問題のすべてが解決しない［Eucken, 1968, 318］、なぜなら労働市場は商品市場とは異なるから労働は商品と同じには見なされない［Eucken, 1968, 322］、労働者の保護措置は必要である［Eucken, 1968, 322］と言う以上、社会政策の必要を認めていたことは明らかである。しかしオイケンにとって社会政策とは、社会問題を個々に解決するだけのものではなかった。例えば、経済政策の及ばない貧困を生活保護によって、病気は健康保険によって、老後の生活は年金制度によってというように社会政策がこれらに対処するというのではなかった。オイケンにとっては、社会問題も経済問題と同じく競争秩序を中心とする市場経済によって解決すべきものであった。オイケンは、次のように言う。

「機能力のある体制を分業化した経済様式の運営のために生みだすことが、あらゆる社会問題を解決するためには最も重要なことである。それは、市場経済の枠内で機能力のある完全競争による価格システムを創設することである」［Eucken, 1968, 314］。

オイケンは社会政策も、経済政策と同じく秩序整合性をもって競争秩序の形成に役立つべきであるとした。社会政策は、経済政策の不備を補足するだけのものであってはならない。社会政策は、単に経済政策が営利を目的とした企業の活動を支援することで生じさせた、人間と社会と自然との外部不経済を修復するだけのものであってはならない。例えば、経済政策においては、市場での競争を目標にする市場秩序の形成は、貨幣の価値の安定を目標にする貨幣秩序と、自由な貿易を目標にする貿易政策との間に秩序整合性をもつ。これと同じく、社会政策も経済政策との間に秩序整合性をもって競争秩序の形成に役立つべきものであるとした。

例えば、社会政策が社会保障を発達させたことは、望ましいことだった。これによって労働者は、企業労働に固有な事故、職業病、失業の危険から守られるようになった［Eucken, 1968, 319］。このようにして、労働者が社会保障制度によって人間として尊重されることは、資本家への労働者の立場をつよくし、資本家の労働者への権力行使を抑止するのに役立っている。企業内部での資本家と労働者の間の権力の分散は、市場経済において競争秩序を形成しようとする経済政策と整合性をもっている。

同様に、企業内部での共同決定も、労働者の経営への関心、共同意識、協力意志を高めることに役立つ［Eucken, 1968, 320］。労働者の行動が、経営者に委ねられなければならない経営権を妨げない限り労働者の共同決定権も企業内部での権力の分散に役立っている。

労働組合も限界生産力をこえた賃金要求をしない限り、とりわけ企業の労働への需要独占があるときは、労働市場において競争秩序に近い状態をつくりだす。ただし、この場合双方独占の弊害が生じないように、また労働組合が市場経済を排除しないことが重要である［Eucken, 1968, 323］。

第三に、福祉国家についてオイケンは、多くは言及しなかった。しかし、福祉国家に批判的であったのは明らかである。なぜなら、福祉国家が国民に保障するのはまず安全であって自由ではないからである。福祉国家は、国民の生活をゆりかごから墓場まで保障する。このために国民は、生活の安全を国家を代表する政府に委ねる。政府は国民を保護するが、同時に制約もする。国民が政府に安全の責任を負わせながら、自由の干渉を許さないことは難しい。この結果、福祉国家で国民は国家奴隷（Staatssklaverei）［Eucken, 1968, 193］にされ易い。あたかも、古代の主人と奴隷の関係で奴隷の安全は自由との交換で得られたように、福祉国家の国民も自由の代わりに安全を選択することになる。もし、安全のために自由を制限することを国民が同意すれば、権力は政府に集中する。市場では国民が選択の自由を大幅に発揮できるが、権力が政府へと移されれば選択の権限は政府のものとなる。これは、近代国家の市民社会から絶対主義への逆行に他ならない。オイケンは競争秩序によって、ナチス国家がドイツから奪った民主政治、市場経済、契約社会、そして、これらから構成される近代国家を新たに建設しようとした。したがって、福祉国家のように市場経済を再び政府の管理下におく方向には同調しなかったのである。

## 第二節　秩序政策からみた戦後西ドイツの社会政策

### 戦後西ドイツの秩序成策の位置

一九九〇年一〇月のドイツ統一にいたるまで、戦後の西ドイツはエアハルトの社会的市場経済（Soziale Marktwirtschaft）の時代（一九四八〜一九六六年）、シラーの総体的誘導（Globalsteuerung）の時代（一九六六〜一九八二年）、そして、再びエアハルトへの復帰を目ざした時代（一九八二年以降）と三つの時期に区分できる［Oberender, 1989, 327］。この間、経済過程の運営は政府から市場へ、市場から政府へ、そして再び政府から市場へと社会的市場経済の枠組みの中でその重点が交互に変更されてきた。ドイツの社会的市場経済には、エアハルトの主導した自由主義型とシラーの主導した社会主義型の二つの類型があった。

エアハルトの自由主義型の社会的市場経済の形成に協力したのが、オイケンであった。エアハルト時代の経済体制を社会的市場経済というが、これはシラーの目ざした社会主義型の社会的市場経済とは異なる。社会的という限定修飾語をオイケンの立場から解釈すると、次のようになる。

第一は、市場が経済活動の成果をあげるためにも（機能的原則）、成果を社会に還元するためにも（人間的原則）、市場秩序は独占市場でなく競争市場でなくてはならない。

第二は、市場に委ねられるのは経済過程の運営であって、市場秩序の形成ではない。ここにおいて、自由放任型の市場経済は誤りを犯した。

第三は、市場秩序の形成は、国家に委ねられる。しかし、国家は経済過程の運営には関与してはならない。経済過程の分配過程や投資過程に、国家の任務を代行する政府が干渉することは認められない。ここにおいて、福祉国家や完全雇用政策は誤りを犯した。

オイケンの立場では、社会的というのは競争市場の成果を社会に還元することと、経済秩序を形成するのが国家であることの二重の意味をもつ。オイケンの経済政策は、近代国家に占める市場経済の位置を決定的に重視する。しかし同時に、市場経済に必要なのは独占市場でなく競争市場であることを強調する。その経済政策は、競争秩序（Wettbewerbsordnung）を中心とする秩序政策という性格をもつ。オイケンは、社会保障制度、共同決定、労働組合には賛成する。しかし、その理由はこれらが競争秩序の形成に役立つからである。

## 秩序政策としての経済政策と社会政策

オイケンの秩序政策を、経済政策と社会政策に分けて説明すると、以下のような構成をもつ。

第一に、経済政策についてみると競争秩序を目ざす市場政策、貨幣価値の安定を目ざす貨幣政策、自由貿易を目ざす貿易政策に分けられる。これらの経済政策は、市場秩序、貨幣秩序、貿易秩序によって行われる。

第二に、社会政策についてみると競争秩序を目ざす経済政策と整合性をもつものとして主体性原理(Subjektivität)(7)、連帯性原理(Solidarität)、補完性原理(Subsidiarität)の三つをあげることができる。社会政策が競争秩序と整合性をもつためには、三つの原理の間に、まず主体性、次に連帯性、終わりに補完性原理というように適用の順序が守られねばならない。そうしてはじめて、可能な限りの補完性、必要な限りの連帯性[Oberender, 1989, 333]という公理を守ることができる。主体性原理が優先される理由は、国家が自由を目標にする限り、国民が主体性をもつことが必要だからである。国民が自主、自治、独立の気風を失えば、長いものに巻かれて自由はただ名ばかりのものになる。競争秩序は、主体性をもった個人なり集団の間から生まれる。したがって、社会政策が競争秩序を実現するには主体性原理に基づく必要がある。主体性原理は、自己の生活の責任を自己が負担することを求める。危険(リスク)を予防することは、個人の責任になる。

しかし、危険はすべてが個人で予防できるものでも、災害の費用を個人が負担できるものでもない。戦後ドイツで社会問題となった住宅難は、個人で予防できた危険でもなく、特に都市部の戦災と難民による住宅難は、すべての個人が費用負担できるものでもなかった。一九五〇年西ドイツで制定された住宅建設法(8)は、個人負担を越えた危険の費用を国家が負担した事例の一つであった。住宅建設法は㈠公的に助成される社会住宅(Sozialwohnung)建設、㈡租税上の優遇措置を受ける住宅建設、㈢自由な個人資金による住宅建設の三つの種類に分けられていた[出水、1978, 145]。以上、住宅建設の原則として㈠の公的助成には補完性原理が公助、㈡の租税上の優遇措置には連帯性原理が共助、㈢の自由な個人資金には主体性原理が自助という形で、それぞれ生かされていた。

## 戦後西ドイツの社会政策

社会保障費の国民総生産に占める比率でみると、戦後西ドイツの社会保障制度の拡充には目をみはるものがある。この比率は一九五五年から七五年までの二〇年間、一貫して増加した。これが下降に転じたのは、一九七五年の第一次石油ショック以降のことであった。社会保障制度の拡充は、エアハルト時代にすでにはじまり一九六〇年にはこの比率は二〇％を越えた。この傾向はシラー時代には一段とつよまり、ピークの一九七五年には三三％に達した[Oberender, 1989, 335]。シラー時代以後、コールが政権を担ったエアハルトへの復帰の時代には、社会保障費の抑制がはかられたが西ドイツの社会保障費は高い水準を保った。これを、一九八九年当時の日本と西ドイツの社会保障費の国民所得に占める比率（社会保障費負担率）で比較すると、日本が一〇・九％であったのに対して、西ドイツは二二・一％で日本の二倍を越えていた(9)。西ドイツは、特にシラー時代に高い次元の社会国家へ前進[Oberender, 1989, 340] したことになる。

確かに、社会保障制度の拡充は社会保険（医療、年金、雇用、労働災害）、公的扶助（生活保護）、社会福祉（老人、児童、身体障害者）、公衆衛生によって国民の福祉を増進する。しかし、この過程で西ドイツの社会政策は二つの点で問題を生じた。

第一は、高福祉高負担といわれるように、社会保障費をまかなうための保険料と税負担の増額を国民に求めることになった。このような使用者と被保険者の負担増加は、経営者にとっても労働者にとっても活動意欲を損なわせる結果になった[Oberender, 1989, 340]。

第二は、社会政策が主体性原理を離れ、連帯性原理に偏り、さらに補完性原理へと近づくことは、競争秩序には欠かせない自主、自治、独立の気風をもつ個人や集団を失わせることになり望ましいことではなかった。

## 第三節　オルドー学派の労働市場、社会政策、福祉国家の分析

オイケンの労働市場、社会政策、福祉国家の批判的分析が、その後のオルドー学派によってどのように継承されているかを年報誌『オルドー』に発表されたアルトゥール・ヴォール、ディーター・ロイター、ゲルト・ハーバーマンの論文によって検討する。

### ヴォールによる労働市場の批判的分析

ヴォールは一九八八年の論文「労働市場の規制緩和—西ドイツの事例—」(10)で、一九七〇年代後半から上がりはじめた失業率を背景に、どうしたらこの問題が解決できるかを労働市場の規制緩和から論じた。ヴォールはドイツで競争的産業は国民総生産の二分の一を占めるにすぎず、政府による規制は農業、銀行と保険、石炭と鉄鋼、郵便と通信と鉄道と航空、エネルギーと水道、学校と大学、テレビとラジオ、賭博にまでおよぶとし、最後に労働市場を規制された経済分野の一つとしてあげた [Woll, 1988, 183]。労働市場が規制されているというのは、賃金および労働条件が交渉によって決まり、競争によらないことをいう [Woll, 1988, 184]。ヴォールは競争秩序が失われた原因と、これを創造するために三つの提言をあげた。

第一は、労働市場で賃金の硬直性が生じるのは、労働条件の交渉権が労働組合に限定されているからである。このため往々にして高い賃金妥結額が企業の雇用する労働者数を制限し、結果として労働の供給寡占を生じている

[Woll, 1988, 184]。ドイツでは賃金、余暇、労働時間などの労働条件を定める労働協約を締結できるのは、労働組合と経営者団体もしくは経営者と決められている。(11)このため労働者は個別に経営者との間に、労働協約は締結できない。この規定は、元来よわい立場の労働者をつよい立場の経営者から守る目的をもっていたが、これが労働市場に競争秩序をつくりだす妨げになっている。この事態を打開するには、経営者と労働者との間に一対一の相対取引を認め、個別に労働条件を決める労働契約(12)を取り入れるのが一案である。例えば、労働者と経営者とが個別に一定の労働条件と一定の賃金を定める年俸制が、このような労働契約の一例となる。

第二は、政府が職業紹介(13)を独占して民間の機関にこれを認めていないことがある[Woll, 1988, 187]。このため、労働の移動が妨げられている。労働市場が、職業紹介の発達によって流動化すれば、政府の失敗による失業を防ぐことができる。

第三は、一九六九年にＳＰＤ（社会民主党）政権の下で成立した解雇制限法(14)がある。この法律は、社会的に正当でない解雇を無効とした。このため、訴訟件数が多数生じた[Woll, 1988, 187]。それだけでなく経営者の雇用態度を消極的にし、労働需要を減らす原因になった。よき意図から発足した労働法（Arbeitsrecht）(15)が、悪い結果を生じた一例であった。解雇制限法には、その欠陥を修正するため労働移動を容易にする職業紹介の発達が是非とも必要である。

## ロイターによる社会政策の批判的分析

ロイターの一九八五年の論文「市場経済システムにおける労働法の役割―一つの概観―」(16)は、第二次大戦後に進展した大衆社会を背景に、階級社会の時代に成立した労働法が大衆社会を前提にしたときにどのような役割を担うべきかを論じた。労働法は、労働者の保護を目的とし、労働の管理者である労働者が資本の管理者である資本家あるいは経営者に比べ社会関係でよわい立場にあることを前提とする。しかし社会関係は、階級社会から大衆社会への移行にともない完全といえないまでも著しく改善された。ロイターの次の言葉は、先進工業諸国について当てはまる。

「労働者の生活の現実は、階級対立によっては適切にも、正しくも描写されるものではすでに以前からなくなっている」［Reuter, 1986, 55］。

労働を提供して報酬を受ける労働者と、労働を利用して報酬を支払う経営者とでは立場が異なる。両者は、二重の関係をもつ。労働市場では労働の供給者と需要者という関係、企業内部では被用者と雇用者の関係をもつ。労働市場と企業内部での二重の関係を、ドイツの労働法の体系に当てはめると次のようになる。ドイツの労働法は多岐にわたるが、そのなかの労働協約（Tarifvertrag）は労働市場での、共同決定法(17)は企業内部での関係を規定している。労働法がこれまでに改善されてきた関係をこれからも確かなものにするためには、労働者と経営者との間に協調的関係を労働協約と共同決定法とによってつくり出さなければならない。ロイターは、この関係を次のように論じた。

第一に、労働市場での労働者と経営者は、利害を共有する市場パートナー(18)［Reuter, 1986, 56］の関係である。確かに、市場では労働を高く売ろうとする労働者と安く買おうとする経営者とでは利害が対立する。しかし、労働は用いる側にも用いられる側にも利益をもたらす。したがって、両者は利益を共有する。ロイターはさらに、労働組合は自らを労働市場で合法的と認められたカルテルであること［Reuter, 1986, 56］を認識して、行動に限度を守ることを提案している。これらに留意するならば、労働協約は両者の関係の改善に役立つことになる。

第二に、企業内部での労働者と経営者の関係を論じるにあたり、ロイターは、企業が営利を目的とする企業体（Unternehmen）であると同時に、労働者と経営者とが協力して形成する経営体（Betrieb）でもあると論じる[Reuter, 1986, 58]。これによれば、企業体として企業を代表するのが取締役会[19]、経営体として企業を代表するのは経営協議会[20]となる。取締役会は、企業間での業績競争で企業を成功させるために経営権を行使する。経営協議会は、企業内部の関係を協調的に調整するために共同決定権を行使する。経営協議会は、企業への経営参加を求めたとしても経営権に干渉することは許されない。共同決定法が経営協議会に保障する権限は、勤務規則、勤務時間、給与規定など多岐にわたるが、経営協議会に経営権への干渉は認めていない。経営協議会の任務が、労使関係の調整であって経営権の行使ではないからである。労働法は階級社会から大衆社会への変化に対応するためには、労働者の保護から労使関係の調整へと、その任務を成熟させねばならない。

## ハーバーマンによる福祉国家の批判的分析

ハーバーマンは一九八八年の論文「福祉国家—昔と今—」[21]で福祉国家を動機（Motive）と構造（Struktur）の両面から論じた。西ドイツは、一九六六年のＣＤＵ・ＣＳＵ（キリスト教民主同盟・社会同盟）とＳＰＤ（社会民主党）の大連立政権以降、競争秩序を実現する社会政策というオイケンの原則から離れはじめた。本章が問題にした、まず主体性、つぎに連帯性、おわりに補完性という社会政策の順序は、ＳＰＤの影響のもとで逆転しはじめた。

ハーバーマンは、援助の必要性を精査しない援助というドイツの社会政策の一般的傾向[Oberender, 1989, 340]に危惧《きぐ》の念を表した。確かに、戦後西ドイツで生まれた連邦国家は基本法二〇条にあるように民主的そして社会的連邦国家である以上[22]、ＳＰＤが推進させた民主国家と社会国家への前進は評価されなくてはならない。社会国家は弱者の救済を目ざす以上、労働組合の果たした役割と労働協約の規定とは評価されなければならない。さらに、民主国家が全員の参加を目ざす以上、経営協議会の果たした役割と共同決定法の規定も評価されなければならない。

しかし、ドイツのこのような国家体制を福祉国家（Wohlfahrtsstaat）と呼ぶならば、それはオイケンとオルドー学派が実現しようとした競争秩序を中核にする国家体制とは種類を異にする。現実の国家体制と、オイケンとオルドー学派が実現しようとした国家体制の間にどうして開きが生じたかの原因は、十九世紀の負の遺産である権力化（Vermachtung）と大衆化（Vermassung）に関連している。オイケンとレプケをはじめオルドー学派は、なによりも十九世紀の工業化がもたらした問題を権力化と大衆化とに置いた。工業の発達によって多くの国民が、工場の所在地である都市へと移動した。都市へ移動した国民は、主体性をもつ市民となるのではなく、レプケのいう家庭や故郷や財産などの生活の根をなくして大衆となった。大衆は孤立した集団であるので、組織された権力の前では無力である。十九世紀以降発達した各種の権力主体は、政党にせよ、カルテルにせよ、労働組合にせよ大衆化を背景にした権力化であった。したがって、十九世紀のこの問題を解決しないままでつくられた福祉国家が、頼る市民と頼らせる政府の構造をもつことは必然であった。近代国家が絶対主義から市民社会へと移行したとき、この進展は市民の自主、自治、独立を推進要因とした。しかし、二十世紀の福祉国家は市民社会の必須条件であった市民の自主、自治、独立を失わせようとしている。これは、近代国家の退化であって進化ではない。ハーバーマンは現代の福祉国家の先例は、ドイツではプロシア国家であるとして、次のように述べている。

「新旧の福祉国家の動機と構造とが、似通っていることを証明するのに、なにも歴史的にも地理的にも遠くに先例を求めることはない。異なったのは、ただ追求された理想の結果と、用いられた手段だけだった。十九世紀の自由主義時代を少しだけさかのぼれば、現代の福祉国家に類似した国家に突き当たる。いわゆる地下を通る歴史の連続性が、この国家に現代の福祉国家を結びつかせる」[Habermann, 1988, 93]。

福祉国家の構造は、今も昔も変わらない。頼らせる政府と頼る市民が、福祉国家の構造をつくる。トクヴィルのいうように、絶対主義の時代の政府とは国王と官僚であり、市民社会では議会と官僚となって形が変わっただけである［Harbermann, 1988, 97］。さらに、十八世紀と二十世紀では福祉国家の動機が十八世紀では保護主義、二十世紀では社会正義と異なるが、いずれも福祉（Wohlfahrt）がその最大の目的であることに変わりはない。問題は、福祉の内容を誰が決めるかである。しかし、この点もそれが政府であって市民でない限り、福祉国家の間には十八世紀と二十世紀では大差がない。福祉国家の将来を展望するとき、社会国家と民主国家への前進それ自体は否定すべきではない。しかし、工業化とともに生じた大衆化と権力化との問題が解決していないことを忘れてはならない。オルドー学派およびオイケンが問題にしたのは、なによりも大衆化をいかにして防ぐか、そして、権力化をいかにして防ぐかということであった。そのために、この学派は競争秩序を目ざす秩序政策を提唱して止まないのである。

注

（1）エリック・ホブズボームは、フランス革命と産業革命をあわせて二重革命と呼んでいる。その著書『市民革命と産業革命』の「まえがき」でホブズボームは次のように言っている。「本書は、一七八九年と一八四八年の間の世界の変化を、ここで『二重革命』と呼ばれるもの――一七八九年のフランス革命と同時代の（イギリスの）産業革命――の帰結であるかぎりにおいて、あとづける」［安川・水田、1968, v］。

（2）一七八九年に出されたフランスの人権宣言（人および市民の権利宣言）は、第一条で「人は、自由かつ権利において平等なものとして出生し、かつ生存する。社会的差別は、共同の利益の上にのみ設けることができる」と規定している。人権宣言は、どこの国のものであっても、人間は互いに他を尊重することを求めている。

（3）「身分社会では支配身分は同時に出生身分として、血統によってこの身分に帰属し、全体社会のなかで指導的機能を果たすが、下層身分は一定の生業と義務に縛られ、特定の生活様式を強制される」［古賀、1975, 29］。身分社会では、職業は身分によって固定され、職業は身分によって独占されていた。

（4）ドイツは一九二四年、イギリス、アメリカはともに一九二一年。［マクミラン世界歴史統計、1983, 1986］。

(5) オイケンがあげたシュレージェン地方の事例は、この地方で起こった一八四四年の職工一揆以前、手工業から機械工業への移行がはじまりドイツの産業革命が本格的となる以前、一八三〇年代の工場主による労働需要の独占である。

(6) 本書が、第四章「福祉と労働—アドルフ・ウェーバーの労働理論—」でウェーバーの労働組合への見解を論じたとき、ウェーバーが労働組合の必要性を認めていたと述べた。この点、オイケンとウェーバーとはよく似た見解をもっていた。

(7) 社会保障の原理として、自助、共助、公助ということはドイツでよく言われてきたことである。ところで、公助には補完性原理（Subsidiarität）、共助には連帯性原理（Solidarität）があてられるが、自助にあてられる用語をドイツ語文献で見ることがない。そこで、本書は自助にあてる用語として主体性原理（Subjektivität）を用いることにした。

(8) 戦後西ドイツが住宅建設を一貫して推進してきた理由として、住宅投資の経済成長要因と労働者の住宅供給による雇用改善要因とがあげられている［出水、1978, 145］。

(9) 富山県統計課編集［一九九四］「社会保障」（『経済指標のかんどころ』富山県統計協会）。社会保障負担率は、二〇〇六年のドイツでは二二・九%、二〇〇九年度の日本では一五・九%になっている（厚生労働省社会保障担当参事官室「社会保障の給付と負担の現状と国際比較」）。本章が比較した一〇年前の一九八九年では、東西ドイツ統一直前のドイツが二二・一%、日本が一〇・九%であったのでドイツよりも日本の比率は増加し、その差は狭まっている。

(10) この論文の原題は、以下の通りである。Deregulating the Labor Market, The West German Case.『オルドー』第三九巻に掲載された。

(11) 労働協約（Tarifvertrag）は、労働法（Arbeitsrecht）の一部である労働協約法（Tarifrecht）の中核を占める。現行の労働協約は、一九四九年に施行された。労働協約の当事者は、本文で記したように産業別労働組合と経営者団体（使用者団体）あるいは産業別労働組合と単独の経営者（使用者）となっている。前者を団体労働協約（Verbandstarif）、後者を企業労働協約（Firmentarif）という。後者の例としては、金属産業労働組合（IGメタル）とフォルクスワーゲンの間で結ばれた労働協約が知られている。労働協約の中心となる労働条件は、賃金、労働時間、そして余暇である［Hrsg. Lexikon-Institut Bertelsmann, 1981, 310, 井口、1992, 146］。

(12) 労働契約（Arbeitsvertrag）も労働協約と同じく、労働法の一部で労働契約法（Arbeitsvertragsrecht）によって規定されている。労働契約が労働協約と異なるのは、後者が産業別労働組合と経営者団体との団体交渉で決められるのに対して、前者は労働協約に規制されながらも、経営者と労働者との個別の関係で決められるということである［Hrsg. Lexikon-Institut Bertelsmann, 1981, 225–226］。

(13) 職業紹介（Arbeitsvermittlung）は、一九六九年に制定された雇用促進法（Arbeitsförderungsgesetz, AFG）によって連邦雇用庁の業務になった。法律に基づき、連邦雇用庁は職業ガイダンス、職業紹介、職業教育の助成等を行っている［Hrsg. Lexikon-Institut Bertelsmann, 1981, 226, 加藤・麻生・木村・古池・高木・辻編集、1998, 363］。

(14) 解雇制限法（Kündigungsschutzgesetz）と訳されるこの法律は、解約保護法という意味である。労働者を解雇から保護するというのが、この法律の趣旨である。一九五一年に制定された解雇法（解約法）（Kündigungsgesetz）が強化されて一九六九年に解雇制限法となった。社会的に不当な解雇として、労働者の人間性や素行によらないものや経営上の必要性に基づかないものが定められている［Hrsg. Lexikon-Institut

Bertelsmann, 1981, 277, 井口、1992, 151-152]。

(15) 労働法（Arbeitsrecht）は、労働者と経営者（使用者）とに関する法律である。労働者の保護を目的に定められた法律である。労働法には、上記注(12)で説明した労働契約法（Arbeitsvertragsrecht）、上記注(11)で説明した労働協約法（Tarifrecht）、労働者で組織する経営協議会（事業所従業員委員会）（Betriebsrat）を定めた経営組織法（Betriebsverfassungsgesetz）などを含んでいる。

(16) この論文の原題は、以下の通りである。Die Rolle des Arbeitsrechts im marktwirtschaftlichen System-Eine Skizze.『オルドー』第三六巻に掲載された。

(17) 企業の運営に経営者と同じく労働者も参加するという共同決定（Mitbestimmung）の発想は、ドイツでは十一月革命（一八四八年）を受けて開かれたフランクフルト国民議会での討議以来長い歴史をもっている。ワイマール時代からヒトラーの時代がはじまる一九二〇～一九三四年まで、経営協議会法（Betriebsrätegesetz）が施行されていた。戦後一九五二年に制定された経営組織法（Betriebsverfassungsgesetz）は、その後改正され一九七二年に労働者（従業員）で組織する経営協議会を企業内に設けることを義務付ける共同決定の体制がつくられた。経営協議会には就業時間等に関する社会的案件、従業員の解雇通知に関する人事案件、大規模企業では経済案件について経営者との間で協議する権利が認められている。

(18) 市場パートナー（Marktteilnehmer）という用語は、経営者と労働者とは利害を共有するという意味で社会パートナー（Sozialpartner）と呼ばれることもある。

(19) 企業の経営は、株主総会、監査役会、取締役会の機関によって行われる。取締役会は、経営者のみによって構成され、これには労働者（従業員）は参加しない。

(20) ロイターは、経営体を労働者と経営者とが協力して形成するとしているので、労働者（従業員）で組織する経営協議会も労働者の経営への参加という意味で経営体とするのである。

(21) この論文の原題は、以下の通りである。Wohlfahrtsstaaat-einst und jetzt, Motive des <<aufgeklarten Despotismus>>.『オルドー』第三九巻に掲載された。

(22) ドイツ連邦共和国基本法第二〇条 第一項は、ドイツ連邦共和国は、民主的、かつ、社会的連邦国家である、と規定している［宮沢編、1976, 168］。

# 第六章　福祉国家から福祉社会へ

## 第一節　福祉国家の危機とその後

第二次大戦後イギリスからはじまった福祉国家は、一九七〇年代のスタグフレーションと、一九九〇年代のグローバリゼーションとによって二度の危機を迎えることになった。いずれにおいても、世界経済に生じた大きな変動が危機の背景になっている。しかし、いずれの場合も、これによって福祉国家は解体したのではなく、福祉社会として、あるいは福祉ガバナンスとして新しい展開を見せることになった。

福祉国家の中核を占める社会保障制度は、個人の福祉を社会が保障する。この制度を維持するには、個人の福祉を保障する原資（租税と保険料）が、社会によって常に蓄積され補充されなければならない。これが可能であれば、福祉が国民生活を安定させ、国民生活の安定は経済成長を実現し、これによって福祉国家は理想的な好循環を維持する。

しかし、スタグフレーションとグローバリゼーションとが福祉国家のこの好循環を覆すことになった。一九七〇年代のスタグフレーションのとき、マネタリストのミルトン・フリードマン（Milton Friedman, 1912-2006）は、福祉国家批判の急先鋒であった。フリードマンによる批判は、単なる批判に終わらず福祉国家の福祉社会への転換にも寄与した。

## スタグフレーションと福祉国家―フリードマンの福祉国家批判―

フリードマンの福祉国家批判は、古典的自由主義を代表するものとして［橋本、2008, 16］、あるいは新自由主義を代表するものとして［岡田、1984, 34-35］、ハイエクと同等に扱われている。確かに、両者は自由の価値、競争の必要、市場の機能を確信する点で共通している。しかし、フリードマンにはオイケン、レプケ、ハイエクとは立場を異にする点が二つある。

第一に、フリードマンには、三者に共通する十八世紀の古典学派は擁護するが十九世紀の自由放任は批判するという、自由主義批判がない。理由は、十九世紀をどう評価するかの歴史解釈による。オイケン、レプケ、ハイエクにとって十九世紀のヨーロッパは、平和と繁栄とが社会問題と並存する時代であった。これに対して、フリードマンにとっての十九世紀は社会主義政党を成立させることのなかったアメリカだった［Hayek, 1983, 323］。経済社会問題がヨーロッパほどに先鋭化しなかったアメリカを前提にしたとき、[1]フリードマンの新自由主義が自由放任主義と同一視されるのも理解できる。

第二に、経済学方法論でもフリードマンは三者と異なる。ハイエクはフリードマンの実証経済学（positive economics）に批判的であった。フリードマンは自然科学の方法にならって、理論を仮設として、これを統計あるいは事実によって実証しようとした。[2]この科学方法論は、ハイエクとは相容れない。ハイエクは、自然現象と社会現象とを厳格に区別する。したがって、自然科学の研究方法を経済学に直接応用することには同調しない。この科学方法論についてのハイエクの批判は、オイケンやレプケにも共通している[3]。

このようにフリードマンは三者とは異なる点をもっているが、福祉国家が政府に権力を集中させ、このため個人の自由を制限することでは、三者と同じくこれを批判する。さらに、三者に比べるとフリードマンの批判は徹底的で、しかも現実的であった。以下、その批判を三つの点から概観してみる。

第一に、フリードマンは福祉国家の起源には自由主義が関与しなかったとの認識をもっていた。フリードマンは、福祉国家の起源をドイツとイギリスで成立した二つの制度に求める。一つは、一八八〇年代にビスマルクが制定した社会保険制度、もう一つは一九〇〇年代のはじめにイギリスで成立した社会保障制度であった［M.Friedman, R.Friedman, 1979,97–98］。フリードマンがあげたイギリスの社会保障制度は、一九〇八年の老齢年金法と、一九一一年の国民保険法であった。国民保険法は、日本における健康保険と雇用保険の両方を含んでいる。重要なことは、フリードマンがビスマルクの社会保険制度もイギリスの社会保障制度も、ともに個人の福祉を社会が保障する制度を国家が制定したとした点である。

ビスマルクの社会保険制度では、事故・病気・老後に際して個人では負担できない所得を社会が、具体的には使用者と従業員とが共同の基金によって保障する。したがって、これは使用者と従業員とが連帯で福祉を支えるシステムである。その限りでは、この制度を支える思想は社会主義であった。しかし、この制度が国家によって制定された点では、これを支えた思想は国家主義であった。

イギリスの社会保障制度についても、フリードマンは同じような認識をもっていた。イギリスの社会保障制度では、老齢年金は非拠出制、国民保険は政労使三者の拠出制と、福祉の原資の調達は異なっていた。ただし、両者とも福祉を個人でなく社会が保障する点では相異はなく、社会主義を思想の背景にしていた。しかし、イギリスの場合も、救貧法[4]や工場法[5]の伝統を継承して国家が関与し、その思想の支柱は国家主義にあった。この点は、ビスマルクの場合と同じであった[6]。

このように、フリードマンは福祉国家の起源に自由主義は関与しなかったとの認識をもっていた。しかし、このことはフリードマンの自由主義が、他者には冷淡な個人主義や自己中心主義であるということではない。フリードマンも個人や家庭が、社会による保障を必要とする場合のあることを認識し、そのための制度を以下で述べる負の所得税によって用意していた。

第二に、フリードマンは福祉国家がその目的が人道主義的で気高《けだか》いのに、期待される成果をあげたかどうかには疑問があるとして、その理由を明らかにした。フリードマンはこの点を、経済学で、例えば貯蓄は個人の行為では正当であったとしても、国民所得を増やすための投資を減額させるので全体としては思わしくないというときに用いる合成の誤謬（fallacy of composition）にならって、福祉国家の誤謬（fallacy of welfare state）と呼んだ[7]。

個人の福祉を社会が保障するシステムでは、個人は疾病・老齢・失業の境遇にいない間は、そのような境遇にある他者のために福祉の授与者になる。しかし、境遇が変わり福祉を必要とするときは他者からの福祉の受領者になる。福祉の授与と受領とは、市場での財貨や用役の授与と受領に似たところがある。市場での財貨や用役の授受と社会での福祉の授受との間には、前者には損得勘定がつきものであるが、後者にはそれがないという相異がある。社会での福祉の授受では、多く授与して少なく受領する者、またその逆の者がいるのが普通である。しかし、この点が福祉の授受で問題にされることはない。

フリードマンが福祉国家で問題にしたのは、社会での福祉の授受ということではなかった。問題にしたのは、社会での福祉の授受を運行させるのに不可欠な政府の存在であった。社会保障が国家単位で運営されれば、国民から租税か保険料で徴収される原資は、政府が管理・運用・分配することになる。政府が一定のルールにしたがって、この職務を行う限り、政府の恣意が問題を起こすことはない。しかし、政府が原資に責任を負うこのシステムには避けることの難しい欠陥がある。フリードマンは、この欠陥を誰の金を誰に使うかについて、四つのケースを分類した簡単な理論で、次のように説明した［Friedman, 1979, 116］。

一つは、自分の金を自分のために使うケース。二つは、自分の金を他人のために使うケース。三つは、他人の金を自分のために使うケース。四つは、他人の金を他人のために使うケースである。

国民から徴収した原資を国民に分配する政府の職務が、第四のケースに当てはまることは明らかである。さらに、このケースが自分の金を自分のために使う第一のケースに比べて、金の扱いが慎重さを欠くであろうことも明らかである。

フリードマンは、この簡単なモデルをもって政府が原資を扱うとき避けることが難しい非効率と、目的が望ましいのに結果が望ましくない福祉国家の誤謬とを説明した。日本に二〇〇七年に発覚した年金問題は(8)、この理論の実証例の一つとなった。

第三に、フリードマンは福祉国家が政府に過剰な負担をかけさせないように政府の職務を簡素にし、同時に社会からの所得の保障を真に必要とする個人と家庭を支援する解決方法として負の所得税（negative income tax）を提案した［Friedman, 1975, 198–200］。この仕組みを、例えば基礎控除の月額を三〇万円、基礎控除を超えた月収には正の、これを下回る月収には負の課税がされ、税率は五〇％で、家族は両親と子ども二人のモデルで説明すると以下のようになる。

例えば、月収三〇万円の家庭では基礎控除を超える所得はゼロであるから租税負担はゼロとなり月額三〇万円の生活ができる。税負担ゼロの所得は分岐点所得（break even income）となる［Friedman, 1975, 199］。この家庭の月収が五万円上がって二五万円になれば、五万円に五〇％の税金がかかり月収は二二万五千円になる。逆のケースでは、月収がゼロの家庭では月収は基礎控除を引くとマイナス二〇万円になる。この家庭の税額はマイナス一五万円となり、負の所得税を政府に支払うことになる。負の所得税は、正の補助金と同じことである。したがって、所得ゼロの家庭はこの補助金で月額一五万円の生活をする。

このような負の所得税の提案によってフリードマンは、二つの目的を達成しようとした。一つは、この仕組みによって労働意欲が損なわれないようにしたこと。なぜなら、この仕組みでは所得ゼロの家庭でも、誰かが月額五万円、一〇万円と収入を上げれば、徐々に補助金との合計で月額の所得がふえることになっているからである。(9) もう一つは、政府の業務を簡素にすること。この仕組みでは、所得が失われた理由を疾病か老齢か失業かに区分せず、基礎控除に満たない負の所得に補助金は一律に支給される。このために、政府の業務はそれだけ簡素になり、行政コストも減り、政府の権限も縮小する。

しかし、以上の負の所得税はこれを現実に適用するには技術上の問題が生じうる。基礎控除の月額、税率、上の例では一五万円となる最低所得保障の金額などである。さらに、負の所得税の問題は、これがあくまでも所得保障の制度であって、例えば疾病によって失われる所得を保障するが、疾病にともなう治療費、入院費、通院費などの保障はなされないことにある。

## 福祉国家と福祉社会

スタグフレーションとグローバリゼーションという世界経済の大きな変動を背景に、福祉国家は福祉社会あるいは福祉ガバナンスへの転換を果しつつある。この転換は、日本においても跡付けられる。

日本の福祉国家は、戦後五年の一九五〇年に社会保障制度審議会から発表された社会保障制度に関する勧告によって、その方向が定められた。勧告は、社会保障の責任が政府にあること、すべての国民を対象にすること、そして国民には社会連帯の精神をもって能力に応じて制度の維持と運用とに社会的義務を果すことを定めていた［岡田、1984, 31–32］。

その後二十数年を経て、政府は日本の高度成長の終わりを見越して生産の論理（成長）から分配の論理（福祉）をモットーに経済政策の転換をはかった。一九七三年を福祉元年として、七〇歳以上の老人医療の無料化、年金の物価スライド制、失業保険の雇用保険への変更などの改革を行った。社会保障給付費は、一九七〇年代半ば以降著しく増加した［武川、2007, 196］。

しかし、日本の福祉元年は第一次石油危機の年でもあった。このため日本の福祉国家への離陸は［武川、2007, 196］、六年後に福祉国家の理念の転換によって抑制された(10)。一九七九年に政府が発表した新経済社会七カ年計画は日本型福祉社会を、個人による自助努力、家庭・近隣・地域による連帯、そして政府による保障という三つの原則によって示した。

このように規定された日本型福祉社会は、確かに、政府がすべての国民の社会保障に責任を負うという一九五〇年の勧告を基準にすれば福祉国家の後退であった。また、一九七三年の経済政策が実現しようとした福祉国家を基準にすれば、その後退であった。しかし、日本型福祉社会の三つの原則を自助、共助、公助と置き換えれば、社会保障制度の一つのタイプが示されたといえる。

福祉国家は個人の福祉を社会が保障し、これを政府が担保する。したがって福祉国家の危機とは、福祉を社会が保障し政府が担保する福祉国家の構造危機でもあった。

この危機に直面して政府は、日本型福祉社会によって福祉の負担を政府から社会へと移そうとした。政府のいう社会とは、具体的には家庭と地域のことであった。政府は、福祉の負担を血縁社会と地縁社会とに移そうとした。

しかし、これと呼応するように、個人の福祉を社会が保障する制度を、政府から市民へと移す活動もはじまった。家族や企業という伝統的な社会結合に代わって、市民社会が社会結合となって、政府が後退した後の社会保障制度を負担する体制が始動しはじめた(11)。これによって社会保障制度は上からの政府主導ではなく、下からの市民主導へと転換する機会を得た。福祉国家は福祉社会として構造改革を遂げはじめた。

具体的には、福祉の供給主体を国家独占から、地域社会、コミュニティ、非営利組織やインフォーマルな組織などの多様な社会へ移し、市場的な要素も可能な範囲で導入する福祉多元論がイギリスからはじめられた［足立、2004，195-196］。

このように、個人の福祉を保障する社会が、多様な集団となるとき、その集団が利益集団や圧力団体でない限り、集団と個人とは連帯によって結ばれる(12)。福祉を受領する個人が集団に連帯しなくても、それを授与する集団は受領する個人に連帯する。したがって、これらの中間組織と呼ばれる集団は、政府のように公益、企業のように私益でなく、共益（共同の利益）によって行動する。公益が公共経済、私益が市場経済を成り立たせるとすれば、共益は社会経済を成り立たせる。福祉社会が発展すれば、市場経済と公共経済との中間で社会経済が重きをなし、三層からなる経済社会体制が実現する［野尻、1997，233］。

しかし、福祉国家が福祉社会へと構造改革するときの最大の問題は、個人の福祉を社会が保障する制度が、果たして政府の関与なしで可能かどうかということである。社会福祉が、すべての国民が強制加入させられる保険制度である限り、このような制度に政府の関与は避けられない。また、核家族には疾病、老齢、失業、介護に応じる機能はなく、福祉国家を呼び出す事態になれば、この点からも政府の関与は避けられない［富永、2001, 80-82］。さらに、社会問題の深刻さが民間保険業者では対応できない程度であるとすれば、これによっても政府の関与が必要になる[13]。

以上の理由によって、福祉社会から政府を排除することは難しい。したがって、福祉国家と福祉社会の協働［武川、2007, 35-36］が、ポスト福祉国家でも欠かせない。

ただし、一九九〇年代からのグローバリゼーションは福祉国家から福祉社会への転換を一段と加速させた。グローバリゼーションが保障される福祉を多様化し、保障する社会を多元化させたからである。グローバリゼーションによって先進工業国は、発展途上国から国際市場で競争圧力にさらされることになった。このため求職者は、正規・臨時・パートなどの多様な労働形態からの選択を迫られようになった。また、製造業が途上国に移されサービス産業が先進国に残された産業となるとともに、女性の社会進出も加速された。これによって、働く女性は仕事と家事、この上育児が加わる過剰の負担を背負わされることになった。

この結果、保障されなくてはならない福祉は、グローバル化と脱工業化に伴って多様化するようになってきた。雇用や育児だけでも、所得保障を軸にしたこれまでの福祉では対応ができない。この事態に呼応するように、福祉を保障する社会も多元化してきた。地縁社会や血縁社会に代わって、市民社会が福祉を保障する社会となってきた。安心して働ける雇用機会を、求人側と求職側の間で調整するボランティアの団体や、母親が安心して仕事ができるよう育児をサポートする団体が、市民社会を母体として形成されるようになってきた。

市民社会は十九世紀のヨーロッパでは、産業革命の波動のなかで資本家と労働者に分裂して社会問題の温床であった。しかし、市民社会は二十一世紀になって福祉を負担するよき社会として、新しい機能を発揮する時代を迎えている［東條、2004, 190］。

## 第二節　オイケン、レプケ、ハイエクの福祉国家批判の根底にあるもの

いかなる人にとっても雇用と所得が安定することは、生活の安定にとって欠かせない。しかし、現実には景気変動、技術革新、健康状態、家庭環境、能力格差、自然災害、国際環境等が生活の安定を常に脅かす。福祉国家は、生活の安定が脅かされたとき、すべての人に福祉を社会が保障し、これを政府が担保する。この限り、福祉国家には非難される点はない。

オイケン、レプケ、ハイエクも、個人や家庭が生活の安定を損なうとき、それらの個人と家庭とが福祉の保障を必要とすることは充分に認めていた(14)。

したがって、三者が問題にしたのは、福祉国家が実現しようとした福祉という目標ではなく、それをどのようにして実現するかという方法であった。なぜならその方法によって、福祉国家は政府に過度の権力を集中させ、集権国家に移行する危険があるからである。

### オイケンの福祉国家批判―競争秩序と福祉国家―

オイケンは固有の経済理論と経済政策とを基礎にして、福祉国家を構成する完全雇用政策と再分配政策とを批判した。オイケン固有の理論を、その政策と関連させて概説すれば、以下のようである。

オイケンの経済政策は、秩序政策と呼ばれている。秩序政策は、秩序理論に基づいている。[15] オイケンは経済過程が、経済秩序を前提に成り立つという固有の秩序理論をもとにして、三つの経済を区分した。自由経済では、国家は経済秩序にも経済過程にも干渉しない。管理経済では、いずれをも国家が規制する。競争経済では、国家は経済秩序の形成には責任をもつが、経済過程の形成は企業と家計に委ねる［Eucken, 1938, 65］。この三つの区分は、そのまま三つの経済政策に置き換えることができる。本書は、これを経済秩序にも経済過程のいずれにも国家が直接関与しない放任の経済政策、両者を国家が規制する統制の経済政策、そして国家は経済過程ではなく経済秩序にのみ関与する秩序の経済政策とする。オイケンが正しいという経済政策は、第三の類型である。

さらに、オイケンは経済政策の類型によって、十九世紀と二十世紀とに実行されたヨーロッパの経済政策を分析した。それによれば、十九世紀は放任の経済政策の時代であった。十九世紀の経済政策の失敗は、経済秩序の形成を自由に放任したことにある。このため、契約自由の口実の下にカルテルの形成と独占の形成が横行し、市場は本来果すべき均衡価格を実現できなかった。

オイケンは十九世紀、自由放任の時代に発生した景気変動・失業・貧困等の経済社会問題の真の原因は、経済秩序を正しく形成する秩序政策の失敗にあったという認識をもつ。二十世紀に入ってヨーロッパは、十九世紀の経済社会問題の解決を求めて実験の時代に入った。しかしオイケンのように、複数の供給者と複数の需要者とが相互に競い合って均衡価格を形成する競争秩序を、唯一の解決とする立場にとって二十世紀の実験は満足できるものではなかった。

二十世紀の実験の時代に、第一次大戦中に革命を成し遂げたソ連では放任の経済政策とは対極にある統制の経済政策が開始した。この経済政策の下では、経済過程と経済秩序とはともに国家によって規制された。したがって、市場は均衡価格によって物流を調整する機能からはずされ、政府の計画がこれを代替した。同じ統制の経済政策は大恐慌を経たドイツにおいて、ナチス政権によっても実行された。しかし、すでに歴史が明らかにしたように、市場の機能を、政府が代替する実験は成功しなかった。確かに、統制の経済政策はソ連やナチスの計画経済のように見かけでは景気変動も大量失業も克服したかのようだったが、それは市場で自然に成立する均衡とは別種のものであった。景気変動も大量失業も、集権国家において隠蔽することは容易である。

実験の経済政策には、放任でも統制でもない、それらの中間をとる中道の経済政策があった。ただし、中道の経済政策はオイケンのいう秩序の経済政策とは異なる。中道の経済政策には、福祉国家を構成する完全雇用政策と再分配政策とが入る。しかし、オイケンは両者をともに批判した。オイケンが完全雇用政策と再分配政策とを批判した理由は、その秩序政策によれば以下のようになる。

秩序の経済政策においては、経済秩序の形成は国家が責任をもつ。国家は経済秩序を管理経済（計画経済）でなく、流通経済（市場経済）に形成しなければならない。これは、経済過程の調整を政府ではなく市場に委ねることである。この経済秩序が機能するには、市場で均衡価格が成立することが必須条件になる。このためには、経済過程への政府や企業の公的・私的権力の介入が排除されなければならない。国家が経済秩序に責任をもつというのは、可能な限り広範囲の市場で、競争秩序を形成するということである。

完全雇用政策は投資過程に、再分配政策は分配過程に経済過程への政府による公的な介入を許す。これは、経済過程への公的・私的不介入という秩序政策の原則に反する。オイケンは、市場原理主義者ではない。したがって、大量失業や生活困窮に直面して、政府の公的救済は一時的であればこれを認める。

オイケンが批判するのは、これらが恒常的な経済政策になることである。政府が完全雇用のために金利を下げて信用を拡大し、公債を増発して財政を膨張させれば、物価と資産価格の上昇は避けられない。これによって、深刻な打撃を受けるのは高額所得ではなく低額所得の階層である。これでは、福祉国家は低額所得階層の福祉を実現しない。同じく、社会保障のために課税を強化すれば、例えば消費税の税率を上げれば家計の負担を大きくする。ここでも、その打撃が大きいのは高額所得よりも低額所得の階層である。所得税の累進率を高めても、所得は一時的には高額所得から低額所得の階層に移転されてより平等に近づくが、これによって貯蓄が減少し投資を減らせば、投資の減少が生産・所得・雇用を減らして福祉国家の目的を実現しない。

オイケンは、均衡価格を実現する競争秩序によって経済社会の問題を解決する立場であった。このため福祉国家は、経済秩序への配慮を欠くとしてこれを批判した。

## レプケの福祉国家批判―大衆社会と福祉国家―

オイケンが固有の経済理論と経済政策とを基礎にして、完全雇用政策と再分配政策を批判したように、レプケも同様に固有の経済社会学的基礎をもってこれらを批判した。

レプケは、自己の立場を社会技術では自由主義者、社会哲学では保守主義者であるといった［Röpke, 1957, 19–20］。これによって、レプケの経済社会学には二つの基礎があったことがわかる。一つは、古典学派の基礎であり、もう一つは人間学の基礎であった。この二つの基礎を概説すると、以下のようになる。

レプケが社会技術では自由主義者というのは、オイケンと同じく経済過程の運営は政府によるのではなく、市場によって調整されるべきだという立場であったからである。これによってレプケは、経済の一般均衡は国民所得というマクロ・レベルでなく、個別市場でのミクロ・レベルで達成されるという古典学派の伝統を継承した。スミスの経済学に見られるように、財貨の生産、資源の配分、所得の分配は市場の価格で決定される(16)。市場の価格調整がその機能を果すためには、需要の変化にあわせて生産が自由に増減し、資源が自由に移動し、所得が自由に分配されることが必要である。さらに、自由は、抑圧されない人間から創意や活動をも生み出させる。レプケが社会技術では自由主義者といったのは、このことをいう。

レプケが社会哲学では保守主義者であるといったのは、産業革命以来激動したヨーロッパの政治、経済、社会の現実のなかで、それにも拘《かかわ》らず人間存在には不変の基礎条件があるとしたからである。

レプケは若くして、景気理論家あるいは財政学者として著名であった(17)。しかし、レプケが生涯をかけて堅持したテーマは景気でも財政でもなく、平和だった。レプケは第一次大戦の戦争体験から、世界の国際危機の原因を究明することを生涯の課題とした［Röpke, 1960, 3］。そして到達した結論は、国際危機の原因は、国内の社会危機にあるということだった。レプケのいう社会危機とは、ヨーロッパに発生した大衆化だった。社会危機は、産業革命以降のヨーロッパにおいてはじまった。それは、工業化→都市化→大衆化の過程で生じた。産業革命後、農村から人口は工業の立地する都市へと移動した。都市は人口を増やして発展したが、都市に集中した人達は多くは自然・親族・知己との関係を断って移住した孤立した人間集団（大衆）であった。

十九世紀に顕著になった景気変動の波は、農村を離れた主たる理由であった職業をも孤立した大衆から奪いとった。レプケがプロレタリア化といったのは、都市へ移住した人達が物質的、社会的、精神的に生活の基盤を失うことであった。プロレタリア化の最大の問題は、生活の安定を願う大衆が、権力を行使してそれをかなえる国家と、これを約束する政党に望みをかけることである。政党は大衆の声を票にして政治権力を掌握すると、大衆の要望を満たそうと活動する。このようにして、生活の安定を願う大衆と権力を掌握した政府とは、権力を国家へと集中させる。集権国家は、国内に国外に権力を行使し対立する勢力を抑圧する。このような国家が、国際危機を誘発する。レプケは、国際危機の原因を大衆化とプロレタリア化とによる社会危機に求める大衆社会の理論を構成した。

この理論をもとにして、レプケは国際危機の社会危機からの解決を大衆の物質的、社会的、精神的な生活基盤の回復に求めた。大衆のプロレタリア化を防ぐには、大衆が財産をもって中産階級に入り自立することである。しかし、福祉国家は大衆を国家から自立させるより、逆に国家に依存させる。これでは、社会危機は克服されない。

レプケは産業革命以前の農民と手工業者の生活は、長期の労働雇用関係、所有、予備、自助、自給自足、職業共同体、家庭によって安全が保障されていたという。近代の福祉国家は、この失われた安全の保障を代替するものであるという［Röpke1979, 254］。

福祉国家が保障する生活とは物質的であって、社会的、精神的なものではない(18)。確かに、自立した生活のために都市生活者は、物質的基盤として雇用・所得・資産を必要とする。特に、資産をもつことが重要である。しかし、これに加えて人間には社会的基盤として心の通う社会、共同体への帰属が必要である。さらに、精神的基盤として宗教も必要である。

レプケが福祉国家を批判したのは、個人の福祉を社会が保障し政府が担保する制度ではない。福祉国家には、大衆社会が必要としている物質的だけでない、社会的、精神的基盤が見逃されていることである。

## ハイエクの福祉国家批判――自生秩序と福祉国家――

ハイエクは、社会が福祉を保障すべき個人と家庭の存在は認識し、その必要を充分認めていた。しかし、万人の福祉を万人が保障する社会保障制度を意図し、計画し、設計することは批判した。

ハイエクは保障と自由との間には、トレードオフ（二律背反）があることを、二つの社会類型によって示した[Hayek, 1972, 140]。一つは軍隊型社会、もう一つは商業型社会であった。前者ではすべての隊員に生活が、雇用から所得にいたるまですべて保障されている。しかし、この社会の隊員には自由が極度に制限されている。これとは対照的に、後者では成員は自由であるがリスクにさらされ生活の保障は確かではない。

いずれの社会を選ぶかは、人様々である。しかし、自由が抑制される軍隊型社会では自生秩序が形成される余地が乏しい。あるいは、軍隊型社会には自生秩序を排除する堅固な秩序が確立されているともいえる。秩序とは設定するもので、自生するものではないとする確信のあることも疑えない。

ハイエクは、この秩序とは設定するもので自生するものではないとする確信が、十九世紀にはじまる自然科学と科学技術の発達に由来することを明らかにした。この点に関するハイエクの社会哲学を、以下で概説する。

ハイエクの社会哲学は、理論心理学の研究に基づいている。この理論心理学は感覚秩序（sensory order）の研究であり、これがハイエクの認識論を決定し、理論研究と政策研究へと発展した[Streit, 1992, 1]。

心理学を心の研究とすると、心は物と、主体は客体と対応する。この間の関係をハイエクは三つの秩序で説明した[Hayek, 1952, 39]。

一、外部世界あるいは物質的刺激（physical stimuli）を発する物質秩序（physical order）。
二、人間の神経繊維の中にあって、信号（インパルス）（impulse）を伝える神経秩序（neural order）。
三、信号を頭脳で分類図式（Klassifikationsschema）によって整理し解釈する感覚秩序（sensory order）、知性秩序（mental order）、現象秩序（phenomenal order）。

これら三つの秩序の間には、物質秩序と神経秩序には相似形関係（isomorphism）があったとしても、物質秩序と感覚秩序との間には写しかえられるような相似関係はない［Hayek, 1952, 39］。

例えば、物質秩序からは音波として発信され神経秩序で受信された信号（インパルス）は、感覚秩序に入ると音声として知覚される。音波と音声との間には、音波と信号との間にあるような相似関係はない。このように、物質秩序と感覚秩序との間には、深い断絶がある。この断絶を確認することによって、ハイエクは自然現象と社会現象を厳格に区別した。

ハイエクの時代は、自然科学が自然の中の例えば、声を音ではなく波、光を色ではなく粒子、物質を形ではなく分子というように、感覚秩序では計り知れない世界を開示した。この結果、外部世界である物質世界と内部世界である現象世界とは、まったく異なる二つの世界に分けられるようになった。

自然科学はこのようにして新しく発見された物質世界を、感覚秩序を封印しつつ観察と実験とを駆使して、さらに法則を自然現象に当てはめることによって無数の発見と多大の成功を収めた。これに加えて、科学技術は発見した知識を応用して、これまでの物質世界には見られなかった近代都市に凝縮される人工世界をつくりあげた。

確かに、自然科学の成果は偉大であるが、同じ成果を求めて社会科学が自然科学を模倣しようとしてもそれはできない。自然科学の認識対象が感覚秩序から切り離された物質世界であったとしても、社会科学の認識対象は、あくまでも声や色や香りを感覚秩序が受け取るままに知覚して行動する人間の生み出す社会現象である。

自然現象に向かっては、人間が法則を定立する。法則が有効であれば、これを利用して自然を操作する。しかし、社会現象からは人間は秩序を発見するのであって、秩序を社会に向かって定立するのではない。秩序は社会が自主的に守るものであって、社会を拘束するものではない。

科学技術が物質世界の中に人工世界をつくったように、人間社会の中に人工社会をつくろうとするのは誤りである。ハイエクが、構成主義的人為主義を批判したのはこのためであった［Leube, 1989, XXIV］。福祉国家を、軍隊型社会のモデルに近づけようとする誘惑は自然科学の思惟から生じてくる。ハイエクは以上で述べた固有の社会哲学に立つ社会科学から、この誘惑を排除しようとしたのである。

## 第三節　秩序自由主義から見た福祉国家と福祉社会

オイケン、レプケ、ハイエクが福祉国家批判の立場を明らかにしたのは、三者の主著の出版年からも分かるように、第二次大戦の戦中から戦後のことであった[19]。したがって三者の福祉国家批判は、戦後のイギリスからはじまる福祉国家の生成期に関わるものであった。福祉国家が完全雇用と社会保障とによって構成され[20]、これをケインズ・ベヴァリッジ総合というならば、三者の福祉国家批判はケインズの完全雇用政策とベヴァリッジの再分配政策とを批判するものであった。

ケインズの一般理論では、消費と投資の両需要が充分でなければ国民所得は完全雇用にいたらずに均衡する。もし完全雇用にまで国民所得を増やそうとすれば、政府による投資需要と企業によるより一層の投資需要とによって不足する投資需要を補足しなくてはならない。このために政府は、金融政策と財政政策とに大幅な裁量権をもたなければならない[21]。オイケン、レプケ、ハイエクはともに、このようにして権力が政府に集中することに自由を守る立場から反対した。ベヴァリッジの再分配政策への批判も、同様であった。ベヴァリッジの再分配政策は、それがベヴァリッジの当初案のように均一給付（最低生活費）と均一拠出（保険料）の原則によったとしても［小峯、2006, 224］、それが何らかの理由によって所得を失う人に行われるときには、それを必要としない人から必要とする人への所得移転になる。そして、この再分配が政府によって実施される限り、ここでも裁量権が政府に委ねられることになる。

オイケン、レプケ、ハイエクによる福祉国家批判は、完全雇用と社会保障を二つの支柱とする福祉国家の前進を阻む勢力とはならなかった。この点は、第五章の第二節秩序政策からみた戦後西ドイツの社会政策で述べた通りである。(22) しかし、すでに見てきたように、一九七〇年代のスタグフレーションによって福祉国家が福祉社会への転換に直面したとき、三者の福祉国家批判はフリードマンによって受け継がれた。フリードマンは、三者に比べると自由主義では自由放任主義に近い。しかし、フリードマンの小さな政府は、三者による福祉国家では権力が政府に集中するという議論と同じである。

オイケン、レプケ、ハイエクは戦後提唱された福祉国家を、フリードマンは一九七〇年代のスタグフレーションを背景に福祉国家をそれぞれ批判した。しかし、いずれの批判からも福祉国家以後の福祉社会についての積極的な言及はされていない。(23) ただし、いずれの批判もその議論の中心を国家に占める自由あるいは権力の比重にもっていたとすれば、自由社会の実現が共通の課題であった。オイケンについては競争秩序を成立させるために、レプケでは大衆社会からの解放のために、ハイエクは自生秩序を育成のために、それぞれ自由社会を求めたことは疑いない。フリードマンについても、福祉を政府による一元管理から社会による多元管理にすることには異存がなかったと思われる。

グローバリゼーションによって福祉が多様化し、社会も多元化している時代の福祉社会は、自由社会でもなければならない。なぜなら、自由社会では強制された連帯ではなく、自発的な連帯が可能だからである。自由社会がベースにあって、この上で自発的な連帯が福祉の授受を実行すれば、福祉の欲求は充足の不完全燃焼を起こすことはないであろう。(24) 福祉の欲求が多様化すれば、その提供も差別化が避けられない。福祉の授受にミスマッチが生じないためには、福祉はマクロ・レベルでなくミクロ・レベルで配分されることが望ましい。ポスト福祉国家で、政府主導ではない市民主導の福祉社会を形成しようとするならば、自由社会のベースに留意することが必要である。

ハイエクは、自由と保障との間にはトレードオフの関係があるといった。確かに、政府が中心の福祉国家では、保障を政府に依存すれば政府に権力が集中して自由を抑圧する体制になる。社会には、セーフティ・ネットが必要である。しかし、福祉に人を依存させない規律も欠かせない。国家や社会が用意するセーフティ・ネットに安易に期待し、個々人が自己責任を疎かにするモラルハザードの発生を防止しなくてはならない。このためには、自助・共助・公助の順序が守られなくてはならない。福祉社会が自由社会をベースにすれば、自由と保障の両立が可能である。

注

(1) アメリカの労働運動は、南北戦争（一八六一～一八六五年）以降に活発となった。一八八六年には、熟練労働者のみの職能別組合の連合体であるアメリカ労働総同盟（American Federation of Labor, AFL）が発足した。さらに、二十世紀にはいるとドイツやアイルランドからの大量移民とともに増えてきた非熟練労働者の低賃金問題を背景に、一九〇五年には階級協調的なＡＦＬに対立する産業別労働組合と社会主義を目標にする世界産業労働者組合（Industrial Wokers of the World, IWW）が結成された［雪山、1965, 1181-1182］。両労働組合は、二十世紀初頭から第一次大戦にかけて再度ヨーロッパからアメリカに渡ってきたイタリア、ハンガリー、ロシアの新移民［雪山、1965, 1181］が生み出した低賃金問題、第一次大戦後に高まったアメリカの国際的地位、黄金の二〇年代といわれた繁栄、そして大恐慌を経て第二次大戦後を迎えることになった。十九～二十世紀にかけて、アメリカの労働運動にもドイツとよくにて穏健派と過激派の二つの型を区別することができる。ＡＦＬが前者であり、ＩＷＷは後者になる。ドイツとアメリカが異なるのは、本書が第四章 第二節で述べたように、ドイツでは労働運動の主流が十九～二十世紀を通して、常に、過激派のラサール型であったのに対して、アメリカでは逆に穏健派のＡＦＬであったことである。これが、本書が産業革命にともなう経済社会問題がアメリカではヨーロッパほど先鋭化しなかったという理由である。事実の評価によっては、アメリカの労働運動には異なる指摘ができるとしても、以下の判断は正当であると思われる。「アメリカ労働運動は高賃金と福利施設にささえられてビジネス・ユニオニズムの伝統を保持し、あくまでも階級闘争を排除しつつ、資本主義の枠内で日常的利益の改善をはかろうとしていた」［大陽寺、

1975, 230]。

（2）　フリードマンは、社会科学と自然科学との間に基本的な差異はないとする立場であった。したがって、社会科学の一つである経済学も規範経済学（normative economics）でなく実証経済学（positive economics）であるかぎり、自然科学と同じく客観的科学（an "objective" science）となりうるといった［Friedman, 1953, 4］。さらに、両者が同じ科学であるかぎり、両者の方法にも差異がないとした。その方法とは、仮定に基づく仮説を理論として、現象の説明や予測をすることである。フリードマンがあげる例によって説明すれば、以下のようになる［Friedman, 1953, 19］。樹木の枝葉の密集度は、枝葉が最大の日光を吸収できるように決められているという仮説があったとする。この仮説は、枝葉があたかも日光がよくあたる場所を求めて移動し、最適の樹木の場所に位置することを仮定してつくられている。この場合、枝葉が本当にそのような最適位置を求めて移動するかどうかは問題ではない。ただ、こうすることで枝葉の日光吸収最大の仮説あるいは理論が立てられるということが大切である。同時に、この理論によって、北側よりは南側に枝葉がより多く繁茂する事実が説明されることが大事である。これを、経済学に当てはめると、以下のようになる［Friedman, 1953, 19］。経済学でいう企業の最適行動の理論は、企業が利潤を極大にしようとして限界収入と限界費用とが等しいところで生産を決めるとしている。この理論も、事実はどうであれ、企業があたかも限界収入と限界費用とを計測できると仮定して、収入と費用との差額である利潤は収入と費用との限界値が等しいところで最大であるという理論をつくっている。同時に、この理論はこの企業が競争企業をもたない独占企業であれば、競争市場では失われる独占利潤が得られることの説明にも役立てられる。

（3）　オイケンは、自然科学が対象にする自然現象は不変の全体様式をもち、社会科学が対象にする社会現象が可変な全体様式をもつとして両者を峻別した［Eucken, 1989, 22］。レプケも、自然的数学的理性と歴史的理性とを分け、前者を幾何学的精神の理性として、この理性が精神の生活や社会の生活に入り込み、数学的、自然科学的、技術的な考え方の範疇にこれらの生活を置こうとするのは科学の越権行為として批判した［Röpke, 1979, 119］。

（4）　イギリスの救貧制度は中世以来の歴史をもつが、チューダー朝（一四八五〜一六〇三年）時代に貧民の増加が宗教的救済機関で対応できず、国家的規模で行われるようになった［京都大学文学部西洋史研究室、1979, 172］。チューダー朝末期の一六〇一年に、エリザベス女王による働ける貧民への授産と働けない貧民への救済を原則に旧救貧法がつくられた［坂寄、1965, 165］。この旧救貧法は、産業革命後に改正された一八四三年の新救貧法に受け継がれた。新旧いずれの救貧法においても、貧民救済の原資は慈善的拠出や相互扶助基金にではなく、国家の徴収した救貧税によった［小川、1965, 166］。フリードマンが、イギリスの社会保障制度に国家主義を指摘するのはこのためである。

（5）　各国の工場法は、労働者保護を目的に制定された。イギリスの一八〇二年法にはじまり、プロイセンの一八三九年令、フランスの一八四一年法、イタリアの一九四三年法、ロシアの一八四五年法、日本では一九一一年（明治四四年）に工場法が順次制定された。工場法は、産業革命期の社会的暗黒を象徴する児童・年少・婦人労働者の就業制限からはじめられた［大陽寺、1975, 225］。工場法は、いずれの国家においても、企業を超えた国家の介入によって制定されている。フリードマンが、工場法においても国家主義を指摘するのはこのためである。

（6）　以下の文章で、貴族主義（aristocracy）を、国家主義に置き換えると、フリードマンが言いたいことがより明確になる。「貴族主義に対する信奉者と、社会主義に対する信奉者とは、どちらも中央集権的支配を信奉している。そのどちらもが命令による支配を信じ、人びとの間の自発的協同を信用していない。貴族主義者と社会主義者とが異なるのは、誰が支配すべきかに関してであって、いいかえれば、支配を担当すべきエリートが生まれた家柄によって決定されるか、それともその能力に応じて選び出されたと称される専門家であるかどうかによって決定されるか、その違いでしかない」［西山、一九八〇、一五五］。

（7）邦訳『選択の自由』では the fallacy of the welfare state が、福祉国家の欺瞞と訳された。このため、フリードマンが福祉国家をあしざまに言った［小峯、2006, 9］ような印象を与えたようである。しかし、これは邦訳の不備による誤解である。

（8）二〇〇七年五月、「年金の記録漏れ」が国会で問題にされはじめた。きっかけは、厚生年金や国民年金の保険料について過去に誰が払ったかを特定できない件数が五、〇〇〇万件以上あることを民主党が政府に質したことによる。年金の集金と支給とは、社会保険庁という官庁が行っている。社会保険庁の杜撰といわれた保険金の管理は、フリードマンのいう他者の金を他者のために用いる四つ目のケースに該当していた。

（9）フリードマンの負の所得税が、出発点では所得ゼロの家庭が、収入を得ることで所得を増やすことは、次の例で示すことができる。

①のケース：収入が5万円。
5万円－30万円＝－25万円。－25万円×0.5 ＝－12万5千円。
収入5万円と補助金12万5千円で、17万5千円の生活。
②のケース：収入が10万円。
10万円－30万円＝－20万円。
－20万円× 0.5 ＝－10万円。
収入10万円と補助金10万円で、20万円の生活。

（10）福祉国家の理念は、以下のように説明されている。「ナショナル・ミニマムの確立、普遍主義、社会連帯の精神、平等主義の尊重、窮乏からの弱者の保障こそが福祉国家の固有の理念的内容とされてきたのではなかったか」［岡田、1984, 35］。

（11）一九八〇年代以降に福祉社会論が生成された背景は、以下のように説明されている。
①ボランタリー・ワークの成長、②いわゆる「有償ボランティア」の試行、③あたらしいタイプの民間非営利団体の生成、④市場の近代化。
［武川、2007, 44］。

（12）産業や労働の各種団体は、自己の団体の利益を目的に活動する。したがって、その連帯とは団体の内部者に向かうのであって、助力を必要とする部外者に向かうのではない。

（13）福祉が先行した制度を基礎として、国家介入によって福祉国家が成立した経緯は、以下のように説明されている。「第一に、私的なあるいは慈善的な扶助による寛大な保護はまったく不適当であることがわかった。第二に、多くの深刻な社会問題のせいで、民間保険業者にとって保険数理的に見て健全な保険の支払い限度額を超えていることがわかった」［阿部・圷・金子、2004, 184］。

（14）ハイエクは、保障（security）を二つに分ける。一つは一定の最低生活の保障、もう一つは一定の生活水準の保障である。ハイエクは、前者の必要性を認める。前者が該当する例として、病気と偶発事件、地震や洪水の天災、恐慌による大量失業をあげている［Hayek, 1972, 134–135］。

レプケも貧困、疾病、長期の失業が、経済政策の施策を必要とすることを認めていた［Röpke, 1962, 294］。オイケンも、労働によって生活する人について、病気、業務災害、職業病、失業には自助だけでなく、保険や公的扶助の必要性を認めていた。さらに企業内において、労働者が共同決定によって経営者に協力することも認めていた。さらに、労働法規と労働組合の存在意義をも認めていた［Eucken, 1968, 319–324］。

(15) オイケンの秩序理論は、経済過程（Wirtschaftsprozess）と、経済秩序（Wirtschaftsordnung）と、与件連環（Datenkranz）とから構成されている。経済過程は、五つの側面をもつ一体と説明されている。五つの側面を整理すれば生産＝消費過程・分配過程・投資過程・技術過程・立地過程となる。経済秩序も簡単に整理すれば、自然経済の自己経済を別にすれば、中央指導経済と流通経済に大別される。与件連環は、欲求与件・自然与件・労働与件・資本与件・技術与件・制度与件の六つがあげられている。オイケンは、経済過程は必ず一定の経済秩序を前提に成り立つという。

(16) スミスは、財貨の生産、資源の配分、所得の分配において、すべてが政府や企業によって自然の行路が妨げられなければ、財貨も資源も所得も需要の赴くままに自然の秩序にしたがって最適解を見出せるという経済モデルをもっていた。これを論証するのが、価格のメカニズムであった。レプケは、社会技術ではスミスのモデルを受け入れていた。

(17) レプケは、一九三三年ナチス政権が成立しドイツを追われ亡命するまで、ウィーン学派の流れをくむ理論経済学者として、貨幣論、景気循環論の領域で注目すべき業績をあげた［青山・都留・脇村、1954, 1704］。

(18) レプケは、福祉国家が保障するのは生活の物質的基盤だけであるとした上で、その一例としてベヴァリッジ・プランを批判する。レプケの批判点は、三つあった。一つは、全員が全員を支え合う国民所得再分配の巨大なメカニズムは、予期されるほど高額所得から少額所得の全員に所得の増加をもたらさないということ。二つは、ベヴァリッジ・プランのように急進的な保障計画は、生産を阻害し、租税負担を重くし、資本形成に支障を生じさせること。三つに、市場を私的・公的干渉から解放して市場に均衡価格を成立させることが、経済を機能的＝動態的にして福祉を増加させる［Röpke, 1979, 276–283］、以上の三点であった。

(19) 三者の主著とその出版年は、以下のようである。Eucken, Walter［1952］Grundsätze der Wirtschaftspolitik.（大野忠雄訳『経済政策原理』一九六七年）。Röpke, Wilhelm［1944］Civitas Humana.（喜多村浩訳『ヒューマニズムの経済学』一九五二年）。Hayek, Friedrich A.［1944］The Road to Serfdom.（一谷藤一郎訳『隷従への道』一九五四年）。

(20) 完全雇用と社会保障とが福祉国家を構成するという認識は、多くの研究者によって共有されている。福祉国家の定義との関係で、以下の例をあげることができる。「社会保障制度が福祉国家の中核的制度であることを否認するひとはまずいない。また完全雇用のための制度が福祉国家にとって不可欠であるとの主張も説得力をもつ」［武川、2007, 2］。「理想となる福祉国家とは暫定的に、『市民社会を前提とした上での社会保障と完全雇用の希求』と定義できる」［小峯、2006, 2–3］。

(21) 金融政策と財政政策の裁量権が政府に占有されるというのは、金融政策と財政政策が分離されて中央銀行と政府とがそれぞれ独立して政策を実行する場合には当てはまらない。しかし、ここでは三者（オイケン、レプケ、ハイエク）の批判の所在を明確にするために両者を区別しないでおく。

（22）第五章 オルドー学派による労働市場、社会政策、福祉国家の批判的分析、第二節 秩序政策からみた戦後西ドイツの社会政策 参照。

（23）オイケン、レプケ、ハイエクの福祉国家批判は一九七〇年代に世界経済を襲った二度の石油危機（一九七三年と一九七九年）と、これにともなうスタグフレーションを背景に生じた福祉国家批判とは直接の関係はない。したがって、一九八〇年の前後に生じた福祉国家の危機や転換や、これにともなう福祉国家から福祉社会への転換という重要な議論にも、当然のことながら直接言及することはなかった。福祉国家の危機については、ＯＥＣＤが「一九八〇年代の社会政策に関する会議」（一九八〇年）の報告書の表題で『福祉国家の危機』（一九八一年）を用いたことに表されている［武川、2007, 55］。福祉国家の転換については、この時期が福祉社会への転換期であったという表現で示されている［京極、1995, 14］。福祉国家から福祉社会への転換の議論では、福祉社会を日本型福祉社会として福祉（老後・疾病・失業等での所得や生活保障）の負担を政府から個人・家庭・地域へと移す政府案［武川、2007, 117］と、政府の負担を減額せずに、同時に市民社会がボランタリー・ワークのように自主的、自発的にこれを負担する案とが対立した［武川、2007, 44］。同様に、三者の福祉国家批判は一九九〇年代から顕著になったグローバル化、あるいは脱工業化によって生じた新たな福祉国家の危機［宮本、2005, 5］と、これを克服するソーシアル・ガヴァナンス［宮本、2005, 5］や、グローバル化、少子・高齢化、情報・交通技術の高速度革新、地球環境の劣化が社会保障と福祉の転換を必要にしたという福祉ガバナンス［岡澤、2007, 315］にも直接言及することはなかった。

（24）福祉の需要と供給とは、福祉の供給が集合的であったり一律的であったりすると、需要されるニーズに合わず、求められるものでなく求められないものの供給になり、需給間のミスマッチを起こし易い。この弊害を避けるには、きめ細かな分散された福祉の供給が望ましい。

# 第三部　秩序自由主義によるＥＵへのアプローチ

# 第七章　ＥＵと国民国家

## 第一節　経済統合から政治統合へ

### 国民国家と市民社会

戦後ドイツ秩序自由主義は、十八世紀イギリスに成立した経済的自由主義を批判的に継承した。したがって、この経済思想が推進した商業社会と市民社会を評価し、これを戦後ドイツで再生しようとした。このため、十六世紀ヨーロッパで成立しはじめた国民国家とは、社会形成原理では相容れなかった。国民国家は、中世の階層秩序に比べれば平坦になっていたが、市民社会に比べれば身分に上下のある重層構造を残していた。この国民国家は、近代ヨーロッパでイギリス、フランス、スペイン、スウェーデン、ポーランド、ロシア、ハンガリー、オランダと順次成立した。(1) 国民国家は、中世ヨーロッパを分割統治していた領主と領民の小さな政治単位を解体し、上位の領主が下位の領主を従えてより大きな政治単位へと統一し再編成する過程で成立した。(2) しかしその反面、国民国家は神聖ローマ帝国の皇帝とローマカトリック教会の教皇とによって緩やかであっても統括されていたヨーロッパの統一を宗教改革とともに分裂させた。

国民国家は絶対主義と呼ばれる成立期において、国王を頂点にする専制政治であったのでヨーロッパに固有とはいえない。例えば、国王を頂点とする専制政治なら、古代エジプトの王朝や近代中国の清の王朝など多くの類例がある。しかし、それでも国民国家は近代ヨーロッパに固有の政治単位とされる。[3] それは、ヨーロッパの歴史では産業革命とフランス革命の二重革命を経て、国民国家が専制政治から民主政治へと変貌したからである。国民国家を絶対主義と市民社会を含めた政治単位とするならば、専制政治を民主政治へと転換させた例が他にない以上、国民国家はヨーロッパに固有とされる理由がある。

近代ヨーロッパにおける国民国家の歴史には、対立・紛争・戦争が絶えなかった。[4] 二次にわたる世界大戦も、ヨーロッパの国民国家の紛争が原因であった。戦後ヨーロッパに、戦争の悲惨を三度繰り返したくないとの願望があったとしても不思議ではない。欧州石炭鉄鋼共同体にはじまる欧州共同体や欧州連合の設立を、この視点から検討することができる。本書の主旨に即して、本章を秩序自由主義が支持した商業社会と市民社会との論理から検討する。

## 深化と拡大

ＥＵ[5]の歴史は、深化と拡大を視点にサーベイすることができる。深化と拡大は、ＥＵの用語解説（Glossary）では、深化が英語で deepening、ドイツ語で Vertiefung、フランス語で l'approfondissement、拡大は英語で enlargement、ドイツ語で Erweiterung、フランス語で l'elargissement となっている。[6]

ＥＵの拡大がなにであるかについては、ＥＵの前身であるＥＣを構成した原加盟国六カ国が一九七三年にデンマーク、アイルランド、イギリスの三国を加えた第一次拡大から第五次の二七カ国にまで加盟国を増加させたことであるということで見解は一致している。

しかし、深化がなにであるかについては、経済統合に限るとするものと、経済統合をさらに政治統合にまで広げるとするものと見解は一致していない(7)。深化を経済統合に限るとすれば、ＥＵの深化とは、バラッサの言うように関税同盟、共同市場、経済同盟にいたる過程となる(8)。しかし、深化を経済統合に限ると、一九九三年に発効したマーストリヒト条約以降ＥＣからＥＵへと新しい段階に進んだ発展過程が深化からは除外されることになる。

特に、ＥＵが二〇〇三年七月廃案になったとはいえＥＵ憲法の草案を発表し、深化の重点を、従来の経済から政治へと決定的に移した事実が明確にされない。ＥＵはマーストリヒト条約から一〇年後、ＥＵ憲法の制定に着手した。これによって、深化を経済分野から政治分野へと移しはじめた。この点は、二〇〇三年七月一八日、欧州諮問会議の議長ジスカール・デスタンが、イタリアのＥＵ理事会首脳（チアンピ大統領とベルスコーニ首相）にＥＵ憲法草案を提出したときに行ったローマ宣言の、以下の言葉によっても示されている。

「この憲法によってヨーロッパは、市民の連合、そして加盟国家の連合である政治連合（political union）に向かって決定的な一歩を踏み出そうとしている(9)」。

経済統合から政治統合への進展をＥＵの深化とすれば、ＥＵはこれまでになかった新しい問題に直面する。なぜなら、ＥＵが政治統合に向かって進むことは、経済統合を超え、政治統合も超え、欧州統合へと進むことになるからである。これによってＥＵは早晩、国家統合の問題に直面する。その時、ＥＵは、国家を超えた国家の形成を問題にしなくてはならない［鉢野、1993, 258］。この国家をこえた国家の問題を、ヨーロッパが開始した人類史的挑戦と受け止め、その成否を、国民国家との関連で問題にする。果たして、ヨーロッパは、この挑戦に成功するのだろうか。この問題の解明に向かう前に、ＥＵが経済中心から政治中心へと重点を移すにいたった経緯を、以下で略述する。

### 欧州石炭鉄鋼共同体（ＥＣＳＣ）の歴史的使命

欧州石炭鉄鋼共同体は、一九五二年七月二三日に発足し、二〇〇二年一二月三一日をもって、その五〇年にわたる歴史を全うし、条約九七条「本条約は、発効後五〇年の期間をもって完了する」[10]という規定によって、法律の根拠を失い活動を停止した。欧州石炭鉄鋼共同体の消滅は、すでに石炭産業も鉄鋼産業も、かつて独仏がその領有権を争った当時の重要性を失い、構造調整基金を受ける地位にまで落ちていた以上[11]、それ自体としては大した問題ではない。また、欧州石炭鉄鋼共同体は、一九五七年に設立された欧州経済共同体（ＥＥＣ）、欧州原子力共同体（ＥＵＲＡＴＯＭ）とともに、三つの共同体の一つとして、一九六七年に設立された欧州共同体（ＥＣ）に、また一九九二年に設立された欧州連合（ＥＵ）に併合されているので、その存在は発展的に解消されたとも、形を変えてＥＵに残されたともいえる。しかし、欧州石炭鉄鋼共同体が歴史的使命をおえた二〇〇二年が、二〇〇三年のＥＵ憲法の草案発表に直結したことは歴史の偶然であったとしても、ＥＵ深化の過程の中で記憶されなくてはならない事実である。成功しなかったとはいえＥＵ憲法制定への試みは、ＥＵの深化が経済分野から政治分野への移行を画したものとして重要であった。この深化の意味は、欧州石炭鉄鋼共同体の所期の目的に遡って明らかにできる。

欧州石炭鉄鋼共同体は、その条約の前文によると三つの決意をもって発足した。㈠長年の対立に代えて、基本的利害の融合をはかる。㈡血塗られた紛争によって引裂かれた人々の間により広く、より深い共同体の基礎となる経済共同体を創設する。㈢これから向う共通の目的地に先導する諸機関に、その基礎を築く。

以上、前文に記された三つの決意が、どのような背景をもつかは、独仏間で繰り返された戦争の原因を反省すれば明らかである。まず、十九世紀半ば以降、産業革命を迎えた独仏両国は、工業化に欠かせない重要資源である石炭と鉄鉱の獲得をめざして、ライン川の下流に位置するアルザス・ロレーヌ地域と、ザール地域と、ルール地域との領有権を激しく争った。次に、鉱工業地帯を制圧することが、軍事上の勝利を意味することにより、独仏両国は、これらの地域をめぐって武力衝突を繰り返し、第一次大戦と第二次大戦の二度の戦争を引き起こした。さらに、両国が、以上のように経済的軍事的な理由があったにせよ、武力衝突を避けられなかった理由は単純であった。それは、ロレーヌがフランスの領土であればロレーヌの鉄鉱がフランスのものになり、ルールがドイツの領土であればルールの石炭がドイツのものとなるため、両国が自国の資源を奪われまい、他国の資源を奪おうとしたために武力衝突が避けられなかったのである。したがって、もし独仏両国に資源ナショナリズムがなく共同の鉄鉱市場と石炭市場で資源配分が行われていれば、独仏は戦争をせずに済んだかもしれない。

この視点からすると、欧州石炭鉄鋼共同体の構想は、極めて単純であった。要は、独仏両国が、石炭と鉄鉱（或いは、鉄鋼）のような重要資源を、ドイツの石炭とかフランスの鉄鉱とかいって、資源に国名を付けなくてすむシステムを創設すればよかったのである。これが、その後の経済統合を一貫して支えた共同市場（common market）の思想であった。共同市場では、ドイツの市場とか、フランスの市場とか、市場に壁を設けて互いに他を排除することはない。共同市場は、この意味で超国籍である。国名から解放されたすべての市場は、加盟六カ国の共同市場である。このような市場では、石炭・鉄鉱・鉄鋼がどこの国のものであるかは問題ではない。問われるものがあるとすれば、価格や品質だけである。さらに、これらの資源が、どこの国へ買われていくかも問題でない。欧州石炭鉄鋼共同体は、このようにして共同市場を成立させ、資源の共同利用を実現させた。共同市場は、国家からは独立した存在であり、同じく共同市場を共同管理した最高機関（Haute Autorité）も国家からは独立した機関であった。こうして、欧州石炭鉄鋼共同体は、重要資源の共同利用と共同管理とを実現した。共同市場は資源をプールして、それを最高機関が管理したシステムという解釈があるが、この解釈では、資源の自由な共同利用という面が見逃され、さらに、共同市場が国家から独立していたという重要な点が認識されない。

欧州石炭鉄鋼共同体はこの構想を、その条約の第一条で以下のように示した。

「本条約によって、契約当事者は、共同市場、共同目標、共同機関を基礎として、相互の間に欧州石炭鉄鋼共同体を設立する」。

第一条にいう共同市場は、石炭と鉄鋼の共同市場を指し、第四条には、この市場が競争市場であると規定した。共同機関の任務も、第五条に規定がある。共同機関の中心が、最高機関（現在の欧州委員会）であった。共同目標は、前文の用語にあるように、世界平和（world peace）、欧州建設（an organized and vital Europe）、経済発展（economic development）であった。

## 共同市場の思想―マーストリヒト条約・アムステルダム条約・ニース条約―

共同市場の思想は、欧州石炭鉄鋼共同体の成功によって[12]、欧州原子力共同体では原子力に、欧州経済共同体では物財と用役だけでなく、資本と労働といった生産要素にまで及んだ。石炭・鉄鉱・鉄鋼の資源だけでなく、原子力エネルギーにも、物財や用役にも、さらに資本や労働にも共同市場が創設されれば、以下のことが可能になる。

例えば、ブドー酒の共同市場が創設されれば、もはやフランスのブドー酒はフランスでしか売れないまた買えないとか、ドイツのブドー酒がドイツでしか売れないまた買えないとか、イタリアのブドー酒がイタリアでしか売れないまた買えないということはなく、どの国のものであれ、ブドー酒は差別なく共同市場で売買される。同一国の国内市場で、様々の銘柄のブドー酒が自由に売買されるように、ＥＵ域内の共同市場で様々の国柄のブドー酒が自由に売買されることになる。

共同市場の思想は、遂《つい》には、各国の通貨にまで、国名から解放された共通通貨ユーロの発行を実現させるにいたっている。しかし、共同市場の思想が統合に果たした役割は経済統合までであった。この思想は、次に来る政治統合には効果がない。市場は、経済の制度であって政治の制度ではないからである。

発足当初三つあった共同体は一九六七年には統合されて、一つの理事会・委員会・議会によって構成され、名称もＥＣと改められた。このＥＣは一九六九年に関税同盟という目標は達成したが、一九七〇年代に世界経済の混乱があって、共通通貨の発行が挫折した。七〇年代は、停滞の期間であった。しかし、見るべき成果として一九七三年のイギリス・デンマーク・アイルランドの加盟による拡大があった。ＥＣの停滞は、八〇年代の半ばに、先端技術で大きく遅れたヨーロッパの危機感を動因に打開の方向に進んだ。一九八五年にＥＣ委員会委員長ジャック・ドロールの下で起草された単一欧州議定書は、その後ダイナミックに進展し、一九九二年の非関税障壁の廃止による市場統合の完成、二〇〇二年にはユーロの発行による通貨統合の完成にいたる一連の改革の出発点となった。ただし、単一欧州議定書について、ＥＵの経済分野から政治分野への深化を問題にするとき、見落とせない重要な点がある。それは、従来の欧州経済共同体（ＥＥＣ）の共通経済政策（農業政策・競争政策・運輸政策・対外通商政策・財政政策・エネルギー政策）に、単一欧州議定書で、はじめて労働環境・地域開発・研究技術開発・環境が、共通政策に加えられたことである。これらの新しく加わった共通政策をＥＥＣ時代の共通経済政策に比べると、明らかに、これらは経済政策というより社会政策（労働環境）、公共政策（環境政策）というべきものであった。共通政策の対象範囲は、単一欧州議定書を境として、経済分野から、社会分野へ、さらに政治分野へと拡大したといえる。

共通政策の拡大は、一九九三年に発効したマーストリヒト条約に共通外交安全保障政策（ＣＦＳＰ）と司法内務協力が加えられたことで一層鮮明になった。マーストリヒト条約は、ＥＣ設立三条約（欧州石炭鉄鋼共同体条約・欧州原子力共同体条約・欧州経済共同体条約）の一部改正と、共通外交安全保障政策と、司法内務協力を三本柱として構成されている(13)。ＥＣ設立三条約の改正は、通貨統合を完成させるために必要なユーロの発行と、ユーロの発行銀行となる欧州中央銀行（ＥＣＢ）の設立に関するものであった。この経済統合関連の改正を別にすれば、共通外交安全保障政策と、司法内務協力は政治統合関連のものであった。マーストリヒト条約以降、ＥＣは名称をＥＵへと変更した。これは、ＥＵの深化が、経済分野から政治分野へと本格的に移行しはじめたことを示している。しかし、ＥＵがこのように、政治統合を前面に押し出したことで、国家間の調整は、従来のように国家から独立した共同市場や最高機関では行えないようになった。このため、マーストリヒト条約以降、調整の方式は共同体方式から、政府間方式（ＩＧＣ）へと代えられることになった(14)。

マーストリヒト条約以降、調整方式に変化が生じたのは、統合が経済分野であった間は比較的容易であった国家間の合意が、政治分野へと進むにしたがい次第に難しくなったことを示している。国家間の合意の難しさは、ＥＵの深化だけでなく、その拡大にともなっても生じてくる。マーストリヒト条約（一九九三年発効）、アムステルダム条約（一九九九年発効）、ニース条約（二〇〇三年発効）にいたる一連の新条約は、いずれも、ＥＵの深化と拡大にともなう国家間の合意の難しさと、その打開への模索を示している。

例えば、マーストリヒト条約の共通外交安全保障政策で、外交と防衛の分野で加盟国家間の合意を得ることは容易でない。それは、デンマークが条約の批准を国民投票で一度は否決したことでも明らかである。ヨーロッパの防衛は、米軍を中心とするＮＡＴＯ軍にすべきだというイギリスの立場をデンマークの国民も支持したからである。国家間の合意が困難であることは、確かに、政治分野に限らない。ユーロ圏加盟についてイギリス・デンマーク・スウェーデン三カ国が参加を保留しているように経済分野にもある。しかし、貨幣の国家主権は、ユーロがドルとともに、世界通貨の地位を占めるようになれば、参加保留国も、これを放棄するのは時間の問題である。なぜなら、経済分野では、貨幣を含めて、共同市場の思想は有効だからである。貨幣から国名をはずすことは、イギリスが、かつてポンドが七つの海を支配していた過去の栄光にこだわらなければ容易である。しかし、政治分野には、統合を達成するために国名をはずすという共同市場のような有効な思想が確立されていない。したがって、ＥＵが政治分野で成功するには、政治統合にとって有効な思想を発見することが課題である。

アムステルダム条約では共通外交安全保障政策での合意を、全会一致で行うことを諦めて、外相理事会での裁決を一国の反対では否決できない特定多数決制に切り替えた。首脳会議でも、同意できない国の首脳に棄権を認め、このため全会一致にならなくても決定ができる建設的棄権制を定めた。さらに、すべての加盟国が参加しなくても、過半数の参加で統合を進められる多段階統合も入れて合意の形成に修正を行った。ニース条約でも、新たな加盟国によるＥＵ拡大を予想して、欧州委員会の委員の人数、欧州議会の議員の人数、欧州理事会での国別の票数についての規定を設けた。

ＥＵは以上のように、政治統合に向けて一連の改革を行うことと平行して、政治分野の問題の解決を、共同体方式、政府間方式とも異なる、諮問会議（convention）方式で行いはじめた。その目的は、政治問題の解決を、共同体方式のようにＥＵ官僚の範囲に限定せず、また、政府間方式のように政府代表（しかし、慣例上欧州委員会の委員と重なる）にも限定せず、できる限り幅広い意見聴取によって行うことにある。諮問会議方式は、すでに、欧州基本権憲章（Charter of Fundamental Rights）の制定と、それを監視する諸機関の設立でその有効性が認められていた。また、諮問会議は欧州基本権憲章の制定の場合もそうであったが、その構成員が加盟国政府からの代表者、欧州委員会委員長、欧州議会の議員、各国議会の議員と幅広く、広範な意見聴取を行うにも適していた。ニースの欧州理事会では、以上の理由によって二〇〇〇年一二月のＥＵの将来に関する宣言（ニース宣言）で欧州諮問会議の設置を決めた。さらに、翌年の二〇〇一年一二月ラーケン（ベルギー）で開かれた欧州理事会は、その設置を公式に定めた。二〇〇二年二月二八日、その初会合はブリュッセルで開かれた。欧州諮問会議は、その諮問されたＥＵの将来も重要であるが、これを策定するための諮問会議方式それ自体がこれに劣らず重要である。以下、その諮問会議方式の意義について述べる。(15)

## 第二節　欧州諮問会議（European Convention）の発足

### 合意形成の思想―深化と拡大とＥＵの新しい課題―

ＥＵは経済統合を一九九二年の市場統合と、二〇〇二年の通貨統合とによって完了した。また、一九九三年のマーストリヒト条約の発効から政治統合へと深化の度合いを一段と進め、二〇〇四年には旧共産圏国であった中東欧を加盟国に迎え、拡大の範囲を一層広めた。これによってＥＵは、これまでになかった新しい問題に直面した。

それは、深化し拡大するＥＵを、オイケンが経済政策の原則にした表現で言えば、どのように機能的（funktionell）に、人間的（menschenwürdig）に運営するかの問題である。これを、ＥＵの機構改革の現状に則して言い換えれば、ＥＵの形成をいかに効率的に、また民主的に行うかの問題である。事実、ＥＵの一連の条約改正（マーストリヒト条約・アムステルダム条約・ニース条約）は、この線に沿った作業であった。マーストリヒト条約は、条約（treaty）・政策（policy）・協力（co-operation）という用語を使い分けることで、合意の程度を区別している。すでにでき上がった欧州共同体では条約、共通外交安全保障では政策、司法内務では協力という用語を用いている。このように、合意形成についての工夫はマーストリヒト条約からはじまっている。さらに、特定多数決制[16]・建設的棄権制[17]・多段階統合[18]の機構改革はＥＵを効率的に運営するための改革であり、ＥＵ憲法草案の作成で用いられた諮問会議方式はＥＵを民主的に組織するための方策であった。ＥＵはその組織と運営を効率的に民主的に、あるいは、機能的に人間的に行おうとすれば、欧州市民の合意が欠かせない。逆に、欧州市民の合意さえあれば、ＥＵの組織と運営は効率的に、民主的に行われる。なぜなら、合意は多数者の意志を集約するから民主的であり、同時に、民主的であれば説得の負担がないから効率的である。経済統合を実現したのが共同市場の思想であったように、政治統合を可能にするのは合意形成（concensus formation）の思想である。この合意形成の思想は、諮問会議方式に最もよく生かされている。

諮問会議方式は、欧州諮問会議でその効果が問われることになった。諮問会議の制度は、戦後まもなく一九五〇年に欧州会議（council of Europe）の主導の下、国連で制定された世界人権宣言がヨーロッパにも合うように審議されたとき、はじめて、人権に関する欧州諮問会議（a European Convention on Human Rights）として設けられた[19]。この諮問会議は、人権擁護のための監視機関として欧州人権裁判所（a European Court of Human Rights）等を設置することに成功した。その後、マーストリヒト条約で共通外交安全保障政策等が加えられたとき、これを審議する機関としても設置された[20]。このように、欧州諮問会議は以上の実績を踏まえて、機構改革と憲法草案の審議のために設置されることになった。しかし、諮問会議という名称は同じでも、先の二つの諮問会議と新たに設けられた諮問会議とでは性格が異なる。それは、欧州諮問会議が新しく開設されるにいたった経緯と、それが委任された審議の内容を見ると明らかである。

マーストリヒト条約以降、共通外交安全保障政策等が加わり政治統合が課題になると、経済統合と異なる合意形成の問題が生じてきた。経済統合では、問題の解決は欧州委員会が中心にはかられてきた。しかし、政治統合では、加盟国の国家意志が外交や防衛で欧州委員会の意向に優先しはじめた。例えば、二〇〇三年三月にはじまったイラク戦争は、イギリスとスペイン対フランスとドイツの意見の対立によって、国家意志を無視したEUの共通外交安全保障政策はありえない事実を鮮明にした。

この種の事情を反映して、アムステルダム条約を改正したニース条約では、欧州委員会と加盟国家との関係や、EUが拡大したときに予想される政策実行の条件設定が考慮されている。それは、以下の四点の重要項目によって明らかである。㈠欧州委員会の規模と構成の制限、㈡特定多数決の適用範囲の拡大、㈢欧州理事会の国別票数、㈣協力事項の弾力的運用がそれである。(21) さらに、ニース条約はその付属文書にした連合の将来に関する宣言（a Declaration on the Future of the Union）（ニース宣言）で、機構改革の課題として、㈠条約の簡素化、㈡機関相互の役割分担（the definition of powers）、㈢基本権憲章の採用、㈣各国議会の役割を列挙し、このための草案を欧州諮問会議に委ねる方針を示した。(22)

この方針を受けて、ニース条約が調印されて一年後に出されたラーケンでの、欧州連合の将来に関する宣言（a Declaration on the Future of the European Union）（ラーケン宣言）は、新たに欧州諮問会議の設置を決定した。ラーケン宣言は、EUが一層民主的で、透明で、効果的であることを要請し、その上でニース条約を再確認して、㈠役割分担、㈡条約の簡素化、㈢機構の整備、㈣欧州市民のための憲法への始動（moving towards a Constitution for European citizens）を、欧州諮問会議に諮問した。

**欧州諮問会議の課題**

欧州諮問会議は、二〇〇二年二月の初会議以来、月一～二回の会議を開いて、[23]二〇〇三年七月にＥＵ憲法草案を作成して欧州理事会へ提出した。ＥＵ憲法草案は、二〇〇三年秋の政府間会議（ＩＧＣ）を経て加盟国によって調印されたが批准で頓挫し、憲法の制定にはいたらなかった。しかし、これによって合意形成のために実施された欧州諮問会議の意義は失われていない。

欧州諮問会議は以前の諮問会議に比べて、その構成員ははるかに多く一〇五人にのぼった。その内訳は、議長（ジスカール・デスタン元フランス大統領）・副議長二人・政府代表二八人（一五の現加盟国＋一三の候補国）・各国議員五六人（現加盟国と候補国から二人ずつ）・欧州議会議員一六人・欧州委員会委員二人、以上一〇五人であった。さらに、オブザーバーとして一三人が加わった。地域委員会の代表六人・経済社会評議会の代表三人・欧州の労使代表三人・欧州オンブズマン一人、以上一三人であった。[24]

欧州委員会は欧州市民からの意見聴取を、諮問会議とは別に、ＥＵレベルと国家レベルの双方で行った。[25]ＥＵを民主的に、透明に、効果的に運営するという要請は、ＥＵ憲法草案作成の過程で徹底して実行された。理由は、経済統合から政治統合へ深化する段階で、従来のＥＵ機関（委員会・理事会・議会）だけでは問題の解決が難しいからである。欧州市民の合意とは別に、これまでは協調してきた理事会と委員会との間に亀裂が生じるという新しい問題が出ている。例えば、国家意志が激しく衝突したニースの欧州首脳会議を批判したドイツの欧州議会議員の一人エルマー・ブロークは、この会議で議長を務めたフランス大統領ジャック・シラクと欧州委員会委員長ロマノ・プロディとの関係を以下のように述べた。

「信じ難く尊大なシラクのプロディに対する態度は、プロディはこれを忍耐づよく隠してはいたが、（シラクには）欧州委員会強化の用意など殆どないことを示していた(26)」。

このような事態は、ＥＣ委員会委員長ドロールの時代には想像できないことであった。しかし、政治統合が前面に出ることで、欧州レベルの利益を代表するＥＵ委員会委員長と国家レベルの利益を代表する大統領との間にも、対立が生じはじめた。プロディとシラクの関係は、この対立を写し出すものであった。このため、ＥＵは機関相互の権限を明確にし、役割分担を早急に決めないと、これまで築き上げてきた欧州石炭鉄鋼共同体条約の前文に謳う、経済共同体を基礎に、より広く、より深い共同体（a broader and deeper community）を建設しようとする所期の目的は達成できない。

欧州諮問会議の議長ジスカール・デスタンは、草案発表後、フランクフルター・アルゲマイネ紙とのインタビューで、各国政府、欧州委員会、欧州議会の権限を問われて、「大きな勝利者は議会である。議会の共同決定権は大幅に強化される(27)」と答えた。この答えは、ＥＵの運営が、幅広い合意の方向で前進したことを示している。さらに、憲法草案の最も重要な改革を問われて、「まず、これまでの条約を簡素化したことである。これは、一部で強く望まれていた通り自然発生的になされた。確かに、混乱が発展を促がすという考えもある。このため、正当性がないところで、取引がされているのではないかという憶測も生じた。しかし、権限区分が明確になったからには、これはなくなる(28)」と答えている。ジスカール・デスタンの言葉は、条約を簡素化することで権限区分が明確になり、権限区分に応じた各機関の正当性が疑いないものになれば理事会と委員会の権限をめぐる争いもなくなり、議会が欧州市民の合意形成の中心になれば、ＥＵの効率的で民主的な運営ができることを示している。

ＥＵの政治統合は、まず欧州市民の合意、次に加盟国の国家間の合意、おわりに国家とＥＵとの合意という三重の合意形成によって成立する。政治とは、対立する意志の調整である。対立する意志は、当事者間での自己調整ができないときは、当事者を越えた第三者の権力によって調整される。しかし、当事者間の合意の形成は、第三者による権力の行使を不要にする。当然、対立を解消させる第三者機関の権力調整も不要にする。ＥＵは、経済統合から政治統合へと深化する過程で、このような民主政治固有の問題に直面している。

## 第三節　ＥＵの将来――単一欧州の政治体制――

### 国家連合と連邦国家の間

ＥＵの出発点であった欧州石炭鉄鋼共同体は、経済共同体を基礎により広く、より深い共同体（a broader and deeper community）を目標にしていた。この目標は、関税同盟を結成し、共同市場を完成し、マーストリヒト条約を締結して、名称を欧州共同体（ＥＣ）から欧州連合（ＥＵ）へと変えた時点で達成された。その後、ユーロの発行をもってＥＵは経済統合を完成させ、単一欧州を半ば成立させた。そして、二〇〇三年のＥＵ憲法草案によって、単一欧州は政治統合を本格的に始動させた。政治統合の最大の問題は、単一欧州の政治体制をどうするかである。しかし、その解答はＥＵ憲法草案でも示されなかった。欧州諮問会議の議長ジスカール・デスタンは、ローマ宣言の中でこの政治体制に関して、それが政治的連合（political union）だと表現した。それは市民の連合（a union of citizens）であり、加盟国家の連合（a union of Member States）であるとした。[29]

しかし、その政治的連合、市民の連合、加盟国家の連合とは、いかなる政治体制かは明らかでない。ただし、将来の政治体制はまったく不明かというとそうではない。将来の政治体制に関する議論は、対立する二つのタイプに集約される。そのタイプの名称をなにというにせよ、それは国家連合と連邦国家のいずれかである。主権を国家に残したままで政治統合を進めＥＵを拡大・深化させるのか、あるいは、主権を国家からＥＵに移して単一欧州を単一国家にするのかの選択であることは明らかである。ドイツの政治評論家ルダー・ゲルケンは、この二つのタイプを政府間主義者（Intergouvernementalisten）と連邦主義者（Föderalisten）に分け、両者の相異を次のように述べた。

「ＥＵ憲法論争の争点は、ＥＵをこれまでの主権国家の協力という政府間モデルを交代させ、あるいは少なくても補充して、どの程度、国家的構造のものにするかということである。連邦主義者と祖国諸国家のヨーロッパの代表者との対立が、理事会・委員会・議会の力関係に関する様々の見解の背後にある。連邦主義者は、ＥＵレベルには大衆的民主主義の欠陥と非効率的な意思決定があると判断し、欧州議会をつよい立法機関とし、欧州委員会をつよい行政機関にすることを望んでいる。これに対して、政府間主義者はヨーロッパにおける高まりつつある中央集権主義への警戒をつよめ、これを予防するために加盟国家の政府を代表する理事会をつよめることを望んでいる」[30]。

ゲルケンのいう連邦主義者は、欧州委員会と欧州議会の権限を強化して単一欧州を連邦国家タイプの単一国家へとする立場である。この立場は、同時に、ＥＵの組織と運営を効率的、あるいは機能的にすることにウエイトを置いている。しかし、この立場は加盟国家の主権を制限するため、政治権力をＥＵに集中させ、ＥＵを集権国家にする危険がある。これに対して、政府間主義者は欧州理事会の権限を強化して、政治統合の程度を一定程度以上には深化させず、ヨーロッパ人にそれぞれの祖国を温存させる立場をとる。この立場は、それぞれの国家の個性を平等に認めるので、その限りでは民主的、あるいは人間的である。

ＥＵの政治統合にとって課題となるのは、ＥＵをいかにして効率的・民主的、あるいは機能的・人間的に形成するかである。それは、連邦主義者と政府間主義者との、立場の相異を越えた妥協によってのみ成し遂げられる。この妥協を可能にするのは、ＥＵ憲法草案にもあった補完性の原則である。ＥＵの行使できる権限の範囲を一定に定め、国家のできることは国家に任せて、国家とＥＵとの間に分業の利益があがるようなシステムを構成することである。将来、例えば、経済政策・外交政策・防衛政策はＥＵレベルで行うことが国家にとっても有益だという合意が得られれば、これらの政策はＥＵが実行すればいい。しかし、それぞれの国家の現状に即した対応は産業政策・公共政策・社会政策では欠かせないという合意が得られれば、これらの政策は国家に委ねればいい。

## ＥＵの社会形成原理

ヨーロッパに成立した近代国家には、国民国家に市民社会が包摂されているという矛盾がある。両者の社会形成原理は、フランツ・ベームの用語では国民国家は垂直的秩序、市民社会は水平的秩序と相反する関係がある。(31) ＥＵが、政治的統合を果たし深化を欧州統合にまで進めるとき、社会形成原理のいずれによるのが望ましいかを、以下で検討する。

国民国家には、中世ヨーロッパの統一を分裂させたように分裂を起こす側面と、封建領主間の紛争を克服して中世ヨーロッパに統一をもたらしたように統一を促す側面とがある。ヨーロッパは、ナポレオン戦争後のウイーン会議（一八一一五年）から第一次大戦（一九一四年）まで、平和の一〇〇年と呼ばれる時代を経験した。この期間、国民国家は大きな紛争を起こさなかった。その理由は、国際金本位制による自由貿易が国際分業を発達させ、ヨーロッパの繁栄を実現したからである。確かに、ヨーロッパの繁栄が階級闘争・貧富格差・景気変動・経済恐慌・帝国主義をともなったのも事実である。しかし、有効な国際秩序という条件さえあれば国民国家は争うことなく平和を維持したのである。自由貿易によって得られた経済的利益は、十九世紀にはヨーロッパに平和な国民国家を実現させた。このヨーロッパの経験は、歴史の教訓となって自由貿易を擁護する国際秩序の支えになっている。

国民国家がイギリス、フランス、スペインと順次ヨーロッパに出現したとき、それぞれの国家（state）を構成した国民（nation）はエトニ（ethnie）なしには成り立たなかった。(32) 国民国家が言葉、自然、先祖のような自然発生的で、内生的要因によって結束した人間集団であることは明らかである。したがって、いかなる外生的要因によって形成されたにせよ、エトニを中核にする以上、国民国家は言葉、自然、先祖を共有する血縁社会によって成立する。したがって、国民国家は血縁社会に共通する垂直的秩序を社会形成原理としてもっている。

この点は、国民国家とは形成原理を異にする教会と比較するとわかりやすい。国民国家は、時代的には中世から近代にかけてのもので、中世の教会に比べると新しい。しかし、国民国家と教会とを比較すると、前者が血縁社会とすれば後者は契約社会であって、その社会原理は異なっている。中世の教会を構成した信徒は、同一地域の居住者である限り、言葉、自然、先祖を共有するエトニと重なったとしても、血縁社会を基礎に教会が成立したのではない。教会が、神との契約によって信徒になった信徒の集団であったとすれば、教会の基礎は血縁社会でなく契約社会である。

ＥＵが、深化と拡大によって国家を越えた国家を形成しようとすれば、その政治体制が国家連合であれ連邦国家であれ、血縁社会でなく契約社会を政治統合の社会原理にしなければならない。国民国家がエトニと呼ばれる結束する血縁社会をもつように、ＥＵが結束する血縁社会をもつことはありえない。将来、ＥＵが単一欧州となり単一国家を形成することがあるとしても、国民国家とＥＵとでは、前者は血縁社会、後者は契約社会というようにその成立根拠を異にする。国家相互が、契約社会の基本である信義誠実の原則によって信頼関係を築くことが、ＥＵが統合を維持し深化させるためには欠かせない条件となる。市民社会が、個の尊重の上に立つように、ＥＵも個々の国民国家を尊重しその上に立つ構成体であることが望ましい。

注

（1）アントニー・スミスは『ネイションとエスニシティ』の中で、国民国家の起源について以下のように述べている。「ネイションへの移行の端緒は、あまりはっきりしていない。おおむねその起源は、中世初期の時代、のちに『イギリス』や『フランス』として知られるようになった領地を、サクソンやフランクの王たちが漸次的に統一したことにまで、さかのぼることができる。同様に、紀元一〇〇〇年から一五〇〇年の間に、スペイン、スウェーデン、ポーランドなどの国家統一が進んだことや、ロシア、ハンガリー、オランダが出現しはじめたことを、その起源として指摘することができる」[巣山・高城、1999, 154]。

（2）国民国家を、中世の後半十三世紀に起源をもつ再編成過程と見るならば、それは、法制史では以下のように説明されている。中世ヨーロッパでは、領主間の紛争は私闘（フェーデ）によって解決されていた。それが十三世紀後半に上位の領主である国王が、職権（d'office）による介入によって解決するようになった。これによって国王の権限は絶対化し、小領主の上に立つ王権が成立し、中世国家が形成されたとされる[堀米、1976, 83-84, 243]。

（3）アンソニー・ギデンズは『国民国家と暴力』の序論において、国民国家を以下のように述べている。「この著書の主眼は、国民国家の発達を、国民国家の原生地、つまり、『西欧社会』のなかで解釈することである。読者の方々は、結語となる三つの章に入る前に、私が『国民国家』に言及する場合は、つねにそれが『欧米の国民国家』であり、またほとんどの場合『ヨーロッパの国民国家』であることをご了解いただきたい」[松尾・小幡、1999, 14]。

（4）文明史家アーノルド・トインビーは著書『戦争と文明』で、十六世紀にはじまり二十世紀に至る五〇〇年を近代（Modern Age）と名づけ、この間を三つの期間に区分した。それは、十六世紀から十七世紀にかけての宗教戦争（Wars of Religion）の時代、十八世紀の諸王のスポーツ戦争（Sport of Kings）とトインビーが名づけた小休止の時代、そして十八世紀から二十世紀にかけて再燃した国家戦争（Wars of Nationality）の時代であった[Toynbee, 1951, 4]。

（5）ＥＵ（欧州連合）という用語は、一九九三年一月一日に発効したマーストリヒト条約（Treaty on European Union　欧州連合条約）から使われはじめた［山根、1993, 3］。それ以前はＥＣ（欧州共同体）、ＥＥＣ（欧州経済共同体）、ＥＣＳＣ（欧州石炭鉄鋼共同体）と区別して表記すべきである。しかし、本章は必要ない限り、ＥＵで表記しておきたい。

(6) http://europa.eu.int/scadplus/leg/en/cig/g4000d.htm（2003.08.30 アクセス）。

(7) 例えば、ＥＵのホームページでは「深化とは、ヨーロッパの冒険の当初から存在していた統合のダイナミズムをいう。関税同盟、共同市場、それからユーロ圏へと、欧州共同体はヨーロッパ諸国民の間に『より一層緊密な連合』（欧州連合（ＥＵ）条約 第一条）を望めるまでに成長を遂げた」(http://europa.eu.int/scadplus/leg/en/cig/g4000d.htm)（2003.08.30 アクセス）と説明されている。これによると、深化とは、関税同盟の結成にはじまり、共同市場を経て、ユーロ圏の形成に至り、さらに、いかなる政治体制であるにせよ単一欧州にまで接近したＥＵの過程を意味する。これに対して、外務省のインターネットの配信文書「ＥＵ事情と日・ＥＵ関係」（二〇〇三年八月）では、深化の要点を列記して、「政治統合（共通外交安全保障政策の強化、ＥＵ独自の危機管理部隊の創設等）、域内国境管理の消滅、経済通貨統合（二〇〇二年一月一日よりユーロ貨幣の流通開始等）、ＥＵ機構改革（欧州委員数、特定多数決対象分野や票数、より緊密な協力等）」の四点をあげている。これによると、深化とは、一九八五年に発表されたＥＣ委員会の単一欧州議定書（Single European Act）（一九八七年発効）にはじまる、市場統合・通貨統合・政治統合への一連の改革を意味する。

(8) バラッサは、経済統合を㈠自由貿易地域（ＦＴＡ）㈡関税同盟（ＣＵ）㈢共同市場（ＣＭ）㈣経済同盟㈤完全な経済統合の五段階にわけている［田中、2004, 12］。

(9) Rome Declaration by V.Giscard D'Estaing (Rome, 18 July 2003).

(10) 条約の正式な名称は、欧州石炭鉄鋼共同体設立条約（Treaty establishing the european coal and steel community）である。

(11) 「不戦の理念残し幕」（朝日新聞 二〇〇二年七月一八日）。

(12) The History of the European Union, in, Information sources of EUROPA. http://europa.eu.int/abc/history/index_en.htm (2003.09.01 アクセス)。

(13) 「新生ＥＣの行方」⑦（欧州連合条約）（日本経済新聞 一九九三年一一月二七日）。

(14) The History of the European Union, in, Information sources of EUROPA. http://europa.eu.int/abc/history/index_en.htm (2003.09.01 アクセス)。

(15) 諮問会議方式については、駐日欧州委員会代表部代表ベルンハルド・ツェプター大使の、以下のスピーチを参照した。ベルンハルド・ツェプター「欧州憲法とＥＵの将来」(SPEECH 19/2003)（日本語仮訳）（二〇〇三年五月二一日 同志社大学）。http://jpn.cec.eu.int/japanese/press-info/4-2-31.htm（2003.08.30 アクセス）。

(16) ＥＵはその拡大によって、欧州連合理事会（Council）が全会一致方式で議決することは困難になった。このため、加盟国の人口に比例して票数を配分した。人口の多いドイツ、フランス、イタリア、イギリスは二九票、マルタは三票が配分されている。これに基づく投票を、特定多数決方式（qualified majority voting, QMV）という。ただし、この投票による議決は加盟国二七カ国の現状では三四五票のうち二五五票

（全票数の約七四％）を必要とする。その他、加盟国の過半数の支持を必要とする等、全会一致方式に近い議決になるように配慮されている。http://europa.eu/scadplus/glossary/qualified_majority_en.htm（2010.05.14アクセス）。

(17)　建設的棄権（constructive abstention）は共通外交安全保障政策において、欧州連合理事会（Council）での全会一致を妨げないようにと加盟国が投票を棄権することを認める目的で定められた。もし、棄権した加盟国が正式な宣言を出せば、欧州連合理事会の決定には拘束されない。このような宣言をもって棄権する加盟国の国ごとに配分された票数が、全票数の三分の一を越えたならば、ＥＵ条約の規定によって決定は実施されない。http://europa.eu/scadplus/glossary/abstention_en.htm（2010.05.14アクセス）。

(18)　ＥＵは拡大にともなって加盟国家間の多様性は、一段と高まった。このため、同一歩調での行動は困難になってきた。ＥＵが停滞せず、前進をするために多段階統合（differenciated integration）の方式が様々な表現で求められるようになった。共通の目的をもって先行する加盟国と、時間差を置いてしたがう加盟国を認める多速度ヨーロッパ（"multi-speed" Europe）がその一つである。あるいは、ユーロ圏（the currency circle）のような、防衛圏（the defence circle）、条約圏（the circle of shared law）、隣接圏（the adjacent circle）を認めながら統合を深化させようというのもその一つである。http://europa.eu/scadplus/glossary/multispeed_europe_concentric_circles_enhanced_cooperation_en.htm（2010.05.14アクセス）。

(19)　European Convention on Human Rights (ECHR) in Glossary, in, Information sources of EUROPA.http://europa.eu.int/scadplus/leg/en/cig/g4000e.htm(2003.08.30アクセス)。

(20)　Convention in Glossary, in, Information sources of EUROPA. http://europa.eu.int/scadplus/leg/en/cig/g4000c.htm（2003.09.11アクセス）。

(21)　Treaty of Nice in Glossary, in, Information sources of EUROPE. http://europa.eu.int/scadplus/leg/en/cig/g4000t.htm（2003.09.11アクセス）。

(22)　Treaty of Nice and Intergovernmental Conference (IGC), in, Information sources of EUROPA. http://europa.eu.int/scadplus/leg/en/cig/g4000i.htm（2003.09.11アクセス）。

(23)(24)　ベルンハルド・ツェプター「欧州憲法とＥＵの将来」(SPEECH 19/2003)（日本語仮訳）（二〇〇三年五月三一日　同志社大学）。http://jpn.cec.eu.int/japanese/press-info/4-2-31.htm（2003.08.30アクセス）。

(25)　Debate on the future of the European Union, in, Glossary in Information sources of EUROPA.httm://europa.eu.int/scadplus/leg/en/cig/g4000d.htm(2003.08.30アクセス)。

(26)　Brok, Elmar [2001] Der Vertrag von Nizza,Wird die EU handlungsunfähig?, in, Frankfurter Allgemeine Zeitung, Samstag, 13, Januar 2001.

(27)(28)　Fragen an Valéy Giscad d'Estaing zum Verfassungsentwurf des Europäischen Konvents, in, Frankfurter Allgemeine Zeitung, Samstag, 14, Juni 2003.

(29) Rome Declaration by V.Giscard D'Estaing (Rome, 18 July 2003).

(30) Gerken, Lüder [2003] Eine Garantie der Subsidiarität, in, Frankfurter Allgemeine Zeitung, Samstag, 14. Juni 2003.

(31) フランツ・ベームは身分の上下によって社会の秩序が保たれるのを垂直的秩序(Subordination)、人間相互の平等な関係で秩序が保たれるのを水平的秩序(Koordination)として、二つの社会形成原理を示した[Böhm, 1980, 220]。

(32) 国民国家には、エスニック的構成要素が欠かせないことについて、アントニー・スミスは次のように述べた。「エスニックな構成要素が存在しなかったならば、『ネイション形成』にとって、深刻な障害が生まれてくることは、確実である」[巣山・高城、1999, 21]。スミスは、エスニック(ethnic)な共同体をエトニ(ethnie)と名づけている。

# 第八章　ＥＵと経済統合

## 第一節　経済統合と国際経済の安定

第二次大戦後、世界には二つの経済統合のモデルが成立した。一つはヨーロッパによる地域レベル、もう一つはアメリカによる世界レベルのモデルであった［Pollard, 1981, 83-85］。ヨーロッパ型は欧州石炭鉄鋼共同体（ＥＣＳＣ、一九五二年発効）・欧州原子力共同体（ＥＵＲＡＴＯＭ、一九五八年発効）・欧州経済共同体（ＥＥＣ、一九五八年発効）を、アメリカ型はガット（ＧＡＴＴ、一九四八年発効）・国際通貨基金（ＩＭＦ、一九四五年設立）・世界銀行（ＩＢＲＤ、一九四四年設立）を、それぞれ基礎に発足した。いずれのモデルも、関税等によって分断された経済単位を、これらの壁を解消して、一つの経済単位に統合しようとする点で経済統合のモデルであった。

これらの他に、世界にはＣＯＭＥＣＯＭ（一九四九年設立）や、ＥＦＴＡ（一九六〇年設立）や、ＡＳＥＡＮ（一九六七年設立）など多くの経済統合が成立した。ゴットフリード・ハーバラー（Gottfried Haberler, 1900-1995）は一九五七年からの一〇年間を、統合の時代（age of integration）［El-Agra, 1994, 3］と名づけた。このような時代は、その後も絶えることなく東アジア共同体の構想を含めまだ続いている。しかし、創設以来、着実に実績を重ね、完全といえないまでも所期の目的と機能を果たし、さらに将来の発展が期待されるのは、ヨーロッパ型とアメリカ型の二つの経済統合である。

国際経済は、一九七〇年代にニクソンショック（一九七一年）、第一次石油危機（一九七三年）、第二次石油危機（一九七九年）と相次いで、その安定を脅かす事件に見舞われた。しかし、かつて第二次大戦の直前に見られたような、各国が関税を高くしてたがいに他を閉めだす保護貿易の政策は再現しなかった(1)。それは、保護貿易を阻止する経済統合の体制がヨーロッパ型とアメリカ型とによって整備されていたからである。さらに、一九七〇年代の危機のあと一九八〇年代にはじまるグローバリゼーションは、資本移動と労働移動の大きな波を起こしているが、これらは交通・通信・貿易にＩＴ技術を含め各種の技術革新が生じたからであるが、それだけでなく国際経済の安定という事実も無視できない。国際経済を安定させるに当たり、経済統合の果した役割は決して小さくなかった。

## 第二節　経済統合の経済社会学からの分析

本章は、以上の基本認識をもって経済統合の二つの型を経済社会学の立場で分析する。経済統合を、例えば二つの経済単位を一つにすることで生じる規模の経済性や、また異なる経済単位間の合弁・買収（Ｍ＆Ａ）による収穫逓増（費用逓減）や、あるいは一つに統合された経済単位の中での企業間競争など経済効果を中心に論じれば、これは経済学からの分析になる。しかし、これとは異なり経済統合を国際経済の秩序・制度・体制ととらえ、これらを社会制度と経済効果との関連で論じれば、これは経済社会学からの分析になる(2)。この分析は、経済効果が国際経済の安定によって達成され、国際経済の安定は経済統合によって成立したことを明らかにする。経済統合は、国際経済にとっての秩序・制度・体制である。これらは、国際経済の枠組あるいは基礎である。

本章は、このような立場から経済統合を経済社会学から分析し、以下の三点を順次問題にする。

第一に、経済統合の二つの型であるＥＵもブレトン・ウッヅ体制も、ともに戦前の経験を歴史の教訓として形成されたことを明らかにする。戦前の経験とは、不況が保護貿易を実行させ、保護貿易が国家間の対立・紛争・戦争の原因になったことをいう。本章は経済統合の二つの型を問題にするので、必要のない限りＥＣＳＣ・ＥＥＣ・ＥＵＲＡＴＯＭとＥＣやＥＵとの区別はせず、一括してヨーロッパ型はＥＵと表記しておきたい。同じく、ＧＡＴＴ（一九九五年以降ＷＴＯ）とＩＭＦとＩＢＲＤも必要のない限り一括して、ブレトン・ウッヅ体制と表記しておきたい。(3)

第二に、ＥＵもブレトン・ウッヅ体制も、程度に差はあっても、過去の貿易理論をベースにして、その秩序・制度・体制を形成したことを明らかにする。過去の貿易理論とは、十八〜十九世紀にイギリス古典学派が構築した自由貿易の理論のことである。

第三に、ＥＵとブレトン・ウッヅ体制には、戦争の歴史と自由貿易の理論という共通の前提はあるが、ヨーロッパ型とアメリカ型とでは、その形成原理には異なる点のあることを明らかにする。この形成原理の相異とは、エアハルトの用語を借りれば、機能的統合（funktionelle Integration）と制度的統合（institutionelle Integration）［Erhard, 1962, 450］のことである。

以上の三点を論述する前に、経済統合の二つの型に言及している先行研究を三例紹介しておきたい。

## 第三節　経済統合の二つの型に関する先行研究

シドニー・ポラードは、一八七〇年代にヨーロッパで確立した国民国家には、経済統合と政治統合とが両立したときと対立したときがあったとの視点から［Pollard, 1981, 95］、ヨーロッパにおける経済統合の歴史を論述している。経済統合と政治統合とが両立したときとは、一八七一年にドイツ帝国を統一したビスマルク時代のドイツがよい例である。なぜなら、この時代までにドイツは国内の関税を廃止し、鉄道によって国内交通を整備することで経済統合を実現し、同時に帝国の統一という政治統合を成し遂げたからである(4)。しかし、経済統合が国民国家を超えて国家同士の経済関係を一段とつよめる方向へと進行しはじめると、政治統合と経済統合との間には対立が起った。これも、一八七三年にビスマルクが行った自国の農業を守るための保護関税がよい例となる。なぜなら、このときには保護関税によって経済統合を制限しなければ、東ドイツのプロイセンで多かった農業経営者の利益が損なわれ、折角の政治統合を危うくすると懸念されたからである。このように、政治統合と経済統合とは、国民国家において矛盾を起こすことがある。そして、不況がこのような矛盾の契機になる。本章は、この点でポラードから示唆を受けた。ヨーロッパの諸列国は、二回の大戦でこのことを痛く経験することになった。ポラードは経済統合を、政治統合との関連で解明した［Pollard, 1981, 83-87］。しかし、ポラードは両者の対立克服については論じていない。本章は、この点について論及してみたい。

ジャック・ペルクマンスは、アメリカが戦後構築したＩＭＦ・ＩＢＲＤ・ＩＴＯ（ＧＡＴＴが当初目ざした国際貿易機構）の三つの国際機関は、経済多国主義を目標にしていたという。この多国的アプローチは、国際収支が安定しない等の理由で戦後のヨーロッパには適用できなかった。そこで、アメリカはヨーロッパにリージョナリズム(regionalism) を適用するよう政策転換を行ったという。(5) ＥＵは、このようにしてアメリカの援助を受けながらペルクマンスのいうリージョナリズムによる経済統合からはじまった。ペルクマンスの論述で注目したいのは、ＥＵがＣＯＭＥＣＯＭや、ベネルックス三国のＣＵ（関税同盟）や、ＥＣＳＣやＥＦＴＡなどの経済統合に比べて、野心的であったとしている点である。本章では、この点をＥＵが達成した単一市場と単一通貨との関係で論述してみたい。

ヘルムート・グレーナーとアルフレッド・シューラーとは、国際分業が生産を増やし、物価を下げ、雇用を増やし、所得も上げることを前提に、ＧＡＴＴとＩＭＦとＥＵとを、国際分業を形成する秩序・制度・体制として論じている。そして、これらが当初なにを目ざし、その後どのように変容し、どのような問題を露呈しているかを明らかにした。国際分業は、十九世紀にイギリスを中心とする自由貿易と金本位制とによってヨーロッパを潤したが、やがて第一次大戦、大恐慌、第二次大戦と相次ぐ国際関係の決裂によって崩れ去った。戦後、一度は失敗した国際分業の再建が図られた。この再建作業は、協議 (Konsultation) と調整 (Koordination) によって行われた[Gröner, Schüller, 1989, 430]。ＧＡＴＴの場合には、以上の協議と調整の結果、国際条約として制定され、ＩＭＦの場合は国際機関として創設された。協議と調整を経て創設されたという点では、ＥＣＳＣやＥＥＣやＥＵＲＡＴＯＭでも同じであった。以上の三共同体も、協議と調整を経て国際条約と国際機関とによって成立した。

国際分業が効果をあげるには、国内市場と同じ国際市場を設けなければならない。国内市場では同一の通貨が流通し、同一の単位で価格が表示され、同一の市場で売買がされる。しかし、国際市場をこのような国内市場と同じにするのは容易でない。戦後、アメリカが中心になって推進したＧＡＴＴとＩＭＦは、ＧＡＴＴによって無差別原則を適用して関税をより多くの国で下げさせ、ＩＭＦで貿易収支を悪くする国には基金からの融資によって関税廃止の運動から離れさせないようにして、国内市場に近い国際市場の形成を目ざした。しかし、二度の石油危機に見舞われた一九七〇年代に、ＧＡＴＴもＩＭＦも経済統合に向けてのこのような方向を大きく後退させた。グレーナーとシュラーは、このときの変容をＧＡＴＴについては自由貿易から保護貿易［Gröner, Schüller, 1989, 434］、ＩＭＦについては固定相場制から変動相場制［Gröner, Schüller, 1989, 456］への転換ととらえた。いずれも、経済統合からは後退であった。そこで二人は、ここにＧＡＴＴとＩＭＦの限界が露呈されたと論じた。これとは対照的に、ＥＵではＧＡＴＴとＩＭＦとは逆に、一九八五年の単一欧州議定書（Single European Act, SEA）の発表を転機として経済統合を加速させた。しかし、ＥＵはこの時期に経済統合を加速させる過程で、例えば域内にある付加価値税の税率格差、地域の中にある経済格差、産業や業種の間にある効率格差をどう調整するかの問題を露呈させたと二人は論じた。本章は、ＥＵ域内でこのような各種の格差がどのように調整されるかを、経済統合の二つの形成原理（制度的統合と機能的統合）との関連で論じてみたい。以下、経済統合が戦前の経験を歴史の教訓とした点からはじめることにする。

## 第四節　不況と保護貿易との関係—歴史の教訓—

保護貿易が国際関係を決裂させるのは自国の利益（国内産業と国際収支）のために、以下のような貿易政策を実行するからである。

㈠関税。多くは、輸入を制限する目的の保護関税が典型的である。㈡補助金。補助金は、輸出を増加させることが目的となる。例えば、高コストの農産物を国際価格に下げて輸出するとき、高い国内価格との差額を政府が補助金で援助する。㈢課徴金。補助金に対抗して、輸出に補助金を設ける国家からの輸入には課徴金が課せられる。㈣数量制限。数量制限は、輸入の抑制を目的にするが、輸入国が輸出国に課すときと、かつて日本が繊維製品や自動車や半導体で行ったように、輸出国が自主規制するときとがある。㈤為替管理。貿易では、輸入によって他国からなにかを買うときは、まず自国の通貨を他国の通貨と交換する。したがって他国からの輸入を制限したければ、他国の通貨に交換できる自国の通貨を制限すればよい。㈥為替減価。輸出を増やし輸入を減らしたければ、自国の通貨と他国の通貨の交換比率（為替相場）を、自国の通貨が安くなるようにすればよい。㈦二国間主義。貿易拡大の障害を二国間で交渉すれば、相互に輸出したい品目の関税はスムーズに下げられる。しかし、二国間主義では、交渉からはずされた第三国の利益は損なわれる。

保護貿易には、以上の政策のように意図されたものではないが、しかし結果的には貿易を妨げる非関税障壁（ＮＴＢ）とよばれるものがある。ＥＵが単一市場の完成を目ざした一九九二年の市場統合で、この障壁が問題になった。ＮＴＢは物理的障壁・技術的障壁・財政的障壁に分けられたが、[6] 物理的障壁の通関検査や、技術的障壁の製品規格や、財政的障壁の各種税率などは、意図してつくられた障壁とはいえなかった。しかしＥＵは国内市場と同じ単一市場を目標に、ＮＴＢを含めてすべての障壁を排除した。他方、ＷＴＯにとってはグローバリゼーションの進展とともにふえてきた自由貿易協定（ＦＴＡ）に無差別原則と多国主義の立場からどう対応するかが問題である。なぜなら、ＦＴＡは一見当事国間の貿易を促進するので自由貿易を拡大するかに思えるが、当事国以外の第三国を除外するのでＷＴＯの追求する自由貿易網の一層の拡張を妨げるからである。

保護貿易は国際分業にとっては障害になるが、不況になって国内産業の保護と国際収支の均衡が必至のときには避けられない貿易政策である。カルテルは不況の子といわれるが、同じく保護貿易も不況の子である。しかし、保護貿易はヨーロッパで二度の戦争の原因でもあった。戦争は経済のみが原因で起こるとは限らないが、経済が有力な原因の一つであることは疑えない。第一次大戦の前には保護貿易の台頭があり、その前には二十数年（一八七三～九七年）にわたる大不況があった。そして、この歴史は第二次大戦前の大恐慌（一九二九～三二年）で再び繰返された。不況と保護貿易と戦争の間には、相関関係がある。第二次大戦を例にすると、以下のようであった。

イギリスの保護貿易は、大恐慌直後の一九三一年の金本位制からの離脱にはじまった。このとき生じたポンドの為替減価は、二〇％～三〇％であった［Pollard, 1981, 70］。さらに、一九三一～三三年に制定された一連の保護関税法では、自治領以外からの食料と原料には一〇％の関税がかけられた。翌一九三二年には、オタワ協定でイギリスはカナダ、オーストラリア、インド等の間でイギリス帝国特恵関税制度を開始した。これが、その後世界で広まるブロック経済のはじまりであった。アメリカは第一次大戦後、外国に資産をもつ債権国になっていたが、大恐慌後は自国の産業と雇用とを守るため一九三〇年にホーレイ・スムート法によって保護関税を制定した。アメリカも一九三三年には、金本位制から離脱した。フランスは、一九三六年まで金本位制を維持した。フランスは関税や為替減価によってではなく、直接的に数量制限によって輸入の増加を防ごうとした［Pollard, 1981, 71］。ドイツはヒトラーが政権を取った一九三〇年代に、広域経済の名の下で貿易相手国を西ヨーロッパ諸国からユーゴスラヴィア、ハンガリー、ルーマニア等の東南ヨーロッパへと変更した。(7) これらの諸国は、ドイツにとっての原料と食料の供給地、工業製品の需要地となった。広域経済は、事実上ドイツと各国との二国間主義の貿易であった。日本はドイツの広域経済にならって、満州事変（一九三一年）後に日満ブロックを、日華事変（一九三七年）後には日満支ブロックを形成した。これらは、大東亜共栄圏を目標にした。日本の広域経済はドイツの二国間主義の貿易とは異

なり、別名円ブロック（円域）とよばれるように日本の円を共通通貨にする経済圏の形成であった。(8)

以上のように、一九三〇年代列国は一斉に自国の雇用と産業を守るため貿易の障壁を高くし、保護貿易へと進んで行った。これが、大恐慌の結果であったことは明らかである。そして保護貿易の結果は、国際関係の決裂と戦争であった。オイケンが一九三〇年代の経済政策の失敗と言ったのは、この時代に列国が実行した保護貿易のことであった［Gröner, Schüller, 1989, 443］。

## 第五節　自由貿易と金本位制―理論の応用―

一九四四年、アメリカのマサチューセッツ州ブレトン・ウッヅで戦後経済の国際秩序が討議されたとき、ハリー・ホワイトのアメリカ案とジョン・メイナード・ケインズのイギリス案とが対立した。両案が対立したのは、ホワイトが為替の安定性を、ケインズは為替の弾力性を求めたからであった［Keynes, 1980, 57］。ケインズが為替の弾力性を求めたのは、金本位制によって金平価による通貨相互の交換比率を固定すると、通貨の金との交換比率をそれぞれの国家の都合に合わせて弾力的に運用することができないからである［Keynes, 1980, 17］。例えば、ある国が失業を減らそうとして貨幣供給を増やし金利を下げようとしても、他国の通貨との交換比率が固定されていればそれを自由に行えない。ケインズ案は、不況のときに他国との為替相場に煩わされることなく自国の通貨政策を行いたいという場合には有効であった。しかし、ＩＭＦはイギリスが譲歩してアメリカ案にしたがうことになった。この結果、戦後の国際通貨体制はアメリカ案に沿って為替の安定性を主軸にすることになった。この国際通貨体制は、後にＧＡＴＴで定められた国際貿易体制とともに、ブレトン・ウッヅ体制とよばれる国際経済の秩序・制度・

体制を決定した。

アメリカ型の経済統合は、この国際経済体制に基づく。以下で、この国際経済体制が古典学派の自由貿易と金本位制の理論を、その根拠にしていたことを説明する。

古典学派の自由貿易も金本位制も、その理論の萌芽をアダム・スミスの重商主義批判にもっている。特に、重商主義の関税政策への批判が重要である。批判のなかで、二つの点に注目したい。

第一に、関税によって保護された産業に国内の市場を独占させ、その産業で雇用される資本や労働の有効な利用を妨げさせるとした点である［Smith, 1937, 420］。関税が、労働や資本などの資源配分を歪めるという理論は、後にデヴィッド・リカードの比較生産費説に受け継がれた。

第二に、関税によって貿易差額を増やし金銀を蓄えても、国富を増すことにならないとした点である。なぜなら、このようにして流入した金銀は、これに見合う生産の増加がなければ余剰の金銀となって、不足する生産を外国から輸入することによって、国外へ流出するからである［Smith, 1937, 404］。金銀の流入がいずれ国外への流出におわるという理論も、後にジョン・ステュアート・ミルの物価―正貨―流出入説（price-specie-flow-doctrine）に受け継がれた。

リカードの比較生産費説は、スミスによる資源配分の適正問題をより精緻《せいち》に証明するものであった。リカードは、スミスのように関税が資源配分の適正を歪めるというにとどまらなかった。リカードは関税がなく貿易が自由であれば、一国の経済内部では比較劣位の産業から比較優位の産業に労働や資本が移動し、自国の比較劣位の商品は他国の比較優位の商品と交換で輸入されることを明らかにした。これによって、交換と分業とは一国の内部だけでなく二国の間でも効果があることを証明した。

一般に先進国では、繊維産業でも機械産業でも途上国に比べて絶対優位をもっている。しかし、もし繊維産業と機械産業とを比較して、前者の生産性が途上国の繊維産業の二倍（生産費は二分の一）、後者の生産性が途上国の機械産業の三倍（生産費は三分の一）ならば、先進国では機械産業が比較優位、繊維産業は比較劣位にある。当然、途上国はこの逆で、生産性は繊維産業では先進国の二分の一で比較優位で、機械産業は三分の一で比較劣位になる。このような場合、比較生産費説は先進国が機械産業に、途上国は繊維産業に特化して、それぞれ比較優位の商品を貿易によって輸出し、比較劣位の商品を輸入することで双方の利益が増加することを証明した。

これによって、労働や資本はそれぞれの国で比較優位の産業に使用されるので資源配分もより適正になる。先進国と途上国の比較優位産業は、もし先進国では新しい技術・製品・産業が開発され、既成の技術・製品・産業が途上国へ移転されれば当然変化が生じてくる。自由貿易が関税の障壁で阻害されなければ、比較生産費説にしたがって国際分業は発達する。アメリカ型の自由貿易体制は、以上の理論を根拠にしてＧＡＴＴの規定を設けたのである。ＧＡＴＴは、その重要な構成要素として以下の四つの規定をもっている。㈠最恵国待遇の無差別適用 ㈡関税障壁の排除 ㈢相互主義 ㈣国際条約による経済政策の拘束の四つである［Gröner, Schüller, 1989, 431–432］。ＧＡＴＴは、関税を軽減し、差別待遇を廃止し、最恵国待遇をすべての国家へ拡大することによって自由貿易の拡張を目ざしたのである。

ミルもリカードと同じく、スミスを継承した。ただし、ミルはリカードとは異なり、金銀の流入によって生じる物価の上昇で貿易差額が調整されるとする、スミスの重商主義批判を継承した。貿易の不均衡は、黒字の国に金銀を流入させ赤字の国から金銀を流出させるので、黒字の国の物価を上昇させ赤字の国の物価を下落させる。このため赤字の国の輸出は増え、逆に黒字の国では輸入が増える。したがって、貿易の不均衡は自動的に是正され貿易の均衡は回復される。このように、金本位制では貿易収支は自動的に均衡する。これによって金本位制は、自由貿易とともに国際分業を支える理論となった。

ＩＭＦが形成した金・ドル本位制は十九世紀の国際金本位制とは異なるが、金本位制をモデルにしたものであった。国際通貨制度としての金本位制には、三つの優れた機能がある。

第一に、平価を簡単に決める。例をＩＭＦが金・ドル本位制とよばれる固定為替相場制を定めたときにとると、以下のようになる。まず、ドルと金との間で一オンス（三一・一g）の金の平価が、三五ドルと決められた。次に、ドルとポンドとの間では一オンスの金を一二ポンドとして、一オンスの金を仲立ちに、一ポンド＝二・九ドルのドル相場が決められた。このように、金平価を基にして異なる通貨の平価も容易に決まる。ＩＭＦの固定相場制で、ドルとポンドとの決定的な相異はドルには金との交換が義務付けられ、ポンドにはそれがなかったことである。これによって、ドルは国際取引での決済通貨の地位を得ることになった。

また、為替の安定性のために、各国の金買入価格は二五％を超えて上下させないという規定が設けられた。例えば、イギリスが一オンスの金を一二ポンドから四分の一上げて一五ポンドで買い入れることのないようにした。ポンドを二・九ドルから二・三ドルに、ドルに対して切り下げることの歯止めにしたのである。

第二に、為替相場を安定させる。金を仲立ちに、一旦通貨同士の平価が決まると平価は固定する。例えば、一ドル＝一〇〇円の円相場を一ドル＝一二〇円にしようとしても、金〇・一g＝一ドル＝一〇〇円であれば、一箱一ドルのタバコを輸入した輸入業者は、一二〇円で一ドルを買い、それをアメリカに送ることはない。一〇〇円を〇・一gの金に換え、それをアメリカに送り、アメリカで一ドルに換えて支払いをする。金の輸送に、〇・一g当たり一〇円かけても、この方が得である。金の輸送費を入れれば、一ドル＝一〇〇円には戻らないが、一ドル一一〇円までは戻るはずである。このため、金輸送費を入れた金本位制でも、金本位制では為替相場は一定の変動幅で安定する。ＩＭＦの変動可能な固定相場制には、この金本位制のモデルが生かされている。

第三に、国際収支を自動的に安定させる。金本位制を前提にしたミルの理論では、国際収支が入超で金銀が流出する国家では物価が下がり、流入する国家では物価が上がる。この結果、輸出入の流れは逆転して、国際収支の不均衡は自動的に修正される。ただし、輸出超過で物価の上がるはずの国家が、例えば国債を発行して増加する貨幣供給を不胎化すれば別である。ＩＭＦでは、入超の国家が外貨準備に余裕がなくなり、輸出の増加によっても決済通貨を準備できないときに、輸入を縮小しなくてもすむように、出資金による基金によって国際取引が萎縮しないようにした。

以上のように、戦後の国際経済はアメリカ型を経済統合の例にすると、歴史的には不況と保護貿易と戦争の連鎖を教訓とし、理論的には自由貿易と金本位制を根拠にし国際分業のモデルを形成したといえる。このような経済統合の歴史と理論とは、アメリカ型だけでなくヨーロッパ型についてもあてはまる。しかし、両者の間には経済統合の形成原理に異なる点がある。次に、この点を明らかにする。

## 第六節　経済統合の二つの形成原理

アメリカ型の世界レベルの経済統合は、国家の主権と国益とを自明の前提として、国際分業をＧＡＴＴ（ＷＴＯ）とＩＭＦとによって維持し拡大しようとしてきた。この場合、関税の障壁が低くなればなるほど、為替が固定相場制に近くなればなるほど、国際市場は国内市場に近づき国際関係も安定し、世界の平和に寄与することが期待された。しかし、国家の主権と国益を制限しない経済統合には限界がある。なぜなら、自由貿易によって国際分業を進めれば、外国との競争で衰退する産業、これにともなう衰退する産業部門から発展が見込まれる産業部門への労働の移動、国際収支の変動などは避けられない。このようなとき、国家の主権や国益が制限されないと経済統合は進まない。

これに比べ、ヨーロッパ型の地域レベルの経済統合は、国際分業を域内で達成することに重点が置かれた。国家の主権と国益は、この目的のために制限されることも加盟国の間で容認された。この点は、ＥＵが関税同盟であることに端的に現れている。関税同盟は、域内の関税廃止と域外への共通関税とを組み合わせる。関税の廃止を地域に限定すると、共通関税の設定は欠かせない。例えば、域外のアメリカから五％の関税をかける農産物がイギリスに入れば、域内が関税なしのときには、域外からの農産物を一〇％の関税によって抑制してきたフランスはフランスの農業を守れなくなる。この場合、フランスは域外に対して一〇％の共通関税を要求して、域内に五％の関税の農産物が侵入するのを防ごうとする。このため、共通関税の定めがないと関税同盟は成り立たない。欧州石炭鉄鋼共同体（ＥＣＳＣ）は、ヨーロッパが戦後創設した最初の具体的な関税同盟であった。ＥＣＳＣは、フランスとドイツを中心として地域は六カ国、市場は石炭と鉄鉱と鉄鋼に限定された関税同盟であった。この関税同盟が、後にＥＵに発展するヨーロッパ型の経済統合の基礎になった。関税同盟に加盟すれば、個別国家の国益は損なわれることもある。上の例のように、安くアメリカの農産物を輸入できないイギリスの国益は損なわれることになる。

ＥＵはＥＣＳＣを創設したとき、主にフランスとドイツとは石炭と鉄鉱と鉄鋼の国家の主権を最高機関（Haute Autorité）に移譲した。両国は、これらの資源への主権を移譲することで、国家は関税を定める権限も失った。この結果、石炭と鉄鉱と鉄鋼の域内での関税は自動的になくなった。このような関税の廃止は、市場統合にも応用された。加盟国は、自国の市場への主権をＥＣやＥＵに移譲することで自動的に関税を廃止できたのである。ＥＵが発行するユーロについても、通貨同盟の加盟国は自国の通貨への主権を委譲することで通貨統合を達成した。

以上のように、国家の主権と国益を制限しないアメリカ型と、これを制限するヨーロッパ型とを比較すると、先に述べたポラードの経済統合と政治統合の矛盾の問題と、その克服も簡単に解決する。国家の主権と国益とを制限しないアメリカ型では、経済統合と政治統合の対立は避けられない。一九七〇年代に固定相場制から変動相場制へと移行するなか、自由貿易から保護貿易への後退があり、経済統合が停滞したのは不況によって国内の雇用と産業を守ろうとした政治統合が、一層の経済統合を阻止したからである。ヨーロッパ型では、国家の主権を制限しつつ経済統合を進めるので、経済統合も政治統合もともに拡大する。しかし、ＥＵ域内もユーロ圏と非ユーロ圏に分かれるので、国家が主権と国益とを行使すれば、経済統合と政治統合の対立は容易には克服できない。

次に、ペルクマンスがＥＵの経済統合は野心的であるとしたことに触れておきたい。確かに、ヨーロッパ型はアメリカ型に比べると野心的といえる。それには、以下の三つの点をあげることができる。

第一に、ＥＵの市場統合は、ＧＡＴＴ・ＷＴＯのように商品市場とサービス市場にとどまらず、資本市場、労働市場の四市場の統合を目標にしたことである。

第二に、単一市場を、完成したことである。これは、一九九三年一月一日予定通り非関税障壁をふくめて実現した。

第三に、単一通貨を、発行したことである。これも、二〇〇一年一月一日のユーロ（Euro）の発行によって現実のものとなった。

ＥＵは四市場を統合することで、国家間での資本と労働の移動がないリカード・モデルとは異なる現実をつくりだした。ＥＵでは、資本も労働も国境を越えて移動する。リカード・モデルのように一国内で資源が比較劣位の産業から比較優位の産業へと移動するのではなく、一国の比較劣位産業から他国にある同一の比較優位産業への移動も可能である。例えば、途上国の比較劣位の機械産業から、先進国の比較優位の機械産業への労働移動も可能である。単一通貨の発行によっても、金の国際間の移動による国際収支均衡のミル・モデルとも異なる現実をつくりだした。もはや、為替相場を安定させるための金利の調整も必要ではなくなった。四市場の統合、単一市場の形成、単一通貨の発行によって、ＷＴＯ・ＩＭＦでは実現のめども立たない国内市場とほぼ同じ国際市場をＥＵはつくりだしたのである。

最後に、グレーナーとシューラーが問題にしたＥＵ域内の各種の格差是正の問題を論じておきたい。ここにおいては、ＥＵの有力な武器であった国家の主権と国益の制限が必ずしもよくは評価できない。なぜなら、例えば付加価値税の税率をＥＵ基準で統一するのが望ましいかどうかは疑問である。課税への国家の主権と国益を、例えばＥＵ委員会に移譲したとして、委員会が適正な税率を定められるかどうかが問題である。税率の統一が上位の機関が介入して行うのを制度的統合、このような介入をせず、例えば税率の高い国から低い国へ住民が移動することで住民の選択によって決定するのを機能的統合とよぶならば、機関の介入は権力調整、住民の選択は市場調整の性格がある。ＥＵに関して問題にされている民主主義の赤字（democracy deficit）は、ＥＵがこれまで成し遂げてきた業績の背後に、住民の選択が機関の介入によって疎外されてきたことがある。

確かに、ＥＵにはＷＴＯ・ＩＭＦには見られない野心的なところがあった。制度的統合には機能的統合では望めない求心力があった。そして、この求心力はＥＵの創設者の一人ロベール・シューマンが強調した連帯（solidarité）から生まれたものである。このように、連帯という社会統合を経済統合とともに重視した点が、ヨーロッパ型の経済統合であった。連帯を前提に関税の廃止や、国際分業の進展や、国際収支の調整が実行された。連帯は、人が共同作業をするとき最も生き生きとして実現する。資源配分の自動的成立や国際収支の自動的均衡が理論通りに行かなければ、ＥＵが実現したように市場統合や通貨統合によって、資源配分や国際収支の自動調整が可能である。しかし、このような国際秩序の実現のためには、国家間の理解・信頼・協力が欠かせない。連帯は、確かに国際関係の円滑な形成に役立つ。しかし、国家の主権と国益を制限して成し遂げられた連帯が、民主主義の赤字を指摘されることがないようにするためには、ＥＵは制度的統合にともないがちな上からでなく、機能的統合の目ざす下からの統合を選択しなくてはならない。

注

（1）一九七五年フランス大統領ジスカール・デスタンは、一九七三年の石油危機とそれに続くスタグフレーションの解決のために、先進六カ国（仏・米・英・伊・西独・日本）の首脳をフランスのランブイエに招いた。先進工業国が集まって、保護主義への危機を回避したのは、すでに経済統合に向かって世界経済が動いていたからである。二〇〇八年のリーマン・ショック後に開かれた二〇カ国・地域による世界金融危機への対応を協議した金融サミットについても同じことが言える。

（2）シュンペーターは『経済分析の歴史』の中で、経済学を二つのタイプに分類した。経済分析というタイプは歴史、統計、理論を通して人々がどのように行動しその経済効果がどうであるかを研究し、経済社会学というタイプは、その経済効果の前提になる社会制度を問題にするとした [Schumpeter, 1954, 12, 21]。

（3）喜多村浩は、『経済学大辞典』第Ⅱ巻の「国際経済協力機構」の項で、第二次大戦後世界で形成された経済協力機構は、国際的な通貨金融の分野と国際貿易の拡大のための組織であったとして、ここに描かれた世界経済の新秩序をブレトン・ウッヅ体制と名づけている［喜多村、1955, 499］。

（4）一八三三年フリードリッヒ・リストがドイツに関税同盟の結成を呼びかけたとき、ドイツは三九の小国家（三五の邦と四つの自由市）によるモザイク国家であった。それが、三十数年を経て関税同盟と鉄道建設によって経済統合を果たし、一八七一年にはプロイセンを中心にしたドイツ帝国によって政治統合を成し遂げた［鉢野、1993, 209-210］。

（5）ペルクマンスは、アメリカがヨーロッパにリージョナリズムを認めた理由として、国際収支の不均衡とならんで、多国主義はアメリカ国内でも一部エリート以外には理解されなかったこと、米ソ間の冷戦のはじまりをあげている［田中、2004, 32］。

（6）　物理的障壁の例としては、域内国境での通関のための停止、通関規制および関連する書類作業、技術的障壁として製品規格と技術的規制の国ごとの相異、税障壁として付加価値税の税率の相異などがあげられる［田中、1998, 27］。

（7）　除野信道は、『経済学大辞典』第Ⅱ巻の「広域経済」の項で、第二次大戦中のドイツの東南ヨーロッパへの進出を述べ、ドイツのいうヨーロッパの新秩序（Neuordnung Europas）というのは、もてる国の植民地支配に異ならなかったと論じている［除野、1955, 448］。

（8）　除野は、上記注（7）と同じ項で、日本は満州への侵略（一九三一年）、中国への侵略（一九三七年）によって日満支ブロック経済を構想し、軍国主義の裏づけを待って共通の通貨政策による経済圏である円域（円ブロック）を形成しようとしたと述べている［除野、1955, 448］。

# 第九章　ＥＵと経済体制

## 第一節　ＥＵの生成期と転換期

ＥＵ(1)は二〇〇七年三月二五日をもって、ローマ条約調印から五〇年を迎えた。本章は、ドイツの秩序自由主義の立場から、半世紀にわたって形成されてきたＥＵの経済体制を、生成期と転換期に分けて解明する。生成期とは、ミロスラヴ・ヨヴァノヴィッチが経済統合のマーク1としたローマ条約調印の頃までのことである［Jovanović, 1997, 16］。転換期とは、同じくマーク2とされた単一欧州議定書（Single European Act, SEA）が調印された頃と、マーストリヒト条約が調印されたマーク3の頃までのことである［Jovanović, 1997, 16, 18］。

本書がドイツの秩序自由主義（Ordoliberalismus）というのは、戦後西ドイツの経済復興と経済体制の形成に決定的な影響をおよぼした経済学派の名称である。西ドイツの経済体制は、社会的市場経済（Soziale Marktwirtschaft）と呼ばれる。これは一九九〇年一〇月三日の東西ドイツの統一後も、両ドイツの経済体制として継承された(2)。

秩序自由主義は、別名新自由主義(Neoliberalismus)とも、社会的市場経済とも呼ばれる［Nicholls, 1994, 12］。

しかし、本書は以上三つの呼び方を特に区別しない。[3] なぜなら、三者は経済活動の自由放任でなく、かといってその逆の完全統制でもない第三の経済体制を目ざす点で共通するからである。ただし、本書は第三の経済体制が原理的に自由放任で失われやすい秩序と、完全統制で失われやすい自由とを同時に実現させようとするので、秩序自由主義の名称が適当と判断しこの用語を使う。

ＥＵは、まだ通常の国家のように憲法を制定して国家体制を確立していない。しかし、経済体制については貿易と市場と通貨に関してこれらを共有するまとまりをもってきている。[4] これに関連して、以下の三点を指摘しておきたい。

第一に、一九九三年のＥＵ首脳会議が定めた加盟申請国への三つのコペンハーゲン基準は、「機能的な市場経済をもつこと」(a functioning market economy)を規定している。[5] ＥＵは、明らかに経済体制を市場経済としている。

第二に、二〇〇四年一〇月にＥＵ加盟二五カ国で調印され、翌年フランス（二〇〇五年五月）とオランダ（二〇〇五年六月）の国民投票で否決され発効にいたらなかったＥＵ憲法も、ＥＵの目的の一つに「高度に競争的な社会的市場経済」(a highly competitive social market economy) をあげていた。[6] これによると、ＥＵは経済体制を社会的市場経済としている。

第三に、ＥＵは経済統合の過程で、国家としては分かれていても経済としては一つの経済をつくった。この単一経済は、ローマ条約の関税同盟、単一欧州議定書の共同市場、マーストリヒト条約の経済同盟によって段階的に実現した。[7]

このようにＥＵが単一経済としてまとまっている以上、秩序自由主義の中核である経済体制の秩序理論を適用して、ＥＵの経済体制を論じることに問題はない。

本書は以上を前提として、ＥＵと秩序自由主義とを経済体制を接点に論じる。さらに、ＥＵは将来、連邦国家へと進むのか、あるいは国家連合に留まるのか、その経済体制は経済政策と社会政策のいずれに重きを置いて運営されると予想されるかを論じたい。

## 第二節　生成期のＥＵの経済統合と秩序自由主義

ＥＵ形成の時代区分は、先にあげたヨヴァノヴィッチのマーク１・２・３がその一例である。その他、一九四五年から一九五七年までを再建、和解、統合とし、一九八九年から一九九三年までを新しいヨーロッパか、新しい共同体かとして、この間約五〇年を全体で六つに分割したデスモンド・ダイナンの時代区分もある(8)。

本章は先にも述べたように、ＥＵの形成過程を生成期と転換期とに分け、秩序自由主義からのＥＵの経済体制の批判を行う。したがって、ＥＵ形成の歴史をユーロペシミズムが台頭した停滞期（一九七〇～一九八五年）をはさんで、その前後を生成期（一九四五～一九七〇年）と転換期（一九八五～二〇〇五年）とに大別する。その上で、重要事項に限定して要点を論述する。

### ＥＵの生成期：関税同盟

ＥＵの形成過程を国際経済学の立場から、経済統合の段階で区分すれば、ＥＵの生成期は関税同盟の段階となる。これはローマ条約が目標にした段階であって、ヨヴァノヴィッチのいうマーク１に相当する。エル・アグラの関税同盟の説明によれば、関税同盟（ＣＵ）は自由貿易地域（ＦＴＡ）によく似ているが、ただ域外への共通関税を設ける点が異なっている［El-Agraa, 1993, 1］。ＥＵが関税同盟を完成させたのは、ＥＵの前身であったＥＣが域内の関税を撤廃し域外への共通関税を制定した一九六八年である［Hitiris, 1994, 319］。

この生成期の重要事項としては、マーシャル・プラン（一九四八〜一九五二年）(9)、欧州石炭鉄鋼共同体（ＥＣＳＣ　一九五二年発効）(10)、ローマ条約（ＥＥＣ　一九五七年調印）(11)の三つをあげることができる。

まず、マーシャル・プランについて、これがアメリカの期待した欧州統合、あるいは経済統合にならなかった点を中心に説明する。マーシャル・プランの起源と目的には、いくつかの解釈がある(12)。しかし、これが戦後西ヨーロッパで欧州統合を促し、欧州経済協力機構（ＯＥＥＣ）を結成させた点については意見の相異はない。マーシャル・プランには、二つの条件がついていた。一つはヨーロッパ諸国が共同の復興計画を用意すること、二つは資金援助の総額と各国の配分には合意が成立していることであった。ここには、もしヨーロッパ諸国がアメリカからの経済援助を求めるなら、なんらかの形で統合することというメッセージがあった［Jovanović, 1997, 3］。ヨーロッパではイギリスとフランスが中心になり、ＯＥＥＣの前身欧州経済協力委員会（ＣＥＥＣ）が組織され一九四八〜一九五二年にわたる経済援助の総額と国別の配分が決められた［Jovanović, 1997, 3］。

アメリカがマーシャル・プランにこめた欧州統合のメッセージは、この計画の立案者達が期待したほどの成果をあげなかった［Dinan, 1994, 18］。その理由は、経済協力を討議したＯＥＥＣ内で、イギリスとフランスとの間に意見の対立が生じたからである。イギリスはＯＥＥＣの権威がアメリカの要求を満たす程度に最小であるという立場、フランスはその逆の立場であった［Jovanović, 1997, 3］。ＯＥＥＣ内でのイギリスとフランスとの論争は、戦後の両国間の力関係でイギリスの意見が通ることになった。しかし、ここに生じた意見の対立は、その後、経済統合の二つの対立軸として継続する。この対立軸は、さまざまに表現されている。フランスの集権的な経済統合を連邦主義者（Federalists）、イギリスの分権的な経済統合を政府間主義者（Intergovernmentalists）と呼ぶのが、その一例である［McDonald, 1994, xx］。

本書は、ＯＥＥＣ内のイギリスとフランスの対立を重視する。なぜなら、ドイツの秩序自由主義は経済体制の分権的体制を支持し、イギリスと似通った立場からＥＵの経済体制の批判を展開したからである。

次に、フランスが主になって開始した欧州石炭鉄鋼共同体を、この最高機関（Haute Autorité）の超国家的性格を中心に説明する。欧州石炭鉄鋼共同体の原点であるシューマン宣言（一九五〇年五月九日）の時代背景には、冷戦構造があった。西欧には、なによりも結束が焦眉の急であった。しかし、西欧には肝心の結束ができていなかった。マーシャル・プランでも説明したように、欧州統合に関してイギリスとフランスとの間に対立があったからである。シューマン宣言は、この閉塞状態を西欧内部から打開させた。シューマン宣言には、主導権をとったフランスの立場がよく表れている。シューマン宣言に記載された欧州連邦（une Fédération européenne）、最高機関（une Haute Autorité）、共同体（une communauté）、連帯（une solidarité）これら四つの用語は、現在なおＥＵ形成の重要概念として継承されている。

シューマン宣言は連邦主義の立場に立ち、欧州統合が欧州だけでなく世界の平和に貢献すると宣言した。その上で、欧州統合の前に、経済統合の実現を提案した。経済統合を、具体的に一つの事実の連帯（une solidarité）[13]からはじめようと呼びかけた。連帯とは、十九世紀以来三度も戦火を交えたフランスとドイツとが、軍事と民需の重要産業である石炭と鉄鋼とを共同生産することであった。シューマン宣言はこれを、生産の連帯（la solidarité de production）[14]と呼んだ。生産の連帯を具体的に担うことになったのがＥＵ委員会の前身、最高機関であった。

最高機関は欧州石炭鉄鋼共同体設立条約で規定されているように、あくまでも石炭鉄鋼共同体の一機関であった。しかし、最高機関には条約が規定した諸目的の執行の権限が委ねられていた。秩序自由主義がＥＣＳＣに批判的であったのは、最高機関が超国家的集権的性格をもつからであった。ＥＣＳＣ条約は全体で一〇〇条あるが、最高機関に関する規定は八条から一九条までである。八条は、最高機関の義務が条約の定めた諸目的を規定にしたがって達成することと規定していた。本書は、最高機関に義務として委ねられたこの権限に注目したい。なぜなら、執行の権限により最高機関が超国家的集権的性格をもったからである。

終わりに、ローマ条約が目ざした関税同盟について説明する。同時に、イギリスが結成した欧州自由貿易連合（ＥＦＴＡ）について説明する。ＥＥＣは、一九五五年イタリアのメッシーナで開かれたＥＣＳＣ加盟六カ国の外相会議にはじまる。この会議は、ＥＣＳＣの最高機関の初代委員長ジャン・モネの辞任を受けて開かれた。この会議では、モネの後任だけでなく欧州統合も討議された [Dinan, 1994, 31]。ＥＣＳＣの石炭鉄鋼の部分的統合を、石炭鉄鋼に関連の深い運輸とエネルギー（原子力）にまで拡大しようという提案がベネルックス三国から出された。[15] 理由は、ベネルックス三国がすでに一九四八年以来関税同盟の経験があり、関税同盟の利益を認識していたからであった [Jovanović, 1997, 7]。

経済統合を部分的統合 (sectoral integration) [Jovanović, 1997, 8] から一般的統合 (general integration) [Collins, 1993, 21] へと拡大する提案をリードしたのは、ポール・アンリ・スパーク外相であった。メッシーナ会議に基づいてスパーク報告が作成され、次いで設けられたスパーク委員会で、共同市場と原子力共同体の設立が決められた。

部分的統合を一般的統合へと拡大する提案には、四つの問題があった [Jovanović, 1997, 8]。

第一に、域内関税の廃止によって競争にさらされるフランス工業の恐れであった。同じ恐れは、ドイツの農業にもあった。この問題は、農業を域内自由化に含めることで決着した。

第二に、域外共通関税をめぐるものであった。保護貿易が伝統のフランスは高い、自由貿易が伝統のオランダは低い域外共通関税を求めた。決着は、両者の平均をとることでつけられた。

第三に、ルクセンブルグを除くと関連五カ国が植民国であったことに関係する。植民地あるいは旧植民地との特別の関係を重視して、フランスはこれら諸国への域外共通関税の適用に抵抗した。問題は、フランスが負担していたこれら諸国への経済援助を西ドイツが分担することで決着した。

第四に、将来石炭に代わることが予想される原子力に関してであった。原子力の研究と開発には、多額の費用を要する。この問題は、原子力を石炭鉄鋼と同様の部分的統合にすることで決着した。ＥＥＣは、以上の問題を克服して部分的統合から一般的統合へと前進した。

イギリスはこの間、部分的統合にも一般的統合にも参加せず、北欧諸国と中立国とともにＥＦＴＡをローマ条約調印三年後の一九六〇年に結成した。イギリスが、ＥＣＳＣやＥＥＣのような関税同盟を採用せず、ＦＴＡタイプの経済統合を組織したのには、いくつかの理由があげられる。一つに、イギリスがアメリカとの関係を重視しアメリカ抜きの関税同盟と距離をおいたこと。二つに、イギリスがカナダ、オーストラリア、インドなどとの連邦関係をＥＥＣの関税同盟によって失うことを躊躇したこと。特にイギリスは、域外共通関税を適用するとイギリス連邦からの安い農産物が輸入できなくなる。三つに、ＥＣＳＣでもＥＥＣでも主権を制限する体制にイギリスが反対したこと。

## 秩序自由主義のＥＵの経済体制批判―その一―

秩序自由主義は、ＥＵの関税同盟に批判的であった。批判の理由は、イギリスのように現実的なものでなく保護貿易の批判に基づいていた。関税は、保護貿易の代表的な政策である。秩序自由主義は自由貿易の立場でこれを批判した。秩序自由主義は、冒頭で述べたように、戦後西ドイツの経済復興と経済体制の形成に決定的な影響をおよぼした。秩序自由主義がこのような業績をあげたのは、コンラッド・アデナウアー首相のもと一四年間（一九四九〜一九六三年）経済大臣を務めたエアハルトの存在が大きかった。エアハルトは経済政策の実践で活躍したが、その実践を経済理論でバックアップしたのがオイケンであった。

オイケンは、秩序自由主義を代表する経済学者である。オイケンの経済理論は秩序理論（Ordnungstheorie）、経済政策は秩序政策（Ordnungspolitik）と呼ばれている。[16] 秩序理論は、経済過程の運営は一定の経済秩序に基づくことをいう。[17] 秩序政策は、経済政策の主体となる政府は経済過程には介入せず、経済秩序の形成にのみ積極的に関与すべきことをいう［Eucken, 1951, 43］。

オイケンは、終戦五年目の一九五〇年にロンドン大学での特別講義[18]の最中五十九歳で他界した。このため、ドイツの経済復興と経済体制の形成に直接関与することは少なかった。ただし、西ドイツに連邦政府が成立する前年（一九四八年）、英米統合経済地域の経済管理局[19]に設けられた専門家会議[20]の第一回会合で、オイケンは通貨改革後に採用される経済政策について重要な発言を行った。この経済政策には、オイケンの秩序理論と秩序政策が遺憾なく生かされていた。

通貨改革は英米の軍政局で進められたので、ドイツ側には権限はなかった。ただし、通貨改革後の経済運営に関しては軍政局からの指示はなく、ドイツ側に任されていた。専門家会議が諮問されたのは、通貨改革後の経済運営に関してであった。この問題については、経済管理局と専門家会議のいずれでも、相容れない意見の対立があった。通貨改革後も経済社会の混乱を避けるために統制と計画を維持すべきだとする立場と、これに反して、通貨改革と同時に自由と市場とを早急に回復すべきだという立場の対立であった。これを経済思想で分ければ、前者は社会主義、後者は自由主義の立場であった。オイケンは、後者を代表する一人だった。通貨改革が市場経済を回復するための前提であるとの認識に立ち、通貨改革後は時を移さず生活必需品を除いて価格の統制を撤廃し、計画による資源の配分も廃止すべきだと主張した。

オイケンは、ドイツが経済活動の方向舵（Lenkungsmechanismus）を失っていると述べた［Nicholls, 1994, 198］。この洞察の中に、経済活動に内在する経済秩序を探求したオイケンの基本認識がよく表れている。分業と交換が高度に発達した近代の経済には、経済秩序の条件として貨幣と市場とが欠かせない。貨幣が安定した価値をもつことは、貨幣が一般的な価値の尺度となるためにも、一般的な交換の手段となるためにも欠かせない。

貨幣の価値が安定さえしていれば、人は安心して財貨や労役を貨幣と交換で提供する。同じく、貨幣の価値が安定さえしていれば、人は貨幣で表示された財貨や労役の価値を受け入れる。しかし、貨幣の価値が安定するだけでは経済秩序は充分でない。財貨や労役の価値が貨幣で表示される前に、まず価値の評価がされていなくてはならない。したがって、貨幣とともに市場が必要である。市場は、財貨や労役の価値の評価を合成するからである。

戦後のドイツに財貨の退蔵が起こったのは、価値の安定した貨幣がなかったからである。人が統制された財貨の購入に必要な限られた貨幣だけを得れば、それ以上の労役を提供しなかったのも、貨幣が交換手段として役立たなかったからである。財貨が統制価格の市場から消え闇市場に流れたのも、安定した価値の貨幣がなかったからである。

経済過程の運営は市場に委ねよといったオイケンの提言は、通貨改革後エアハルトによって実行された。エアハルトは、一九四八年六月二〇日西ドイツの通貨改革のとき経済管理局長官の地位にあり、通貨改革の二日前、通貨改革後に統制解除を可能にする導入原則法を、経済評議会で成立させていた［Nicholls, 1994, 214］。そして、この法律にしたがって通貨改革後の統制解除を実践した。エアハルトの実施した通貨改革と市場経済の同時発進を、冷水への跳躍（Sprung ins kalte Wasser）という［Nicholls, 1994, 184］。この経済政策は通貨改革後の西ドイツにおいて、新ドイツマルクを求める人々が競って退蔵物資を売却する現象を生じさせた。後に、ショウウィンドーの奇跡と呼ばれた現象である［Nicholls, 1994, 216］。

エアハルトとオイケンとは、貨幣の価値を安定させることだけでなく、市場が価値の評価を公正にするために独占価格・寡占価格・公定価格を排除すること、貿易でも国家の管理を排除することなど、経済政策の原則が共通していた。

両者は、経済過程の運営は市場に委ね経済秩序の形成にのみ政府が責任を負うという経済政策の原則で一致していた。自由放任のように、経済過程にも経済秩序にも政府は干渉しないというのではない。かといって、完全統制のようにいずれをも政府が管理するというのでもない。第三の道と呼ばれる秩序自由主義、新自由主義、社会的市場経済が共通して目ざした経済体制は、自由放任と完全統制とを止揚《しよう》するものであった。私的であれ公的であれ経済権力による価格操作を排除する経済秩序の形成は、これを自由に放任しない。政府が、責任をもって形成する。しかし、一旦経済秩序が経済権力の干渉のない競争秩序になったなら、この経済秩序のなかで展開する経済過程には政府は干渉しない。この経済体制によって秩序自由主義は、自由放任と完全統制とを克服しようとした。

シューマンとモネとが主導した欧州石炭鉄鋼共同体は石炭と鉄鋼という重要資源を、国家を超えた共同体のもとにおき、この共同体を最高機関が管理する。これによって、資源を巡る国家間の紛争を解消しようとした。これは、モネの画期的な構想であった。

しかし、この構想には欧州統合を望むアメリカ、これをヨーロッパでの復権の好機と見たドイツ、ドイツの石炭鉄鋼産業を共同体に封じ込める効果を期待したフランス、パリとボンの関係改善を歓迎したイギリスなど、さまざまの国益が幸いした［Nicholls, 1994, 314］。その上、石炭鉄鋼産業の側には欧州石炭鉄鋼共同体を国際カルテルに利用できるとの思惑《おもわく》すらもあった［Nicholls, 1994, 314］。

シューマン・プランが発表され、朝鮮戦争で東西対立が高まった一九五〇年当時、エアハルトは一九四九年に成立したドイツ連邦共和国で経済大臣であった。アデナウアーは、政治と外交の観点からシューマン・プランに賛成した。(21) しかしエアハルトは、欧州石炭鉄鋼共同体の支持が高まる内外の情勢の中で、これに反対する立場に立った。

エアハルトは深まり行く冷戦構造のなかで、いかなる国家も単独では危機に対抗できる福祉と社会保障とを確保できないことを認識していた［Erhard, 1962, 256］。エアハルトも、西ヨーロッパの自由世界にとって、結束がいかに重要であるかを充分に理解していた。ただし、エアハルトはいかに結束するかには二つの形態があると言った。一つは集権的結束、もう一つは分権的結束であった。エアハルトは前者を制度的統合（institutionelle Integration）、後者を機能的統合（funktionelle Integration）と名づけて両者を区別した［Erhard, 1962, 256］。いずれの統合も、国境に妨げられない物流を実現する。しかし、制度的統合は欧州石炭鉄鋼共同体がそうであるように、最高機関が場合によっては生産・分配・投資などの経済過程に介入する。(22) エアハルトはオイケン同様、政策主体の経済過程への介入を原則として認めない。したがって、最高機関の超国家的集権的性格には批判的であった。このためにエアハルトは、ＥＣＳＣの集権的統合には賛成しなかった。

機能的統合は制度的統合とは異なり、関税や数量制限（quota）等の貿易の障壁を除去することで、統制と計画ではなく自由と市場とによる経済統合を実現しようとする。これは、ＦＴＡ型の経済統合の形態である。国家の主権も大きくは制限されないので、分権的統合といえる。

オイケンやエアハルトと同時代のレプケも、資本主義と社会主義の対立を超えた第三の経済体制を提唱した[Röpke, 1948, 43]。レプケもＥＵの生成期の経済学者であったが、一九六〇年代にＥＵの前身ＥＣとＥＦＴＡとに分裂する西ヨーロッパの現実に深い憂慮をもっていた[Nicholls, 1994, 347]。レプケはＥＣ六カ国による関税同盟を、自由貿易から保護貿易への逆行と見ていた[Röpke, 1959,87]。

ＥＣＳＣの部分的統合からＥＥＣの一般的統合へと前進したＥＵは、六カ国の域内で関税のない自由貿易、しかし域外には共通関税をもつ保護貿易の体制を形成した[23]。レプケは決して、ローマ条約が目ざした域内の自由貿易と共同市場を批判したのではない。ただ、域外への保護貿易を批判したのである。保護貿易には、国民国家の間に対立・紛争・戦争を起こさせた歴史がある。この歴史認識に立てば、保護貿易を自由貿易に置換えることが、平和を実現する第一歩となる。これはシューマン宣言に見られた、生産の連帯や共同体の形成とは異なる見解であった。レプケによれば、関税同盟ではなく自由貿易地域の経済統合が望ましい。ただ、ＥＵが深化と拡大を続け、バラッサのいう完全な経済統合に近づいている現実を前にすると、レプケの見解が淘汰されたかに見える。しかし、ＥＵが域内の自由貿易の原則を加盟国の増加によって域外にも拡大していると解釈すれば、レプケの見解は決して淘汰されたことにはならない。関税同盟は、ＥＵの拡大によってヨーロッパに自由貿易地域を形成したからである。

秩序自由主義は、自由と市場とを原則に経済体制を形成した。政府は、市場の形成には責任を負う、しかし、一旦市場を競争秩序に形成したら、経済過程の動向は企業と家計の自由に委ねる。秩序自由主義の経済体制を基準にすれば、資源も、市場も、貿易も国家を超えた共同体のもとにおき、これを共同体の機関が管理するＥＵの経済体制は、計画と統制を原則にするものとして批判されたのも当然である。

## 第三節　転換期のＥＵの経済統合と秩序自由主義の経済体制批判

ＥＵは域内関税の撤廃と域外関税の制定とを、ローマ条約が期限にした一二年目の一九六九年を待たずに完了した。(24) この限り、ＥＵの経済統合は順調に進んだ。しかし、その後一九七〇年代半ばＥＵはユーロペシミズムあるいはヨーロッパ動脈硬化症（Eurosclerosis）と呼ばれる停滞期に入った［Dinan, 1994, 9］。停滞期は一九八〇年代半ば、ＥＵが関税同盟から共同市場に向かって新たな活動を再開するまで続いた。本章は先にも述べたように、これを停滞期（一九七〇〜一九八五年）として区分する。

しかし、停滞期といってもＥＵが経済統合を全く停止したわけではない。経済統合の最初の拡大は、この期間にはじまった。イギリス、(25) アイルランド、デンマークの加盟による第一次拡大が一九七三年にあり、ギリシャの加盟による第二次拡大は一九八一年にあった。ＥＵの拡大は、開かれた関税同盟への第一歩であった。域内の自由貿易の領域を、広げた点で重要であった。

この期間に後に実を結ぶことになる、報告書や計画書が作成された。(26) なかでも、後にマーストリヒト条約で通貨統合と共通外交安全保障政策となって結実するウェルナー報告（一九七〇年）とダヴィヨン報告（一九七〇年）が重要である。

ダヴィヨン報告は、加盟六カ国の対外政策の調整のため年二回の外相会議を提案した。これは後に、マーストリヒト条約で共通外交安全保障条約となって結実した。ウェルナー報告は、為替相場の変動が域内の物流を妨げる問題に対応して作成された。域内関税の廃止によって、確かに域内の物流は容易になった。しかし関税と並んで為替相場の変動も、物流にとっては障害であった。問題提起は、ドイツによって行われた。ドイツは当時、石油危機後に発生した物価騰貴によって減価するフランと、そのあおりで増価するマルクに直面していた。これに答えたウェルナー報告には、後に実現する単一通貨の発行や中央銀行の設立などの提案も含まれていた［El-Agraa, 1993, 119］。

ただし、ウェルナー報告が提案した経済通貨同盟（ＥＭＵ）が実現するには、一九七〇年代は時期があまりにも悪すぎた。ドルショック（一九七一年）、第一次石油危機（一九七三年）、第二次石油危機（一九七九年）と相次ぐドル安と物価騰貴とによって、通貨間の為替相場の安定が不可能だったからである。国際経済が激動するなか、各国は国内のスタグフレーションに悩まされた。このため各国の関心は、為替相場の安定から国内の景気と雇用へと移った。これによってＥＭＵは、マーストリヒト条約で再び日の目を見るときまで一時立ち消えになった。

## ＥＵの転換期：共同市場と経済同盟

一九八〇年代半ば、ＥＵは大きな転機を迎えた。(27) この転機は、日米に比べ石油危機後の不況脱出に立ち遅れたヨーロッパの危機感から生じた。石油危機によるスタグフレーションを、アメリカはレーガン大統領の小さな政府や企業のレイオフによって打開した。日本も、省エネや減量経営によって解決した。更に両国ともに、半導体などの技術革新によってコストの削減を推進した。ＥＵには、日米が展開した労働コストの削減をしようにも労働組合の障壁があった(28)。政府支出を縮小しようとすると、社会福祉との間に軋轢《あつれき》が生じた(29)。技術開発をしようにも、投資資金に隘路《あいろ》があった(30)。そこでＥＵはこの難局を、それまで進めてきた経済統合の深化によって打開しようとした。

ローマ条約によって達成された関税同盟は、確かに域内の関税、数量制限、為替管理、補助金、課徴金など物流を妨げる障害を取り除いた。これによって、域内の物流は容易になった。しかし、先にも述べた為替相場の変動は物流を妨げる要因の一つであった。同じく、非関税障壁（non-tariff barrier, NTB）もそのような要因の一つであった。一九八〇年代半ばＥＵは、このような障害を排除することで域内市場の規模の経済性を高め、日米との経済競争に対抗する戦略を開始した［Jovanović, 1997, 15］。

この戦略を展開したのは、当時のＥＣ委員長ジャック・ドロールであった。ドロールは単一欧州議定書に先立つ一九八五年に、イギリスのＥＣ委員アーサー・コックフィールドとともに域内市場を完成させるための白書を作成した(31)。この域内市場完成白書が、転換期のＥＵ改革にとって出発点になった。

そこで、この転換期の改革を単一欧州議定書（一九八七年発効）、マーストリヒト条約（一九九三年発効）、批准されることなくおわったＥＵ憲法（二〇〇四年調印）を重要事項として、その要点を説明する。

まず、単一欧州議定書からはじめる。ＳＥＡで重要な点は二つあった。一つは、域内市場完成白書の提案に基づいて、一九九二年末までに域内に共同市場あるいは単一市場を完成させる規定を設けたことであった(32)。もう一つは、この単一市場が完成次第、それに続いて単一通貨が発行できるように経済通貨同盟を規定したことであった(33)。これら二つの補足改正でＥＵは、単一市場によって、すべての国家ですでに成立している国内市場に大きく近づいた。この規定は、一九九二年末に実現した。これで、ＥＵはバラッサのいう共同市場の段階を達成した。

次に、マーストリヒト条約が単一市場から、更に単一通貨へと経済統合を深化させたことを説明する。マーストリヒト条約は前文で、欧州連合（a European Union）を建設すると宣言した。マーストリヒト条約には、三本柱があった。ＥＥＣ条約の一部改正と、共通外交安全保障政策（ＣＦＳＰ）と司法内務協力（ＪＨＡ）であった。三本柱のうち、マーストリヒト条約は経済関係を政治関係より優先していた。したがって、三本柱のうちの中心は、単一通貨の発行を規定したＥＥＣ条約の改正であった［Jovanović, 1997, 18］。[34] この規定によってＥＵは、発券銀行である欧州中央銀行を設立し、二〇〇二年からは共通通貨であるユーロを加盟一五カ国中一二カ国で発行することになった。[35] これでＥＵは、バラッサのいう経済同盟の段階に達した。

終わりに、ＥＵ憲法は欧州統合を経済統合から政治統合へと発展させるためであったことを述べる。欧州憲法設立条約は、二〇〇四年一〇月二九日に加盟二五カ国によってローマで調印された。しかし、その後批准の段階で二〇〇五年にフランスとオランダの国民投票で否決された。ＥＵ憲法成立にとっての最大の障害は、国家のもつ主権である。すでに経済統合でも、域内市場を完成させるには不可欠である通貨統合が、イギリスとデンマークの選択的離脱（opt-out）によって拒否された。同一の問題は、政治統合では常に前面に出る。例えば、二〇〇三年にはじまったイラク戦争でアメリカを支持したイギリスと、これに反対したフランスとドイツの間で対イラク政策についての対立があった。このように共通外交安全保障政策での協調は、容易ではない。

## 秩序自由主義のＥＵの経済体制批判―その二―

本章が生成期と転換期とした両期間の間に、ＥＵも秩序自由主義も大きく変化した。ＥＵには深化と拡大が、秩序自由主義には研究者の世代交代があった。生成期について本章は、オイケン、レプケ、エアハルト三人の名をあげた。[36] 転換期には、これら創始者達はすでに世を去っていた。

そこで、創始者達を継承した秩序自由主義の第二世代が転換期のEUをどうとらえ、変貌したEUの経済体制をどう評価しそこからどのような結論が得られるかを、次に論じたい。

ヘルムート・グレーナーとアルフレッド・シューラーは、国際経済が激動した一九七〇年代以降について、二つの国際経済秩序を比較した。一つはアメリカが中心になったGATTとIMF、もう一つはヨーロッパが形成したECであった。グレーナーとシューラーは、この時代二つの国際経済秩序が対照的な発展軌道をたどった、GATTとIMFは再国家化に進み、逆にECは国際化、あるいは共同体化に向かったと指摘した［Gröner, Schüller, 1989, 436］。

確かにこの時代、アメリカはドルと金との交換を停止して保護貿易へと旋回した。ドル高を是正し輸出を増やし、金の国外への流出を阻止しようとした。アメリカは、もはや国際経済秩序をリードしたかつての自由貿易の旗手ではなくなった。自由貿易から保護貿易への逆行は、ドル危機後の石油ショックによって世界に広まった。各国はスタグフレーションから自国の産業と雇用を守るために、保護貿易に傾き輸出補助金、輸出自主規制、輸入割り当て制を実施した［Gröner, Schüller, 1989, 434］。戦後アメリカが中心になったGATTとIMFの国際経済秩序は、この時代に自由貿易から保護貿易へ、固定相場制から変動相場制へと逆行した。しかし、これとは対照的にEUは一九八〇年代半ばから経済統合を深化させ拡大した。深化では関税同盟から共同市場そして経済同盟へと向かい、拡大では一九八六年にスペインとポルトガルを加えて第三次拡大を実現した。

本章は、グレーナーとシューラーの国際経済秩序の比較をもとに、二つの点を転換期のEUについて指摘したい。

第一に、EUが経済統合の深化と拡大の結果、ヨーロッパのなかに二〇〇七年の時点で二七カ国にのぼる関税も非関税もいずれの障壁もない共同市場を形成したことである。これによって、ローマ条約時代にあった関税同盟ＥＥＣとそうではないＥＦＴＡの対立が解消された。秩序自由主義から見れば、これは評価される変化だった。

第二に、ＥＵの深い経済統合を可能にした連帯（solidarité）の推進力である。ＥＵの経済統合が深いというのは、関税などの保護貿易の障害を除去しただけでなく、ローマ条約にある財貨・用役・労働・資本の自由移動をともなう画期的な四つの市場統合を目標にし、さらに通貨統合を実現しようとしたからである。しかし、ＥＵが深い経済統合を完成し、レプケのいう価格・交換・支払共同体（Preis-Tausch-und Zahlungsgemeinschaft）［Gröner, Schüller, 1989, 430］[37]を形成するためには、大きな推進力を必要とする。これを可能にしたのは、秩序自由主義の原則である自由と市場ではない。シューマン・プランが、ＥＣＳＣを実現させた計画と統制の原則である。共同体と最高機関とは、計画と統制なしでは運営できない。これを可能にしたのが、連帯である。連帯が、計画と統制を原則にする経済体制を実現させた。ここに本書は、ＥＵの経済体制にある自由と市場とは対立する計画と統制の原則を見る。ＥＵの経済体制には、二つの原則が競いあっている。

秩序自由主義は、経済統合の深化に反対しない。しかし、深化を推進させた経済体制を批判する。本書は、ここにＥＵ形成の深い問題を見る。秩序自由主義は、経済統合という目的を批判したことはない。ただ、これを達成する手段を批判する。同一の批判のパターンは、先に述べたＯＥＥＣ内のイギリスとフランス間の連邦主義者と政府間主義者の対立でも見られた。同様の批判を、エアハルトは制度的統合と機能的統合との対比で行った。

マーストリヒト条約が経済統合から政治統合への深化を宣言したとき、ラルス・フェルトは同じ批判をＥＵの政治統合に関して行った。フェルトも、ＥＵが政治統合へと進むことには反対しない。ただ、政治統合には二つの政治体制があることを指摘する。一つは国家連合（Staatenbund）であり、もう一つは連邦国家（Bundesstaat）である。さらにフェルトは、ＥＵが仮に連邦国家を目的にしても、これを達成するのに二つの手段があると論じた。一つは競争的な連邦制（Wettbewerbsföderalismus）であり、もう一つは共同的な連邦制（kooperativer Föderalismus）である［Feld, 2003, 303］。前者は分権的、後者は集権的な連邦制である。その上で、フェルトはＥＵの政治統合は国家連合に近い連邦国家、したがって競争的な連邦制とすべきであると論じた(38)。本章は、経済統合に果した連帯の推進力を評価した。しかし、連帯は強制された連帯と自発的な連帯に区別されることを注意したい。政治統合が成功するには、国家の主権と国益とが、経済統合以上に障害になる。この障害は、強制的でない自発的な連帯で克服されるのが至当である。なぜなら、ＥＵは多言語、多民族、多様性の地域である。ＥＵが多様性のなかの統一性をモットーにするならば、フェルトのいう競争的な連邦制が望ましい。秩序自由主義はオイケンの秩序理論と秩序政策で見たように、政府の経済権力を経済秩序の形成で認めるが、経済過程では認めない。経済過程の運行は、市場の歪みのない競争秩序を前提に、企業と家計の自由な活動に委ねられる。このような経済体制は、集権的でなく分権的である。フェルトがＥＵに競争的な連邦制を求めたのは、秩序自由主義の分権的な経済体制からして当然のことであった。

## 第四節　民主主義の赤字（democracy deficit）

マンフレット・シュトライトはＥＵ憲法草案が発表されたとき、草案の第一条三項に目的として掲げられた、高度に競争的な社会的市場経済について批判を行った。批判の要点は、経済体制が社会的市場経済とされたときに生じる両様の解釈であった［Streit, 2004, 334］。ドイツでは、政治的に対立するキリスト教民主同盟・社会同盟（C

DU・CSU）と社会民主党（SPD）両政党がともに社会的市場経済を党の支持する経済体制として認知している。このため政党によって、自由主義よりにも社会主義よりにも両様に社会的市場経済は運営される。SPDは社会政策に、CDUは経済政策に重きを置きやすい。

ドイツでは重きをいずれにするかは、国民の支持する政党によって左右される。したがって、例えば国民が社会政策に重点がかかり財政負担が大きくなって経済成長を損なっていると判断すれば、政党の支持を代えて政府に政策変更を迫ることになる。逆に、経済政策に重点が置かれすぎて過当競争が社会正義を害していると判断すれば逆の行動をとればいい。国民の判断が、社会政策と経済政策のバランスをとらせる。

しかし、EUはドイツでは作動する社会政策と経済政策のバランス調整の機能をもたない。EUはドイツのように国民が政党を選択し、政党が政府を構成するという機構になっていない。経済体制の名称は同じ社会的市場経済でも、ドイツとEUとでは、運営の方法が全く異なる。ドイツの政府に相当するのは、EU委員会である。したがって、EUでは経済政策と社会政策のバランスはEU委員会が決定権をもつ。EU委員会は、ドイツの政党と国民との関係とは異なり、EU市民に左右されない。EUには、民意を充分反映しない民主主義の赤字（democracy deficit）がある。

秩序自由主義はオイケンの秩序政策が、競争秩序と呼ばれるように経済政策に重点を置く。しかし、秩序自由主義は福祉政策のような社会政策を軽んじてはいない。オイケンは経済政策の課題が、機能的（funktionsfähig）かつ人間的（menschenwürdig）な秩序の形成であると述べている［Eucken, 1968, 14］。オイケンも経済体制にとって、経済政策と社会政策のバランスが重要であることは充分認識していた。ただ、社会政策への重点が、国民の政府への依存を高め、経済体制を計画と統制へと移行させるのを警戒したのである。EUの社会的市場経済が、計画と統制を原則とした集権的な経済体制にならないことが望まれる。

注

（1）第七章の注（3）でも記したように、ＥＵ（欧州連合）という用語は、一九九三年一一月一日に発効したマーストリヒト条約（Treaty on European Union 欧州連合条約）から使われはじめた［山根、1998, 3］。それ以前はＥＣ（欧州共同体）、ＥＥＣ（欧州経済共同体）、ＥＣＳＣ（欧州石炭鉄鋼共同体）と区別して表記すべきである。しかし、本章は必要ない限り、ＥＵで表記しておきたい。

（2）一九九〇年五月一八日東西両ドイツが調印した経済・通貨・社会同盟創設に関する条約（Der Vertrag über die Schaffung einer Währungs-, Wirtschafts- und Sozialunion）は第一章基礎第一条条約の対象第三項で、「経済同盟の基礎は、両条約国の共通の経済秩序としての社会的市場経済である」と定めた。

（3）秩序自由主義と新自由主義と社会的市場経済との間には、西ドイツの経済復興期には資本主義と社会主義の二項対立を超えた第三の経済体制を志向することで差異はなかった。しかしその後、社会的市場経済は西ドイツおよび統一後のドイツの経済体制を指す用語となり、秩序自由主義はその理論的支柱を意味する用語になって、両者の間に開きが生じている。

（4）ＥＵがいかなる主体であるかについては、マーストリヒト条約以降、ＥＵが経済統合を完成に近づけ政治統合を目標に活動を進展させるとともに興味あるテーマとなり、特に法学者からの意見の表明が顕著である［山根、1998, 16］［庄司、2003, 7］［中村、2005, 197, 239］。本書は、ドイツが関税同盟から連邦国家を形成した歴史に鑑み、これがＥＵの国家体制のモデルになると予測する。

（5）コペンハーゲン基準は、加盟候補国に三つの基準を満たすことを求めている。一つに民主主義を保証する安定した制度をもつこと、二つに機能的な市場経済をもつこと、三つにＥＵのアキ・コミュノテール（蓄積された条約）を真摯に受けＥＵの諸目的を支援することとなっている。http://europa.eu/abc/eurojargon/index_en.htm（2007.06.01アクセス）。

（6）ＥＵ憲法の正式な名称は、欧州憲法設立条約（Treaty Establishing a Constitution for Europe）であった。本文第一部第一章連合の定義と目的第一―三条連合の目的第三項は、以下のように規定していた。「連合は、均衡ある経済成長と物価の安定を基礎とするヨーロッパの持続可能な発展と、完全雇用と社会発展を目ざす高度に競争的な社会的市場経済（social market economy）と、環境の質の高水準の保護と改善とのために活動しなければならない。連合は、科学と技術の進歩を促進しなければならない」。http://eur-lex.europa.eu/en/treaties/dat/12004V/htm/12004V.html（2007.09.07アクセス）。ＥＵ憲法は、批准されず廃案となったが、その後批准されたリスボン条約（二〇〇九年一二月一日発効）はＥＵ条約を修正する第二条三項で、上の規定をほぼ変更なく残している。リスボン条約の正式名称は、欧州連合条約と欧州共同体設立条約の修正（Amendments to the Treaty on European Union and to the Treaty establishing the European Community）である。条約の第二条は、ローマ条約でも、ＥＣ条約でも、ＥＵ条約でも共同体（ＥＣ）や連合（ＥＵ）の目的を規定してきた。この点は、リスボン条約でも変わりがない。第二条三項の規定は、次のようである。「連合は、域内市場を設立しなければならない。連合は、均衡ある経済成長と物価の安定を基礎とするヨーロッパの持続可能な発展と、完全雇用と社会発展を目ざす高度に競争的な社会的市場経済（social market economy）と、環境の質の高水準の保護と改善とのために活動しなければならない。連合は、科学と技術の進歩を促進しなければならない」。

（7）　バラッサは、経済統合を㈠自由貿易地域（ＦＴＡ）㈡関税同盟（ＣＵ）㈢共同市場（ＣＭ）㈣経済同盟 ㈤完全な経済統合の五段階にわけている［田中、2004, 12］。エル・アグラは、バラッサの㈣経済同盟を完全な経済同盟 ㈤完全な経済統合を完全な政治統合としている［El-Agraa, 1994, 1-2］。ヨヴァノヴィッチのマーク1は、バラッサの第二段階の関税同盟に、マーク2は第三段階の共同市場に、マーク3は第四段階の経済同盟に相当している［Jovanović 1997, 16, 18］。

（8）　ダイナンの六つの時代区分は、以下のようである。一．再建、和解、統合（一九四五－一九五七）二．共同体の建設：ド・ゴールの挑戦（一九五八－一九六九）三．流転する共同体（一九六九－一九七九）四．危機からの脱出（一九七九－一九八四）五．欧州共同体の転換（一九八五－一九八八）六．新しいヨーロッパか？新しい共同体か？（一九八九－一九九三）［Dinan, 1994, 9-198］。

（9）　経済援助が決定された経緯には、いくつかの要因があった。一つは、よく知られているように戦後まもなく発生した米ソの対立、冷戦構造のはじまりであった。二つは、戦後の窮乏を背景にした社会不安であった。フランス、イタリア、ギリシャには左翼政党の台頭があった。三つは、終戦の翌年（一九四六～一九四七年）ヨーロッパを襲った寒波と旱魃とがあった。以上の情勢を踏まえて、アメリカはヨーロッパの社会を安定させるための復興計画の必要性を認識した［Jovanović, 1997, 2-3］。

（10）　ＥＣＳＣはジャン・モネの備忘録によれば、モネの提案した超国家的な石炭鉄鋼の共同体がベースになっている［Dinan, 1994, 21］。正式な名称は欧州石炭鉄鋼共同体設立条約（Treaty Establishing the European Coal and Steal Community）である。

（11）　ローマ条約は正式には、一九五七年に調印した欧州経済共同体設立条約（Treaty Establishing European Economic Community, EEC）と欧州原子力共同体設立条約（Treaty Establishing European Atomic Energy Community, EURATOM）の二つの条約を含んでいる。ＥＥＣはＥＣＳＣを進展させたが、その理由はＥＣＳＣの成功によるかどうかについては、評価が分かれるので明確ではない。ただし、ＥＥＣはＥＣＳＣの原加盟国のうち、ベネルックス三国の提案にはじまったのは確かである［Jovanović, 1997,7］。それは、スパーク報告の作成者ポール・アンリ・スパークが、ベルギーの外相であったことからも明らかである。

（12）　マーシャル・プランの起源については、ダイナンは一九四七年にヨーロッパの惨状を伝えたウィリアム・クレイトン国務次官の報告に求めている［Dinan, 1994, 2］。ヨヴァノヴィッチは同じく一九四七年に、政策計画長官ジョージ・ケナンに送られた三人の経済学者の報告書に求めている［Jovanović, 1997, 2］。

（13）（14）　La Déclaration du 9 mai 1950.http://europa.eu/abc/symbols/9-may/decl_fr.htm（2007.09.07アクセス）。

（15）　石炭鉄鋼共同体と同一タイプの原子力共同体の原案は、石炭に代わる原子力のエネルギーの地位を予見したモネによって提出されていた［Dinan, 1994, 30-31］。

（16）　一九四八年ワルター・オイケンとフランツ・ベームとによって創刊された経済社会学の年報誌ORDOは、二〇〇九年で六〇巻になった。ORDOでは、Ordnungstheorie と Ordnungspolitik という用語は頻繁に使われている。

（17）　オイケンは主著『国民経済学の基礎』（Die Grundlagen der Nationalökonomie, 1939）で経済過程（Wirtschaftsprozess）を五つの側面を

もつ一体と説明している。五つの側面を整理すれば生産＝消費過程・分配過程・投資過程・技術過程・立地過程となる。経済秩序（Wirtschafts-ordnung）も簡単に整理すれば、自然経済の自己経済を別にすれば、中央指導経済と流通経済に大別される。オイケンは、経済過程は必ず一定の経済秩序を前提に成り立つことを明らかにした。

(18)　五回の連続講義中三回まではオイケンが講義し、残りは代読された。死後、Unser Zeitalter der Misserfolge（1950）、英訳 This Unsuccessful Age（1951）で出版された。

(19)　終戦後、ドイツは連合国米英ソ仏の四カ国に分割統治された。しかし、まもなく米ソの対立がはじまり、四カ国の共同統治は困難になると、一九四七年米英両国は両国占領地域を経済統合した。これを受けて両国の軍政局のもとにドイツ人による経済評議会（Wirtschaftsrat）が設けられ、そのもとに経済管理局（Verwaltung für die Wirtschaft）が置かれた。専門家会議（wissenschftler Beirat bei der Verwaltung für die Wirtschaft）は、経済の諮問機関として経済管理局に設置された。

(20)　専門家会議の人選は、経済管理局の職員で専門家会議の提案者ハンス・メーラーが大半行った。人選には、左右の立場のバランスが計られた。しかし、メーラーの意向で計画派よりは市場派の方が多かった［Nicholls, 1994, 186］。

(21)　アデナウアーはＥＣＳＣを支持するアメリカの立場に同調することで、新生西ドイツの主権を確保することをはかった［Nicholls, 1994, 342］、［Dinan, 1994, 22］。ＥＣＳＣの建設には創設のトリオと呼ばれるカトリック系のキリスト教徒であったシューマン、アデナウアー、デ＝ガスペリ（イタリアのキリスト教民主党の創立者。一九四五～一九五三年首相）の尽力が大きかった［佐々木、1995, 8］。

(22)　欧州石炭鉄鋼共同体設立条約の条文で見る限り、ＥＣＳＣには統制と計画とともに自由と市場の原則がある。例えば、第一部第四条には関税や数量制限を禁止する自由貿易の原則が規定されている。しかし、第三条の規定は、最高機関に生産・消費・分配・投資過程への介入を許している。エアハルトがＥＣＳＣには、フランスの保護主義と管理主義（dirigisme）の影響があると疑ったのは間違っていなかった［Nicholls, 1994, 343］。

(23)　欧州経済共同体設立条約は第二部共同体の基礎第一編商品の自由移動第九条で、共同体の基礎が関税同盟であると規定している。確かに、第一八条では域外に相互主義と相互の利益を基礎にして、関税を下げる用意があると宣言はしている。しかし、開放的であるとしてもＥＥＣが域外に共通関税を設けた関税同盟であったことに変わりはない。

(24)　ＥＥＣ設立条約は、第八条第一項で共同市場が漸進的に一二年の過渡期間中に形成されなければならないと規定していた。この規定は、一九六九年を待たず一九六八年には完了した。

(25)　イギリスの加盟申請は、一九六三年と一九六七年の二回行われた。いずれもド・ゴール大統領の拒否権や拒絶によって阻まれた。イギリスの加盟交渉は、ド・ゴールが一九六九年にフランス大統領の地位を去って再開した。

(26)　この期間に作成された報告書には、以下のものがある。ティンデマン報告書（一九七五年）、三賢人報告書（一九七八年）、スピネリ計画（一九八四年）、域内経済白書（一九八五年）。http://europa.eu/scadplus/treaties/introduction_en.htm（2007.09.07 アクセス）。

(27)　この転機は、様々に表現されている。大転換［Dinan, 1994, 129］、大飛躍［Jovanović, 1997,8］、また最初の根本的変革［Der Fischer

Weltalmanach, 2007, 555］と表現されている。

(28)(29)(30)　ＥＵ経済の中心ドイツを例にすると、ドイツは戦後ライン資本主義（Rheinischer Kapitalismus）［Schlecht, 1996, 10］と呼ばれる労使協調の生産体制を形成した。この生産体制は、国民の福祉水準の向上には寄与した。しかし、その反面余暇時間を長くし時間当たりの労働コストを高くした。また、高福祉は企業の付帯賃金を高くし、企業の投資資金を減少させた。

(31)　コックフィールドの域内市場完成白書は、ＥＵ域内の物流を妨げるＮＴＢを、物理的・技術的・財政的障害に分けこれらの障害の除去を求めた。そして、ローマ条約が規定したモノ・ヒト・サービス・カネの域内での自由移動を求めた。更に、これらの要件を満たした共同市場あるいは単一市場を一九九二年には完成することを求めた。

(32)　ＳＥＡ第一三条は、一九九二年一二月三一日までに域内市場を確立することと、域内市場でのモノ・ヒト・サービス・カネの国境に妨げられない移動を規定した。このため、ＥＥＣ第八ａ条を補足改正した。

(33)　ＳＥＡ第二〇条は、ＥＥＣ第一〇四条の国際収支と通貨の規定によって加盟国が協力することを規定した。このため、ＥＥＣ第一〇二ａ条を補足改正した。

(34)　マーストリヒト条約は、ＥＵの目的として第一章Ｂ条で最終的に単一通貨を含む経済通貨同盟の建設を規定している。

(35)　ユーロの導入は一九九九年一月一日、ＥＵが経済通貨同盟の最終段階に達したとき、加盟一五カ国のうち一一カ国によって開始した。このときのユーロは、計算単位であって交換手段ではなかった。紙幣と鋳貨をともなうユーロは、二〇〇二年ギリシャが加わり一二カ国で流通を開始した。二〇〇七年には、スウェーデンが加わり一三カ国になった。

(36)　本章が秩序自由主義と一括した経済学者には、三人の他にフリードリッヒ・ハイエクやアルフレッド・ミュラー＝アルマックなどが著名である。思想的に、オイケンを中立とすればハイエクは自由主義（右派）より、ミュラー＝アルマックは社会主義（左派）よりである。

(37)　国際分業の効率を高めるには、国際経済を国内経済に近づければいい。国内経済では、レプケのいう価格・交換・支払共同体が成立している。日本を例にすれば、円で価格が表示され、円で交換され、円で支払いがされている。ＥＵは、域内にレプケのいう価格・交換・支払共同体を実現しただけではない。労働・資本という生産要素の自由移動と、共通通貨ユーロの発行によって、かつては国際経済であったヨーロッパを国内経済へと移しかえつつある。

(38)　フェルトは、共同的な連邦制をアメリカ、ドイツ、オーストラリアとし、競争的な連邦制をスイス、カナダ、ＥＵとしている。

# 終章　自由と秩序の経済社会学

## 第一節　体制概念としての秩序自由主義―その理念・理論・政策―

本書は序章において、戦後ドイツ秩序自由主義が経済思想であると述べた。その理由として、これが理論と政策だけでなく理念をもあわせもつ、一つの体制概念であるからだと述べた。そして、経済思想は現実を変革する一つの政治的な力であるとも述べた。しかし序章においては、その理念と理論と政策には詳しく触れなかった。そこで、この点を理念、理論、政策の順序で論述してみたい。はじめに、その理念から説明する。

戦後ドイツには、米ソの対立を背景にして対照的な経済体制が成立した。東ドイツでは社会主義に基づく計画経済、西ドイツでは自由主義に基づく市場経済であった。東ドイツは別として、西ドイツに市場経済が誕生したのは、西ドイツを占領した英米仏三カ国の意向を反映したものではなかった。一九四五年にイギリスでは労働党が政権をとり、社会化と配給制をともなう計画経済が進められていた。西ドイツが、その影響を受けないことはなかった。アメリカも、戦時統制経済の解除には慎重だった。ドイツの学者と官僚も、これに同調するものが少なくなかった[Dahrendorf, 2004, 13]。このような状況下で、西ドイツに自由主義に基づく社会的市場経済が成立したのはドイツの自由主義者の創意によるものであった。

社会的市場経済がドイツの創意によるといっても、その先行例は十八世紀後半のイギリスにあった。すでに序章で述べたように、分業と交換に基づく商業社会と身分の平等に基づく市民社会とはイギリスが発祥の地であった。商業社会も市民社会も、ともにリップマンの表現にしたがえば、人が人を支配するのではなく、人が人として尊重される自由な社会であった。この社会を、十六世紀の近代国家に対して近代社会というならば、この近代社会が社会的市場経済のモデルであった。ただし、十八世紀後半のイギリスの近代社会と戦後西ドイツの社会的市場経済との間には、一つの点で決定的な相異がある。それは、近代社会をどのように建設するか、その方法に関するものであった。その方法とはリュストーの表現にしたがえば、古い自由主義か、それとも新しい自由主義かの相異であった。

序章で、戦後ドイツにおける自由主義の潮流を論じたとき、それが社会学的自由主義であれ、フライブルク学派であれ、進化論的自由主義であれ、いずれも自由は自由だけで成り立つものでなく、必ずなにかの条件をともなわなくてはならないとされていると述べてきた。これは、イギリスから近代社会を教えられ、しかしその順調な受容に成功しなかったドイツが、自らの歴史からえた教訓であった。

イギリスの自由主義は、近代社会の基礎である古典学派の経済理論と経済政策に見るように、自由は経済活動に均衡をもたらす条件であった。市場の価格でも、貿易の収支でも、財政の収支でも、相対する双方が制約なしに自由に行動できることが、均衡を成立させる条件であった。例えば、市場の価格は需要と供給の双方が独占などで制約されず自由であることが均衡価格の条件であった。スミスは、このように制約されない自然の自由から均衡という秩序が生じることを示した。そして、その中に自然法の顕現を見ていたのである。このようにスミスにとって自由は、自然法が顕現するために必要な条件であり、そのための手段であった。スミスのこのような自由解釈が、十九世紀の自由放任主義へと発展する。スミスは、自由のこのような発展は望まなかったかもしれない。しかし、自由がなにかよいことをもたらす条件と理解され、十九世紀の自由放任主義となったのは、自由が目的ではなく手段とみなされたことの必然的な結果であった。

ドイツの自由主義は、自由放任主義が自由の乱用と自由の弊害をもたらした経験から出発している。自由は放任されれば、自由が自由を侵害する事態を生じさせる。序章でも述べたように、ベームが問題にしたカルテル価格では、カルテルに入った生産者には価格を決める自由があっても、その他の生産者と消費者とには自由はない。このように、自由がなにでもありの自由に堕することのないためには条件が必要であるという認識は、ドイツの自由主義に共通している。この自由主義は、自由を手段でなく目的にする。ドイツ自由主義がイギリス自由主義を批判したのは、自由そのものでなくそのあり方であった。ドイツの自由主義は、自由を守るには秩序が必要であるとした。イギリスの自由主義が自由を通しての秩序であったとすれば、ドイツのそれは秩序を通しての自由であった。戦後ドイツの自由主義は、このような自由を理念として近代社会の新しい建設に向かったのである。

次に、その理論と政策を、狭義の秩序自由主義を代表するオイケン(1)の経済学体系(2)によって説明したい。オイケンの経済学体系は、三つの概念で成っている。それは、経済過程（Wirtschaftsprozess）(3)、経済秩序（Wirtschafts-ordnung）(4)、そして与件連環（Datenkranz）(5)である。この経済学体系は、以下の諸点を明らかにしたことが重要である。

一つは、経済過程によって、いつどこでも人類が直面してきた経済問題を明らかにしたことである。その問題とは、生産・消費・分配・投資・技術・立地のことであった。オイケンと同じくレプケも、これらを経済の基本的な問題［Röpke, 1979, 37］であるとした。人類は、これまで個人としても、社会としても、国家としても、これらの問題に日々直面し、これらを日常的に解決しながら生活してきた。経済問題を解決しなければ、人類の生活は成り立たない。オイケンは経済過程によって、なにが経済問題であるかを具体的に示した。そして、これらの問題から経済過程の概念を構成した。

二つは、経済秩序によって、経済体制の二者択一論を構成したことである。経済過程は経済秩序の枠内、あるいは枠組みを前提にして、その中で行われる。経済問題の解決や経済過程の進行は、混乱に落ち込むことがないためには秩序が欠かせない。この点は、自給自足の自己経済でも、分業と交換が発達した交換経済でも同じである。特に、分業と交換が発達した商業社会の経済過程では、多数者による経済活動は基準や秩序なしでは成り立たない。市場の価格や管理機関の計画は、このための目安になる。経済過程の基準あるいは秩序としては、管理機関の計画か市場の価格か、これらいずれかを置いて他にはない。これにしたがってオイケンは、経済秩序には中央指導経済と流通経済の二つの基本形態しかないことを明らかにした。基本形態の名称は、命令経済か市場経済か、あるいは計画経済か市場経済か、と様々である。しかし、その名称はどうであれ、経済体制の選択は管理機関の計画によるか市場の価格によるか二つに一つしかない。この議論は、オイケンだけでなくレプケ、リュストー、ミュラー＝アルマック、ハイエクにも共通している。広義の秩序自由主義はその他の議論で相異はあっても、経済過程には経済秩序は欠かせないという認識と、経済秩序の基本形態は中央指導経済（計画経済）と流通経済（市場経済）の二者択一しかありえないという認識で完全に一致している。確かに、市場経済といっても競争市場から独占市場まで様々な市場形態が混在しているのが現実である。計画経済も、管理機関から配給される消費財の選択や交換が認められるものと、そうでないものと形態は一様ではない。しかし、経済秩序の理論は、経済過程の運営を二つの経済秩序の間の選択以外には認めない。その含意するところは、もし様々な理由によって、流通経済（市場経済）が捨てられるなら、残された経済秩序は中央指導経済（計画経済）以外にはないということである。本書が、秩序自由主義は一つの体制概念であるというのは、このような経済秩序の理論による。秩序自由主義の秩序理論（Ordnungs-theorie）は、この体制選択論を中心にもっている。

三つは、その自由の理念に基づいて、秩序を条件にする秩序政策（Ordnungspolitik）を明らかにしたことである。オイケンは経済過程と経済秩序をもとにして、経済政策の三つの類型を明らかにした。経済政策には、国家が経済過程と経済秩序のいずれにも干渉しないタイプ、逆にいずれにも干渉するタイプ、そして経済秩序の形成には責任をもつが、経済過程の形成は企業と家計の自己責任に委ねる三つのタイプがある。第一のタイプは、十九世紀初頭から二十世紀初頭にかけての自由放任主義であった。第二のタイプには、一九一七年の革命後のロシアと一九三六年以降のナチス・ドイツにおける中央指導経済（計画経済）と戦間期のワイマール共和国時代における政労使による共同主義（コーポラティズム）とである。後者では、基幹産業の社会化と共同経営とによって経済過程と経済秩序とに部分的な干渉が行われた。第三のタイプは、戦後西ドイツの社会的市場経済が当てはまる。以上、経済政策の三つの類型を本書は、放任の経済政策、統制の経済政策、そして秩序の経済政策と名付けた。秩序の経済政策は、経済秩序の形成に国家が関与することでは統制の経済政策に似ている。しかし、関与の目的は異なる。統制の経済政策では、管理機関の計画に生産・消費等の経済過程をしたがわせる。このため、企業と家計とには自らの経済計画にしたがって行動する自由はない。これに対して秩序の経済政策では、経済過程を市場の価格にしたがわせるのが目的となる。市場の価格には、管理機関の計画とは異なり強制力はない。もし、市場の価格が高いと思えば買わなければいいし、安いと思えば売らなければいい。したがって企業も家計も、それだけ自由に行動できる。

また、秩序の経済政策は、放任の経済政策と経済過程の形成を企業と家計とに委ねることでは似ている。しかし、経済秩序の形成は放任せず、競争秩序を積極的に形成することで放任の経済政策とは異なる。秩序自由主義の秩序政策は、すべてを自由にさせるのでなく、自由にさせないなにかを条件にしてその他を自由にする。自由放任主義とは、この点が異なっている。例えば、経済政策についていえば自由にさせない経済秩序を条件に経済過程を自由にする。統制の経済政策を採用すれば、経済活動には秩序はあっても自由はない。逆に、放任の経済政策では自由はあっても秩序はない。これら統制の経済政策と放任の経済政策に対して、秩序の経済政策は秩序によって経済活動の自由を守ろうとする。このための秩序政策としてオイケンは、市場において競争秩序を実現することを重要な課題としたのである。

## 第二節　経済社会学から見た秩序と制度

オイケンの秩序理論によれば、管理機関の計画が秩序を与えるのと、市場の価格が秩序を与えるのとでは経済活動の結果は同一ではない。経済過程の枠組みとなる経済秩序が異なれば、結果が異なるのは当然である。ただ自然現象とは異なり、経済活動においては条件を同一にしておいて異なる経済秩序の間での比較ができないので議論が成り立たないだけである。しかし、もしも経済活動にも経済秩序という制度与件を除いて、欲求、資本、労働、自然、技術という同一の条件が前提されれば、このような比較はできたはずである。経済活動の結果が秩序や制度や体制と関連するという仮説は、一九七〇年末以降の中国の改革開放において、一九八〇年末以降のソ連のペレストロイカによって、一九九〇年代の東欧革命によって相次いで実証されることになった。

制度が問題である（Institutions-matter-Denken）〔Grossekettler, 1987, 28〕という命題は、経済成長に限界を見せはじめている先進工業諸国において、限られた資源の有効活用という観点からも重要になっている。この命題に関して、問題の所在を示したシュンペーター、その先行例を示していたスミス、そして同様の命題をそれぞれのアプローチで明らかにしていたヴェブレン、ハイエク、オイケンによって論じることにする。

シュンペーターは『経済分析の歴史』の中で、歴史、統計、理論を経済分析とし、これに経済社会学を付加した〔Schumpeter, 1954, 12〕。そして、経済分析は人々がどのように行動し、その経済効果がどうであるかを、経済社会学はその経済効果の前提になる社会制度を問題にするとし、具体的には、人々の行為、動機、性向とともに政府、財産相続、契約などをあげた〔Schumpeter, 1954, 21〕。

シュンペーターは、『経済分析の歴史』をさかのぼる一二年前に、『資本主義・社会主義・民主主義』を出版していた。同書は、企業家のイノヴェーション（技術革新）という行為（社会制度）が、経済の均衡体系に創造的破壊を生じさせ、経済発展という経済効果を発揮させると論じた。これは、社会制度を経済効果に結びつけるという、シュンペーターの経済社会学の定義に完全に符合していた。経済分析と経済社会学の区分は、『経済分析の歴史』までにシュンペーターの中ではできていた。しかし、このような意味での経済社会学は、すでにスミスの分業論にその原型が見られる。

スミスは、分業が生産を飛躍的に増大させる経済効果を明らかにした。分業が、単位労働（単位生産要素）当たりの生産高を増大させたからである。それは逆にいえば、単位生産高当たりの生産費を減少させたということでもある〔Leipold, 1998, 28〕。したがって、スミスも分業という社会制度が、生産性を上げることによって、あるいは生産費を下げることによって経済効果を上げると論じていた。

このようにスミスの分業論は、シュンペーターの定義による経済社会学の古典的な範例であった。分業という社会制度と、生産高という経済効果との関係を示したからである。分業が交換と同じく社会制度であるということは、いずれも人と人との関係で成り立っていることから明らかである。スミスは、分業は交換によってなり、交換は契約によってなるという［Smith, 1976, 25］。スミスは、分業と交換による社会制度の経済効果を明らかにしただけではない。契約は、人と人の合意を前提にする。序章でも述べたように、これが人と人との平等な関係という社会効果をもたらすことは明らかである。

ソースティン・ヴェブレン（Thorstein Veblen, 1857–1929）は、産業革命を迎へ産業構造が農業から工業へ、社会構造が農村社会から都市社会へと変革する十九世紀半ばのアメリカを、有閑階級（leisure class）の理論で明らかにした。ヴェブレンは社会制度を有閑階級と産業階級とにわけ、産業社会のもつダイナミズム（経済発展）を経済効果として、この時代のアメリカを分析した。

有閑階級は、原始未開文化（primitive savage culture）ではまだ成立していない［Veblen, 1899, 3］。有閑階級は、余剰のある社会になってはじめて成立する。この社会を野蛮文化（barbarian culture）ともいう［Veblen, 1899, 3］。有閑階級が制度化されると、原始未開文化の平和愛好的な生活習慣は廃れ、好戦的な生活習慣が優位になる。

野蛮文化では有閑階級は生業を離れ、生業は余剰を生み出す産業階級（industrial class）に委ねられる。有閑階級は統治、戦闘、宗教的職務とスポーツのみを職務とし［Veblen, 1899, 1］、略奪的気質、身分意識、擬人観的崇拝（anthropomorphic cult）をもち、所有、消費、余暇を経済的な欲求充足のためにでなく、自己の勢力を誇示するために行う［Veblen, 1899, 160］。野蛮文化は後に半平和愛好的段階（quasi-peaceable stage）を経て、現代の産業社会（industrial community）へと移行する。有閑階級は、新しい産業社会に適応するために、略奪的気質を戦闘的気質から金銭的気質へと変化させる。一方、生業に従事する産業階級は、ヴェブレンがすべての人間に備わっているという有用性や効率性を高く評価し、不毛性、浪費すなわち無能さを低く評価する製作者本能（workmanship）を生産効率のために活用する［Veblen, 1899,9］。

産業社会とは、有閑階級と産業階級とが構成するハイブリッド（混合）型の社会である。産業社会では、金銭的利得を戦利品とみなす有閑階級がリスクを恐れず創造的破壊を敢行し、効率を目ざして生産する産業階級は製作者本能に突き動かされ技術革新に邁進する。十九世紀半ばのアメリカを背景にしたヴェブレンの近代社会は、十八世紀後半を背景にしたスミスの近代社会とは著しく様相を異にしている。十九世紀後半の自由放任主義を批判する点でヴェブレンは、ドイツのリュストーによく似ている。

社会制度と経済効果という経済社会学からハイエクを評価すると、誰しもが気づくのがその市場の理論である。ハイエクのいう市場は極めてユニークである。それは、経済社会学的な二つの命題からなっている。

一つは、市場には分散・分有されている知識を集合・共有させる機能があるという命題である。知識は有益であるが、人間は誰でも全知全能ではなく、他者の知識に負うところが多い。知識は、広く多くの人に分散して所有されている。このため、知識は集合・共有されなければ大きな威力にはならない。例えば、経営でも医療でも教育でも、知識は結合されることで有効性を高める。経営者と従業員との事業活動での適切なコミュニケーション、医師と患者との健康状態についての情報交換、教師と学生との意見交換の有無は、それぞれの活動効果を左右する。ハイエクの指摘するように、管理社会に比べると自由社会の方がこのためには適している。市場は、このように知識の集合・共有のための制度として、自由社会でこれを支える有力な条件になっている［Hayek, 1960/1961, 106］。

確かに、市場で買い手は必需品から奢侈品までの広い知識を得、売り手はどのような品目が多く求められているかの情報を得ている。

二つは、市場は、人間の知性で設計されたものではないという命題である。ハイエクは、市場は組織（Organisation）でなく有機体（Organismus）に近いといっている。例えば、企業、学校、官庁は人間が目的をもって設計した組織だといえる。しかし、有機体である植物や動物は、人間が目的をもって設計した組織ではない［Hayek, 1963, 6］。この観点からすると、市場は組織よりも有機体に近い。このような例として、ハイエクは言葉、道徳、法律、文字、貨幣をあげている［Hayek, 1963, 7］。

ハイエクは経済社会学の視点から、市場を古典学派や新古典学派のように理論のためのモデルとしないで、社会制度としてその機能を説明した。それだけでなく、市場が知識を有効活用させることで、知識のもつ経済価値を情報として高めさせる効果も示した。ハイエクは、このように社会制度としての市場の内容を明示し、市場の経済効果をも明らかにした。

オイケンの経済学は、秩序経済学（Ordnungsökonomik）［Hoppmann, 1995, 41］と呼ばれることがある。これを経済社会学の視点から見ると、社会制度が経済秩序となり、経済過程が経済効果に当たる。経済秩序が中央指導経済（計画経済）から流通経済（市場経済）に代わることで、経済過程の効率も変わることは先にも述べたように秩序経済学から得られる有益な知見であった。

オイケンの秩序経済学においては、秩序の概念は重要である。しかし、秩序は制度と同じく言葉としてはよく知られているが、社会科学でどのように役立てられ社会生活でどのような役割を果しているかはよく理解されているとはいえない。特に、制度より秩序の方が言葉としても概念としてもわかりにくい。しかし、秩序をよりよくわかるように定義しなければ、混乱の対極にある秩序の機能が明らかにならない。秩序について、三つの点を指摘しておきたい。

一つは、オイケンは秩序を、二つに分ける。人為的に秩序づけられた秩序と、人為的に秩序づけられるのではなく、秩序づけられる以前から自然的に存在している秩序の二つである。オイケンの用語では、前者を実定法的秩序(ordre positif)、後者を自然法的秩序(ordre naturel)という[Eucken, 1989, 239, 野尻、1965, 244][(6)]。グローセケトラーは、同じ用語を前者についてはラテン語でOrdinatio、後者をOrdoと名づけている[Grossekettler, 1987, 6]。

オイケンは、現実に存在する実定法的秩序をすべて肯定するのではなく、実定法的秩序は現実に存在すべき自然法的秩序に基づくことが望ましいという立場であった。この点オイケンは、経済という自生植物(Naturpflanze)は、社会という土壌に移植され栽培植物(Kulturpflanze)として育成されなければならないとしたレプケとよく似た立場であった[野尻、1973, 56]。ハイエクも、秩序は知性によって設計されるものではなく、自然によって自生し進化するという立場であった。

秩序は市場のようにいつ・どこで・だれかが特定できず、自然のうちに自生し進化する。しかし、例えば中世ヨーロッパ都市の教会・市庁舎・市場における市場のように、それが都市生活の秩序の一環を形成するとき、これはレプケの表現によれば自生植物が栽培植物として育成された一例とみなすことができる。

二つは、オイケンが経済秩序の基本を、自己経済・中央指導経済(計画経済)・流通経済(市場経済)の三つに分けたことである。これによって経済秩序はわかりやすくなったが、オイケンの分析した流通経済を構成する市場形態は相当複雑で煩雑である。市場形態は、オイケンの図式では双方独占市場から競争市場の間に多くの変化形態を含んでいる。この市場形態の多様性が、経済秩序を利用価値の低いものにした原因であると思われる。このような経済秩序の理論に、新たな生気を吹き込んだのは、オイケンと年報誌『オルドー（ORDO)』の共同発刊者となった法学者ベームであった。ベームは、まずオイケンが経済秩序には多くの市場形態があると定義したにすぎないとして、その多様性を概括した。その上で、産業（工業・商業）の発達した経済に当てはまるのは、二つの経済秩序（中央指導経済・流通経済）のうちいずれか一つしかないとしたところにオイケンの業績があったとする。ベームはオイケンの二つの経済秩序を、自己の秩序原理を用いて垂直的秩序（Subordination）と水平的秩序（Koordination）とに区分した［Böhm, 1950, 32］。ベームの秩序原理を用いると、秩序の二様の意味がよくわかる。秩序は、英語でorderといえば命令ともとれるし整序ともとれる。命令が混乱を抑止することは、容易に理解できる。しかし、すべての混乱が命令で抑止されているわけではない。市場の秩序は、明らかに命令によるのではない。市場は、価格によって混乱を抑止している。例えば、信号が車の動向を整序するように、価格が物の流通を整序している。命令ではなく価格が経済活動を整序するという観点によって、経済秩序はその機能をよりよく認識されることになった。

三つに、オイケンは経済過程が、経済秩序を枠組みとして正常な運行が保証されるという。経済過程は欲求・自然・労働・資本・技術・制度の与件連環の変化によって変えられる。経済秩序は、与件連関の変化に経済過程が自動的な適応ができるよう機能することが求められている。例えば、人口（労働）の与件の変化は、経済過程で生産・消費の変化や投資の変化をともなう。このようなとき、与件連関と経済過程の間で経済秩序の果す調整機能は重要である。

以上、経済社会学から見るとヴェブレンは階級、ハイエクは市場、オイケンは秩序によって社会制度と経済効果を論じたといえる。

## 第三節　経済学と社会学から経済社会学へ

リュストーは十八世紀後半にイギリスで成立して、十九世紀にヨーロッパに広まった経済的自由主義を旧自由主義、自らの自由主義を新自由主義と名づけて両者を区別した。それは、旧自由主義が経済のみに価値を置いたのに対して、新自由主義は経済を超えた価値を経済の上に置くとしたからであった。リュストーの批判は、経済的自由主義の経済至上主義と物質万能主義への批判であった。産業革命以来の経済発展が、この恩恵に浴した地域の人々に飢餓・疾病・早死からの解放をもたらしたのは確かであった。しかし、経済的繁栄の結果、経済がすべてという生活感覚を人々に抱かせることになった。それは、経済さえよければすべてよしという生活信条でもあった。この生活信条は、経済活動によって生ずる負の外部効果を軽視する風潮を生じさせた。経済活動によって犠牲にされる人間や、社会や、自然への配慮を欠いた経済中心の生活を出現させることになった。経済が、生活の基礎であることは疑いない。しかし、生活の上に経済が位置するのは正常ではない。経済をこの位置においたのは、経済は経済だけで成り立つことを証明した経済学の過失であった。この点を、ヴェブレン、ハイエク、オイケンによって検討したい。

経済学は古典学派のスミスがもっていた経済社会学の萌芽から離れ、社会制度と経済効果の研究にそれぞれ特化して行った。それは、市民社会を対象にする政治学あるいは社会学と、産業社会（商業社会）を対象にする経済学とに分業化した。その理由は、古典学派がこれに先行する重商主義に対抗して、国民国家の殻を破って成立しようとしていた市民社会の存在証明を求めたからである。ベームの秩序原理にしたがえば、産業社会（商業社会）と市民社会はともに、新しい水平的秩序を基にし、古い垂直的秩序による国民国家に対立しはじめていた。命令による旧秩序は後退し、合意による新秩序が産業社会（商業社会）と市民社会を動かす時代になっていた。スミスはじめ古典学派の研究者は、新しい社会の秩序原理を発見したと信じ、それを経済学で証明しようとした。新しい秩序原理のキイ・コンセプトは合意という概念であった。合意の形成が市場で価格となり、議会で法律となり、社会では契約となったのである。このようにして、社会科学は経済学、政治学、社会学へと分離した。

経済学の循環論・均衡論・成長論は古典学派、新古典学派、ケインズ学派のいずれのバージョンをとっても、経済活動の申し分のない状態を描写する。特に古典学派では、十八世紀イギリスで成立した近代社会の存在証明のために、経済活動の申し分のない状態の立証は欠かせなかった。古典学派は、この目的を達成した。そして、この伝統は新古典学派にも継承された。新古典学派の目的が、均衡解の存在、安定性、社会的厚生、成長経路の定常性の数学的手法での解析にあるとされるとき［本間、2004］、古典学派の伝統が新古典学派に継承されていることがよくわかる。(7)

古典学派による経済活動の申し分のない状態の証明は、市民社会の成立根拠としては有効であった。しかし、それは経済活動そのものの申し分のない状態の証明ではなかった。近代社会には経済内部に経済不況・不完全雇用・独占市場が、経済外部にも自然・人間・社会に負荷を及ぼす問題が多くあった。それでは、古典学派の伝統となった経済活動の申し分のない状態の証明は、どうして現実との間でこのような齟齬《そご》を生じるようになったのか。その理由は、経済学が社会制度とは無関係に経済効果の研究に特化する過程で、自然科学と同じアプローチへと傾斜して行ったからである。しかし、自然科学では成功した対象へのアプローチは、社会科学では完全な成功を収めてはいない。それは、なぜなのか。ヴェブレン、ハイエク、オイケンに、この問題を解決する社会科学のアプローチがあるかどうかを以下で検討する。

ヴェブレン・ハイエク・オイケンが、もし、古典学派の伝統に則して経済現象の循環・均衡・成長の研究に進んでいたら、三者の研究の中に制度・進化・秩序の概念は入る余地はなかったであろう。そうしたら、ヴェブレンがしたように有閑階級・産業階級と産業社会の関係や、ハイエクのように自由社会と経済進歩の関係や、オイケンのように経済秩序と経済過程の関係を経済社会学的に究明することは行われなかったであろう。

三者による以上の成果は、経済学の正統とは見なされない研究方法によって達成された。三者が経済社会現象にどう対応したかは、三者が前提にした対象認識を見ればわかる。

ヴェブレンに関しては、事実に即した知識（matter of fact knowledge）がこのためのキイ・コンセプトになる［Veblen, 2003, 29］。ヴェブレンは社会科学と自然科学との間にある認識対象の相異には言及しない。もっぱら、いずれの科学であっても事実に即したアプローチと、事実を離れたアプローチのあることを問題にした。ヴェブレンは、産業社会を構成する産業階級が、工業にも商業にも事実に即した知識を必要とし、この知識を発展させたとする。この知識によって、産業だけでなく科学も技術も発展したとする。

この認識を基にヴェブレンは、現象の事実を離れた説明は科学ではなく、神話であるという。事実を離れた説明ということでは、現象の物語風の説明だけでなく、目的論も因果論も、事実を離れれば科学ではない。ヴェブレンがニュートン主義でなくダーウィン主義であるといわれるのは、単に経済社会現象が物理学的でなく生物学的な現象に似ているというだけではない。天体の運動を法則という事実を離れた因果関係によって説明したニュートンより、生物の進化という事実に即して説明したダーウィンをより科学的と判断したからである。ヴェブレンは、当時の既成の経済学を古典学派、新古典学派、歴史学派、マルクス経済学とことごとく批判した［佐々木，1998, 63］。しかし、その一貫した理由は、これらの経済学が自然法則のように事実の外に説明理由を求める科学だったからである。ヴェブレンは、事実に則し、事実の間に因果関係を求める研究方法を求めた。法則を求めようとすれば、価格理論がそうであるように、需要・供給・価格の三つのファクターからなる市場モデルをつくらなくてはならない。しかし、これによってモデル化された市場はそれだけでmatter of factからは離れ去る。

ヴェブレンは、事実に即して対象にアプローチする自己の立場を明らかにした。しかし、対象認識については触れなかった。これに比べると、ハイエクもオイケンも、社会科学の対象認識について踏み込んだ認識を示している。ハイエクは、ノーベル賞受賞の記念講演「知識の驕り」の中で、社会科学が自然科学にならって厳密科学になろうとして数理化と数量化を進める科学主義を批判した。その理由をハイエクは、社会現象と自然現象との相異によって説明した。そのとき用いたキイ・コンセプトが、複雑系（Komplexität）であった［Hayek, 1975, 14］。

自然現象は社会現象に比べると、少ない変数で説明できる利点がある。しかし、社会現象には、数量では表せない変数が多くある。例えば、景気の変動が消費や投資に関係することまでは確かとしても、その消費や投資を動かす人間心理の楽観・悲観等の変数も入れはじめると、このような変数を数理や数量で表すのは困難である。ハイエクは、社会科学が因果関係を求めることは否定していない。しかし、人間の知性には追求に限度があることを認めるべきであると論じた。そして、このような対象認識は設計主義や構成主義の批判へと発展した。ハイエクによれば、知られていないものを知られているもののように仮定して、社会科学の対象を設計し構成しようとするのは知性の驕り以外のなにものでもない。これは、自由放任主義の復活ととられかねない。しかし、これまでに人類が残してきた多くの歴史遺産は、決して人間の知性の産物であったのではなく、自生の結果であることを思えば、自生の芽を摘むような設計や構成を批判するのは当然である。

オイケンは社会科学の対象に、二律背反（Antinomie）をキイ・コンセプトに対応している。オイケンは、第一次大戦でドイツが経験したハイパー・インフレーションを、歴史研究では解決できないという理由で歴史学派を去った。歴史学派を去って、オーストリー学派の理論研究に近づいたがここにもとどまらず、歴史と理論を結合して独自の歴史理論を構成した。それが、経済過程と経済秩序とを結合する歴史理論であった。オイケンが歴史理論に到達したのは、経済的現実（社会科学の対象）が歴史研究だけでも、理論研究だけでも、いずれも現実から離れる二律背反的性格をもつという認識によった。

社会科学の対象は、ハイエクのいうように多様（複雑）であるだけでなく変化する。多様性と歴史性が、自然科学とは異なる社会科学の対象のもつ個性である。オイケンは、自然科学の対象を不変の全体様式（invarianter Gesamtstil）、社会科学のそれを可変の全体様式（varianter Gesamtstil）と名づけて区別した［Eucken, 1989, 21］。自然現象は定常性が、前提にできる。現象自体は安定し、固定し、静止している。自然現象の定常性が、自然法則を成り立たせる。例えば、落体の法則は落体運動が安定し、固定し、静止しているからである。

これに反して、社会科学では法則が成り立たない。それは、社会現象にはこのような定常性が前提にできないからである。比較的自然科学のアプローチがあてはまる経済学でも、景気の循環理論、価格や所得の均衡理論、経済の成長理論が有効であるためには循環、均衡、成長が同じパターンで常に繰り返し出現することが必要である。この前提条件の恒常性が、経済学では保証されない。経済現象は、安定し、固定し、静止しないからである。

オイケンは完全市場を前提にすれば、古典学派や新古典学派の価格理論が成立することは認めている。ただし、経済秩序を無視して無前提に価格理論が成立することは認めない。均衡価格が現実的となるのは、経済秩序が完全市場であるときの経済過程においてだけである。オイケンも、対象認識では自然現象の定常性を暗黙のうちに前提にしている近代経済学とは明らかに一線を画している。

ヴェブレンも、ハイエクも、オイケンも経済が経済だけで成り立つのでなく、生活の中に位置づけられるという認識では共通する。経済学は、スミスにあった経済社会学を離れたが、再び経済社会学へと戻るべきことを三者は三者のアプローチで示している。

注

(1) 広義と狭義の秩序自由主義については、序章の図2を参照のこと。

(2) オイケンの経済学体系は、その主著『国民経済学の基礎』(Die Grundlagen der Nationalökonomie) に載せられている。『国民経済学の基礎』は、戦時下の一九四〇年に初版が出版された。その後、一九八九年には第九版が出版された。邦訳には、大泉行雄訳『国民経済学の基礎』(勁草書房　一九五八年) がある。

(3) 経済過程は生産=消費過程、分配過程、投資過程、技術過程、そして立地過程の五つに分かれる。経済過程は人類の歴史で経済活動が営まれるところでは、いつどこにでも認められる日常生活の一環である。オイケンのいう経済過程は、単純に生産と消費とに集約させると、生産にはじまり消費に終わる循環過程と表現することもできる。あるいは、レプケの言った人類にとっていつかなる時代にも課せられているなにを、どれだけ、どういう方法で生産するかという基本的な問題 [Röpke, 1944, 1979, 37] と言ってもいい。

(4) オイケンは経済秩序の基本形態を、自己経済 (Eigenwirtschaft)、流通経済 (Verkehrswirtschaft)、中央指導経済 (Zentral geleitete Wirtschaft) の三つに分けた。自己経済は、一人の責任者が管理できる規模の経済過程で成立する。分業と交換の発達した規模の経済過程は、市場の価格によって整序されるか、管理機関の計画によって整序されるかのいずれかである。前者を流通経済、後者を中央指導経済という。市場経済と計画経済というのと同じことである。

(5) オイケンは、経済は適応であるという。経済過程も経済秩序もともに経済にとっての与件である歴史過程の制約を受ける。与件連環としてオイケンは、六つをあげている。欲求与件、自然与件、労働与件、資本与件、技術与件、そして制度与件である。与件をどう利用するかは経済政策によって決められるが、与件そのものは経済にとっての外部条件であって経済を超えた存在である。例えば、バブルの好景気では高級商品が好まれた。欲求が、高級品嗜好になるかならないかは経済政策の域を超えている。経済政策は、高級品嗜好を利用して税率を上げて財政収入を上げることはできる。

(6) オイケンは、その主著『国民経済学の基礎』において、秩序を現実に存在している秩序と、現実には存在していないが存在すべき秩序に分けている。前者を経済秩序（Wirtschaftsordnung）、後者を経済の秩序（Ordnung der Wirtschaft）と名づけている［Eucken, 1940, 1989, 238-239］。あるいは、本文で用いた用語では実定法的秩序（ordre positif）、後者を自然法的秩序（ordre naturel）と名づけている［Eucken, 1940, 1989, 239］。例えば、需要と供給を調整する市場には独占市場、寡占市場、競争市場と様々ある。たとい、経済権力が市場に介入し、価格操作が行われない競争市場が市場秩序の最善であったとしても、現実に存在する市場秩序は独占市場であったり寡占市場であったりする。オイケンには、このような現実に存在する経済秩序、あるいは実定法的秩序に向かって、現実に存在していなくても存在すべき経済の秩序、あるいは自然法的秩序を実現しようとするつよい実践意志が見て取れる。

（7）　本間明は森嶋通夫の追悼文の中で、新古典学派の目的を均衡解の数学的解析であることを適切に要約した［本間、2004］。

# おわりに

本書を閉じるに当たり、母校早稲田大学でご指導いただいた二人の恩師のことが思い起こされる。四十年以上前になるが、記憶が薄れることはない。一人は酒枝義旗先生で、もう一人は難波田春夫先生である。

本書の第一部　秩序自由主義による資本へのアプローチ、第二部　秩序自由主義による福祉へのアプローチを論述した著者の胸中には、一九世紀の近代市民社会が直面した階級闘争に関して、階級と階級との間には対立・紛争・闘争しかなく、協調・協力・和合はありえないのかという疑問があった。同じく、第三部　秩序自由主義によるEUへのアプローチについても、二〇世紀の近代国家が直面した国際紛争に関して、国家と国家との間には対立・紛争・戦争しかなく協調・協力・平和はありえないのかという疑問があった。いずれも、平和をめぐる問題であった。このように平和の条件と実現を探求する欲求は、二〇世紀の半ば近く戦争の記憶を残す世代の学究であれば、誰の胸中にも宿るものである。

このような欲求をもつ者にとって、酒枝先生が多くのゴットル学徒が戦後に離れ去ったあとも、ただ一人ライフワークとして研究を続けたゴットル＝オットリリエンフェルトの以下の言葉は、心から共感させられる。

「一体経済は本当に財の生産・流通・分配および消費の総括たることに尽きてしまうものであろうか。すでに古の中国の聖典の教えはまったく異なっていた、すなわち経済はいつの時代でも『平和な共同生活の実現』という深い意味をもつものであると説いた。まことに経済は現実的なものとして平和への秩序たるの資格をもつものである」（西川清治・藤原治郎訳『経済の本質と根本概念』）。

著者は学部、大学院、その後も酒枝先生の指導を受けたが、先生の専門としたゴットル経済学でなく、オイケン経済学に親しんだ。ゴットルとオイケンでは、前者は国家主義で後者は自由主義で経済思想の立場を異にするはずであるが、先生はそのことに触れることはなかった。かえって、著者の大学院での研究テーマを「新自由主義の理論と政策に関する研究」と定め、著者の研究を奨励することがあっても制約することはなかった。言われたことは、オイケンはゴットルの影響を受けているということぐらいで、思想上の相異は問題にしていない様子であった。

したがって著者も、ゴットルとオイケンの立場の相異には頓着しないで来たが、その後この点に疑問を感じることがあった。ところが最近、知人から譲り受けていた先生の著書『早稲田の森』を読み、先生はゴットルに私淑する前にドイツではなく日本においてすでに自由主義の真価に覚醒していたことを知った。この著書の中で、先生は早稲田高等学院初代院長中島半次郎に触れ、次のように語っている。

「世間や他人が何と言おうと、それに押されてついて行くのでなく、あくまで自分自身の心の底から発言できるもの、たとえそれが、いかに見すぼらしくあろうと、そのものを語り、そのものに即して生き且つ動くこそ、本当の生きかた動きかたなのだという意味での個人主義、今日の表現によれば、何よりもまず、自分自身の主体性を確立しなければ、本当のことは始まらないという考えかたが、高等学院の全部とは言えなくとも、多くの学生の心に共通していたと言えよう。こうした考えかたが、当時の高等学院のいわば学風をなしたのは、決して偶然ではなかった。それは院長中島半次郎先生の人格と思想から、静かに、しかし力強く流れ出てくるのであった。先生こそは、最も高い意味における真の自由主義者であり、したがって、徹底した人格主義者であった」（酒枝義旗著『早稲田の森』)。

ここに語られている自由主義と個人主義とは、無責任・身勝手・我が儘・自己中などとは完全に類を異にする。人間にとって自主・自治・独立は尊く美しいとの評価を受ける類のものである。市民社会が健全に立つためには、自由の正しい評価と理解とがより多くより広く人々の心にはぐくまれなくてはならない。先生の中で、ゴットルとオイケンとが相克・対立・矛盾することなく共存できたのは、むしろ当然のことであった。

著者は終章 自由と秩序の経済社会学で、自由は自由だけでは成り立たず自由を律する秩序を必要とする、経済学は市民社会の存在証明の過程で、スミスでは保たれていた経済社会学の萌芽を離れ政治学、経済学、社会学へと分離独立して行ったと述べ、今やそれぞれの分野が総合的な社会科学基盤への回帰を必要としていることを示唆した。

このように終章を作成して、著者はこの認識がもう一人の恩師難波田春夫先生の教えであったことに気づいた。もっとも、先生は市民社会と自由主義との評価では、秩序自由主義とは異なり、その論証も先生独自の経済哲学を基にする。しかし、著者は生活が決して政治・経済・社会というように相互依存なく分離独立するものでなく、有機的一体であるという認識、学問も少なくとも社会科学では、政治学・経済学・社会学というように相互補完されずに独立に研究されるべきでないという認識を、先生の経済哲学から教えられた。先生が戦後出版された新版『国家と経済』には、次のような論述がある。

「経済学が成立した当初に経済学が経済と社会を観ていた最も根本的な立場に戻り、その後、経済と社会が経済学の観ていたように発展して来たか、どうかを、今一度反省してみると、実に意味深い現象が進行しつつあることに気づかざるを得ない。経済は宗教、道徳、政治、法などすべての形相から解放されても、それ自身でみずからの形相（秩序）をもつことができるということが経済学によって根拠づけられた結果、自由経済が、したがってまた自由（市民）社会が満々たる自信をもって発足した。ところがその後の発展過程を見ると、自由経済が自由経済のままでありつづけることが不可能となって行ったプロセスであると見ることができる。けだし、すでに詳しく説いて来たように、自由経済はまず自らの存立のためには法がなければならぬことに気づいて、法を要請した」（難波田春夫著『国家と経済』）。

著者は、その研究をほとんどドイツ語文献に頼り、ドイツでの留学と生活の経験がなく、都合五回のドイツ旅行以外にはドイツの大地に触れることはなく過ごしてきた。このため、自己の文献研究からえた知見とドイツの現実との照合には、常に一抹の不安を抱き続けてきた。このような著者にとって、長年の交友を保ってもらえるドイツの友人達は、認識と現実とに橋渡ししてもらえる貴重な人達である。

これらの人達への、謝辞を残しておきたい。順子・クラウス　ランペルト夫妻（Junko & Klaus Lampert）、ハイディ・ゲオルグ　ランペルト夫妻（Heidi & Georg Lampert）、バーバラ・ヨハネス　バウアー夫妻（Barbara & Johannes Bauer）、フランツ　キング（Franz King）、ヘルガー　ミュラー（Helga Müller）。

二〇一一年 二月　日独友好通商条約締結 一五〇年記念の年

著者

# 参考文献


Blaug, Mark［1962, 1968, 1978］Economic Theory in Retrospect, D. Irwin, Inc.（関恒義／浅野栄一／宮崎犀一訳［一九八六］『経済理論の歴史Ⅳ』東洋経済新報社。）

Böhm-Bawerk, Eugen［1884, 1921］Kapital und Kapitalzins, Erste Abteilung, Geschichte und Kritik der Kapitalzins-Theorien, Verlag von Gustav Fischer.

Böhm-Bawerk, Eugen［1889, 1921］Kapital und Kapitalzins, Zweite Abteilung, Positive Theorie des Kapitals, Verlag von Gustav Fischer.

Böhm, Franz［1948］Das Reichsgericht und Kartelle, in, ORDO Bd.1, Hermut Küpper Vormals Georg Bondi.

Böhm, Franz［1950］Die Idee des Ordo im Denken Walter Euckens, in, ORDO Band 3. Helmut Küpper Vormals Georg Bondi.

Böhm, Franz［1980］Der Janusgesicht der Konzentration, in, Freiheit und Ordnung in der Marktwirtschaft, Nomos Verlagsgesellschaft.

Brok, Elmar［2001］Der Vertrag von Nizza, Wird die EU handlungsunfähig?, in, Frankfurter Allgemeine Zeitung, Samstag, 13, Januar 2001.

Cecchini, Paolo［1988］The European Challenge 1992, The Commission of the European Communities.（田中素香訳［一九八八］『ＥＣ市場統合・一九九二』東洋経済新報社。）

Collins, C.D.E.［1993］History and Institutions of the EC, in, El-Agraa, Ali M. ed., The Economics of the European Community, 4.ed., Havester Wheatsheaf.

Dahrendorf, Ralf［2004］Wirtschaftlicher Erfolg und soziale Wirkung, in, Frankfurter Allgemeine Zeitung, Freitag, 24. Dezemmber 2004.

Der Fischer Weltalmanach［2007］Fischer Taschenbuch Verlag.

Dinan, Desmond［1994］Ever Closer Union?, Lynne Rienner Publishers, Boulder.

El-Agraa, Ali M.ed.［1980, 1983, 1989, 1994］The Economics of the European Community, 4.ed., Havester Wheatsheaf.

Erhard, Ludwig［1962］Deutsche Wirtschaftspolitik, ECON Düsseldorf-Wien und KNAPP Frankfurt/Main.

Eucken, Walter［1938, 1941, 1961］Nationalökonomie Wozu?, Verlag Hermut Kuper Vormals Georg Bondi.

Eucken, Walter［1939, 1941, 1942, 1949, 1989］Die Grundlagen der Nationalökonomie, 9. unveränderte Aufl., Springer-Verlag.（大泉行雄訳

〔一九五八〕『国民経済学の基礎』勁草書房。）
Eucken, Walter〔1951〕Unser Zeitalter der Misserfolge, Fünf Vorträge zur Wirtschaftspolitik, J.C.B.Mohr（Paul Siebeck）.
Eucken, Walter〔1951〕This Unsuccessful Age or The Pains of Economic Progress, William Hodge and Company Limited.
Eucken, Walter〔1952, 1968〕Grundsätze der Wirtschaftspolitik, J.C.B.Mohr(Paul Siebeck) Polygraphischer Verlag A.G.（大野忠雄訳〔一九六七〕『経済政策原理』勁草書房。）
Eucken, Walter〔1954〕Kapitaltheoretische Untersuchungen, J.C.B.Mohr(Paul Siebeck).
Fabian, Nico und Karin〔2008〕Ordoliberalismus und Soziale Marktwirtschaft, www.tu-braunschweig.de/Medien-DB/isw/5-sitzung.pdf (2009.04.23アクセス)。
Feld, P.Lars〔2003〕Eine Europäische Verfassung aus Polit-ökonomischer Sicht, in, ORDO Band 54., Gustav Fischer Verlag.
Friedman, Milton〔1953〕Essays in Positive Economics, The University of Chicago Press.（佐藤隆三・長谷川啓之訳〔一九七七〕『実証的経済学の方法と展開』富士書房。）
Friedman, Milton〔1972〕Bright Promises, dismal Performance, Tomas Horton and Daughters.（西山千秋監修 土屋政雄訳〔一九八四〕『自由からの政府』中央公論社。）
Friedman, Milton〔1975〕There's no such Thing as a free Lunch, the Open Court Company.
Friedman, Milton & Rose〔1979〕Free to Choose, A Harvest Book, Harcourt, Inc.（西山千秋訳〔一九八〇〕『選択の自由』日本経済新聞社。）
Gerken, Lüder〔2003〕Eine Garantie der Subsidiarität, in, Frankfurter Allgemeine Zeitung, Samstag, 14. Juni 2003.
Giddens, Anthony〔1985〕The Nation-State and Violence, Polity Press, UK.（松尾精文・小幡正敏訳〔一九九九〕『国民国家と暴力』而立書房。）
Giddens, Anthony〔1998〕The Third Way, Polity Press c/o Andrew Nurnberg Associates Ltd.（佐和隆光訳〔一九九九〕『第三の道』日本経済新聞社。）
Giersch, Herbert〔1988〕Liberal Reform in West Germany, in, ORDO Bd.39., Gustav Fischer Verlag.
Gottl-Ottlilienfeld, Friedrich〔1931〕Wirtschaft und Wissenschaft, Verlag von Gustav Fischer.
Gröner, Helmut und Schüller, Alfred〔1989〕Grundlagen der internationalen Ordnung : GATT, IMF und EG im Wandel-Euckens Idee der Wirtschaftsverfassung des Wettbewerbs als Prüfstein, in, ORDO Band 40., Gustav Fischer Verlag.
Grossekettler, Heinz〔1987〕Der Beitrag der Freiburger Schule zur Theorie der Gestaltung von Wirtshaftssystemen, Institute für Finanzwissenschaft.
Gutmann, Gernot〔1989〕Euckens Ansätze zur Theorie der Zentralverwaltungswirtschaft und die Weiterentwicklung durch Hensel, in, ORDO Band 40., Gustav Fischer Verlag.

Gutmann, Gernot [1998] Ideengeschichtliche Wurzeln der Konzeption der Sozialen Marktwirtschaft, in, 50 Jahre Soziale Marktwirtschaft, Dieter Cassel (Hg.) Lucius & Lucius.

Habermann, Gerd [1988] Wohlfahrtsstaat-einst und jetzt, Motive des <<aufgeklarten Despotismus>>, in, ORDO, Band 39, Gustav Fischer Verlag.

Hayek, Friedrich.A. [1931, 1935] Prices and Production, 2.ed., Routledge & Kegan Paul LTD.（谷口洋志・佐野晋一・嶋中雄二・川俣雅弘訳［一九八八］『価格と生産』（『ハイエク全集1』）春秋社。）

Hayek, Friedrich.A. [1941] The Pure Theory of Capital, Routledge & Keagan Paul LTD.

Hayek, Friedrich.A. [1944, 1972] The Road to Serfdom, The University of Chicago Press.（一谷藤一郎訳［一九五四］『隷従への道』東京創元社。）

Hayek, Friedrich.A. [1952] The Sensory Order, The University of Chicago Press.（穐山貞澄訳［一九八九］『感覚秩序』（『ハイエク全集4』）春秋社。）

Hayek, Friedrich.A. [1954] Marktwirtschaft und Wirtschaftspolitik, in, ORDO Band 6., Helmut Küpper Vormals Georg Bondi.

Hayek, Friedrich.A. [1955, 1964] Scientism and the Study of Society, in, The Counter-Revolution of Science, A free Press Paperback.

Hayek, Friedrich.A. [1960・1961] Die Ursachen der ständigen Gefährdung der Freiheit, in, ORDO Band 12., Helmut Küpper Vormals Georg Bondi.

Hayek, Friedrich.A. [1963] Arten der Ordnung, in, ORDO Band 14., Helmut Küpper Vormals Georg Bondi.

Hayek, Friedrich.A. [1966] The Transmission of the Ideals of Economic Freedom, in, Studies in Philosophy, Politics, and Economics, The University of Chicago Press.

Hayek, Friedrich.A. [1971, 1983] Die Verfassung der Freiheit, J.C.B.Mohr (Paul Siebeck).

Hayek, Friedrich.A. [1974, 1975] Die Anmaßung von Wissen, in, ORDO Band 26., Gustav Fischer Verlag.

Hensel, K. Paul [1960/1961] Strukturgegensätze oder Angleichungstendenzen der Wirtschafts-und Gesellschaftssysteme von Ost und West ? in, ORDO 12., Band, Helmut Küpper Vormals Georg Bondi.

Hensel, K. Paul [1972] Grundformen der Wirtschaftsordnungen, Verlag C.H.Beck.

Hicks, J.R. [1939, 1946] Value and Capital, 2.ed.Oxford at the Clarendon Press.（安井琢磨・熊谷尚夫訳『価値と資本』岩波書店。）

Hitiris, Theo [1988, 1991, 1994] European Community Economics, 3.ed., Harvester Wheatsheaf.

Hobsbawm, Erick J. [1962] The Age of Revolution : Europe 1789-1848, George and Nicolson Ltd.（安川悦子 水田洋訳［一九六八］『市民革命と産業革命―二重革命の時代―』岩波書店。）

Hoppmann, Erich [1995] Walter Euckens Ordnungsökonomik-heute, in, ORDO Band46., Gustav Fischer Verlag.

Hrsg. Lexikon-Institut Bertelsmann [1975, 1981] Daten+Fakten zum Nachschlagen, Lexikothek Verlag GmbH.

Jäger, Wolfgang, Keiz Christine [2001] Kursbuch Geschichte-Von der Antike bis zur Gegenwart, Cornelesen Verlag und Wissen Verlag.（中野光延監訳 小倉正宏 永末和子訳［二〇〇六］『ドイツの歴史』赤石書店。）

Jame, Emile [1950] Histoire Sommaire de la Pensée Economique, Editions MONTCHRESTIEN.（久保田明光・山川義雄訳［一九六七］『経済思想史 下』岩波書店。）

Jovanović, N. Miroslav [1997] European Economic Integration, Routledge.

Keynes, John Maynard [1936, 1973] The General Theory of Employment, Interest and Money, in, The Collected Writings of John Maynard Keynes, Volume Ⅶ, Macmillan St.Martin's Press.（塩野谷祐一訳［一九八三］「雇用・利子および貨幣の一般理論」『ケインズ全集7』東洋経済新報社。）

Keynes, John Maynard [1980] Activities 1941-1946, shaping the Post-War World, Bretton Woods and Reparations, in, The Collected Writings of John Maynard Keynes, Volume XXVI, edited by Donald Moggridge, Macmillan Cambridge University Press.（石川健一・島村高嘉訳［一九八八］「戦後世界の形成―ブレトン・ウッヅと賠償―一九四一～四六年の諸活動―」『ケインズ全集26』東洋経済新報社。）

Kloten, Norbert [1989] Zur Transformation von Wirtshcaftsordnungen, in, ORDO Band 40., Gustav Fischer Verlag.

Lantermann, Klaus, Fiedler-Rauer, Heiko, Specht, Jens [2003] Tatsachen über Deutschland, Auswärtiges-Amt Deutschlands. ドイツの実情研究会訳［二〇〇三］『ドイツの実情』ドイツ連邦共和国外務省。）

Leipold, Helmut [1998] Die große Antinomie der Nationalökonomie, Versuch einer Standortsbestimmung, in, ORDO Band 49., Lucius & Lucius.

Leube, R. Kurt [1989] Friedrich A.von Hayek zum 90. Geburtstag, in, ORDO Band 40., Gustav Fisher Verlag.

Lutz, Friedrich. A. [1971] Politische Überzeugungen und nationalökonomische Theorie, J.C.B.Mohr(Paul Siebeck).

Lutz, Friedrich. A. [1956, 1967] Zinstheorie, zweite neue bearbeitete und stark erweiterte Auflage, J.C.B.Mohr(Paul Siebeck).（城島国弘訳［一九六二］『利子論』巌松堂出版株式会社。）

Malthus, T.Robert [1798, 1872] An Essay on the Principle of Population or A View of its Past and Presents on Human Happiness, 7th. Ed. Augustus M. Kelly Publishers.（高野岩三郎・大内兵衛訳［一九三五、一九六二］『初版 人口の原理』岩波書店。）

McDonald, Frank and Dearden, Stephen. ed. [1992, 1994] European Economic Integration, 2.ed., Longman.

Mill, J. Stuart [1848, 1965, 1968] Principles of Political Economy with Some of their Applications to Social Philosophy, University of Tronto Press, Routledge & Kegan Paul.

Müller-Armack, Alfred [1943, 1959] Genealogie der Wirtschaftsstile, in, Religion und Wirtschaft, W. Kohlhammer Verlag.

Müller-Armack, Alfred［1956］Soziale Marktwirtschaft, in, Handwörterbuch der Sozialwissenschaften, Bd.9.
Müller-Armack, Alfred［1960］Studien zur Sozialen Marktwirtschaft, in, Untersuchungen 12, Institut für Wirtschaftspolitik an der Universität zu Köln.
Müller-Armack, Alfred［1960, 1976］Die zweite Phase der Sozialen Marktwirtschaft, in, Wirtschaftsordnung und Wirtschaftspolitik, Verlag Paul Haupt.
Müller-Armack, Alfred［1965, 1976］Soziale Marktwirtschaft, in, Wirtschaftsordnung und Wirtschaftspolitik, Verlag Paul Haupt.
Müller, Christian［2007］Neoliberalismus und Freiheit, in, ORDO Band 58., Lucius & Lucius.
Nicholls, J.Anthony［1994］Freedom with Responsibility, Clarendon Press, Oxford.
Oberender, Peter［1989］Der Einfluss ordnungstheoretischer Prinzipien Walter Euckens auf die deutsche Wirtschaftspolitik nach dem Zweiten Weltkrieg, Eine ordnungspolitische Analyse, in, ORDO Band 40., Gustav Fischer Verlag.
Otte, Romanus［2008］Herzlichen Glückwunsch, Neoliberalismus, www.welt.de/politik/article2341267/Herzlichen-Glückwunsch-Neoliberalismus.html - 114k（2009.04.23アクセス）。
Pelkmans, Jacques［1997, 2001］European Integration, Pearson Education Ltd.（田中素香全訳［二〇〇四］『ＥＵ経済統合』文眞堂。）
Pollard, Sidny［1981］The Integration of the European Economy Since 1815, George Allen & Unwin.
Prollius, Michael［2007］Menschenfreundlicher Neoliberalismus, in, Frankfurter Allgemeine Zeitung, Samstag, 10, November 2007.
Renner, Andreas［2000］Zwei„Neoliberalismen", in, Fragen der Freiheit, Heft 256, Seminar für freiheitliche Ordnung, übertragt in, Bündnis 90/Die Grünen BT-Fraktion, T.A, Mai 2003, Anhang 1. www.tristan-abromeit.de/pdf/MdB%20Gruene%20Anhang%20I.pdf（2009.04.24アクセス）。
Reuter, Dieter［1985］Die Rolle des Arbeitsrecht im marktwirtschaftlichen System-Eine Skizze, in, ORDO Band 36., Gustav Fischer Verlag.
Ricardo, David［1817, 1924］Principles of Political Economy and Taxation, G. Bell and Sons, LTD.（羽鳥卓也・吉澤芳樹訳［一九八七］『経済学および課税の原理』岩波書店。）
Römer, Karl［1981］Tatsachen über Deutschland, 3.Aufl, Lexikothek Verlag.
Röpke, Wilhelm［1941, 1948］Die Gesellschaftskrisis der Gegenwart, Eugen Rentsch Verlag.
Röpke, Wilhelm［1944, 1946, 1949, 1979］Civitas Humana, Verlag Paul Haupt.（喜多村浩訳［一九五二］『ヒューマニズムの経済学』勁草書房。）
Röpke, Wilhelm［1958, 1966］Jenseits von Angebot und Nachfrage, 4.Aufl, Eugen Rentsch Verlag.
Röpke, Wilhelm［1959］Zwischenbilanz der Europäischen Wirtschaftsintegration-Kritische Nachlese, in, ORDO Band 11., Helmut Küpper Vormals Georg Bondi.

Röpke, Wilhelm ［1960］ International Order and Economic Integration, trans.by Gwen E.Trinks, Joyce Taylor and Cicely Käufer, D.Reidel Publishing Company.

Röpke, Wilhelm ［1962］ Wirrnis und Wahrheit, Eugen Rentsch Verlag.

Rüstow, Alexander ［1950］ Ortsbestimmung der Gegenwart, Bd.II, Eugen Rentsch Verlag.

Rüstow, Alexander ［1960］ Was wichtiger ist als Wirtschaft, Vortäge auf der fünfzehnten Tagung der Aktions-Gemeinschaft Soziale Marktwirtschaft am 29.Juni in Bad Godesberg, Martin Hoch Druckrei und Verlags-Gesellschaft Ludwigsburg, übertragt in, Bundnis 90/Die Grünen BT-Fraktion, T.A, Mai 2003, Anhang1. www.tristan-abromeit.de/pdf/MdB%20Gruene%20Anhang%20I.pdf（2009.04.24アクセス）。

Samuelson, Paul A. ［1955, 1958, 1976］ Economics, 4th. Edition, McGraw-Hill Book Company.

Schlecht, Otto ［1996］ Erneuerte Soziale Marktwirtschaft statt Regulierungs-und Versorgungsstaat, J.CB.Mohr（Paul Siebeck）.

Schüller, Alfred/ Weber, Ralf L. ［1998］ Deustche Einheit : Wirtschaftliche Weichenstellung zwischen politischer und marktwirtschaftlicher Rationalität, in, 50 Jahre Soziale Marktwirtschaft, Lucius et Lucius.

Schumpeter, Joseph A. ［1954, 1961］ History of Economic Analysis, George Allen & Unwin Ltd.（東畑精一訳［一九五八］『経済分析の歴史5』岩波書店。）

Smith, Adam ［1776, 1973］ An Inquiry into the Nature and Causes of the Wealth of Nations, The Modern Library.

Smith, Adam ［1976］ An Inquiry into the Nature and Causes of the Wealth of Nations, Volume 1, in, The Glasgow Edition of the Works and Correspondence of Adam Smith. Clarendon Press, Oxford.（大内兵衛・松川七郎訳［一九五九］『諸国民の富』岩波文庫。）（大河内一男［一九八〇］『国富論』世界の名著37, 中央公論社。）

Smith, Anthony D. ［1986］ The Ethnic Origins of Nations, Blackwell.（巣山靖司・高城和義他訳［一九九九］『ネイションとエスニシティ』名古屋大学出版会。）

Sontheimer, Kurt / Bleek, Wilhelm ［1971, 1999, 2000］ Grundzüge des politischen Systems der Bundesrepublik Deutschland, Piper Verlag GmbH.

Spicker, Paul ［2000］ The Welfare State, Sage Publication of London.（阿部實/圷洋一/金子充訳［二〇〇四］『福祉国家の一般理論—福祉哲学論考—』勁草書房。）

Streisand, Joachim ［1968］ Deutsche Geschichte in einem Band, VEB Deutscher Verlag der Wissenschaften.（小森潔・河辺実・一条正雄［一九八三］『ドイツ人民の歴史』未来社。）

Streit, Manfred ［1992］ Wissen, Wettbewerb und Wirtschaftsordnung -Zum Gedenken an Friedrich August von Hayek, in, ORDO Band43., Gustav Fisher Verlag.

Streit, Manfred［2004］Die „Verfassung für Europa“ –Bemerkung zu einem ordnungspolitischen Dauerproblem, in, ORDO Band 55., Gustav Fischer Verlag.

Toynbee, Arnold［1951］War and Civilization, Oxford University Press.（山本新・山口光朔訳［一九五九］『戦争と文明』社会思想研究会出版部。）

Veblen, Thorstein［1899］The Theory of the Leisure Class, Indy Publish.com Mclean.（小原敬訳［一九六六］『有閑階級の理論』岩波文庫。）（高哲男訳［一九九八］『有閑階級の理論』ちくま学芸文庫。）

Veblen, Thorstein［1906, 2003］The Place of Science in Modern Civilisation, in, The Place of Science in Modern Civilization, Trasactio Publishers.

Volkert, Jürgen［1991］Sozialpolitik und Wettbewerbsordnung, Die Bedeutung der wirtschafts–und sozialpolitischen Konzeption Walter Euckens für ein geordnetes sozialpolitisches System der Gegenwart, in, ORDO, Band 42., Gustav Fischer Verlag.

Walras, Léon［1874］Elements d'Economie Politique Pure, Imperimerie L. Corbaz & Cie, Editeurs.

Jaffe, William［1954］Elements of Pure Economics, George Allen and Unwin LTD.

Weber, Adolf［1910, 1954］Der Kampf zwischen Kapital und Arbeit, 6.Auf., J.C.B.Mohr（Paul Siebeck）.

Weber, Adolf［1961］Schein und Wirklichkeit in der Volkswirtschft, 1.Auf., Duncker & Hunbolt.

Woll, Artur［1988］Deregulating the Labor Market, The West German Case, in, ORDO Band 39., Gustav Fischer Verlag.

青山秀夫・都留重人・脇村義太郎編［一九五四］『経済学事典』平凡社。

足立正樹編著［二〇〇一、二〇〇四］『福祉国家の転換と福祉社会の展望』高菅出版。

荒憲治郎［一九七五］「オーストリア学派」（高橋泰蔵・増田四郎編集『経済学辞典』東洋経済新報社）。

井口泰［一九九二］「労働市場と労使関係」（大西健夫編『ドイツの経済』早稲田大学出版部）。

出水宏一［一九七八］『戦後ドイツ経済史』東洋経済新報社。

石田忠［一九七五］「イギリスの労働運動」（高橋泰蔵・増田四郎編集『経済学辞典』東洋経済新報社）。

泉水文雄［二〇〇〇］「ドイツにおける競争政策―一九九八年の第六次改正とその後―」（小西唯雄編『産業組織論と競争政策』晃洋書房）。www2.kobe-u.ac.jp/~sensui/sensui01.pdf （2009.04.23アクセス）。

猪木武徳［一九八七］『経済思想』岩波書店。

大野忠男［一九九四］『自由・公正・市場』創文社。

岡澤憲芙・連合総連編［二〇〇七］『福祉ガバナンス宣言　市場と国家を超えて』日本経済評論社。

岡田与好［一九八四］「『福祉国家』理念の形成」東京大学社会科学研究所編『福祉国家Ⅰ福祉国家の形成』東京大学出版会。

小川喜一［一九六五］「救貧法」（大阪市立大学経済研究所編『経済学辞典』岩波書店）。

加藤雅彦・麻生建・木村直司・古池好・高木浩子・辻通男編集［一九九八］『事典 現代のドイツ』大修館書店。

喜多村浩［一九五五］「国際経済協力機構」（編集委員代表　中山伊知郎『経済学大辞典』第Ⅱ巻　東洋経済新報社）。

木本幸造［一九六五］「価値判断論争」（大阪市立大学経済研究所編『経済学辞典』岩波書店）。

京極高宣［一九九五］『福祉の経済思想―厳しさと優しさの接点』ミネルヴァ書房。

京都大学文学部西洋史研究室編［一九五八、一九七九］「一一月革命」（『西洋史辞典』東京創元社）。

京都大学文学部西洋史研究室編［一九五八、一九七九］「救貧法」（『西洋史辞典』東京創元社）。

古賀英三郎［一九七五］「身分」（高橋泰蔵・増田四郎編集『経済学辞典』東洋経済新報社）。

小峯敦編［二〇〇六］『福祉国家の経済思想　自由と統制の統合』ナカニシヤ出版。

坂寄俊雄［一九六五］「救貧制度」（大阪市立大学経済研究所編『経済学辞典』岩波書店）。

佐々木晃［一九九八］『ソースタイン・ヴェブレン――制度主義の再評価――』ミネルヴァ書房。

佐々木博［一九九五］『ＥＵの地理学』二宮書店。

佐々野謙治［一九八二］「ヴェブレン研究への一視角――ヴェブレンとコモンズ、ミッチェル――」経済社会学会編『経済社会学会年報』Ⅳ。

佐々野謙治［二〇〇三］『ヴェブレンと制度派経済学――制度派経済学の復権を求めて――』ナカニシヤ出版。

庄司克宏［二〇〇三］『ＥＵ法 基礎編』岩波書店。

除野信道［一九五五］「広域経済」（編集代表　中山伊知郎『経済学大辞典』第Ⅱ巻　東洋経済新報社）。

杉原四郎［一九六五］「賃金基金説」（大阪市立大学経済研究所編『経済学辞典』岩波書店）。

大陽寺順一［一九七五］「アメリカの労働運動」（高橋泰蔵・増田四郎編集『経済学辞典』東洋経済新報社）。

大陽寺順一［一九七五］「労働者保護」（高橋泰蔵・増田四郎編集『経済学辞典』東洋経済新報社）。

高哲男［一九九一］『ヴェブレン研究』ミネルヴァ書房。

武川正吾［二〇〇七］『連帯と承認　グローバル化と個人化のなかの福祉国家』東京大学出版会。

塚本隆夫［一九八二］「ヴェブレンとダーウィン主義――ヴェブレンのアダム・スミス批判をめぐって――」経済社会学会編『経済社会学会年報』Ⅳ。

東條隆進［二〇〇四］『よい社会とは何か』成文堂。

富永健一［二〇〇一］『社会変動の中の福祉国家―家族の失敗と国家の新しい機能―』中央公論社。

富山県統計課編集［一九九四］「社会保障」（『経済指標のかんどころ』富山県統計協会）。

中村民雄編著［二〇〇五］『ＥＵ研究の新地平』ミネルヴァ書房。

野尻武敏［一九六五］『一般経済政策論―経済政策論の動向と基本問題―』有斐閣。

野尻武敏［一九七三］『人間と社会』ドンボスコ社。

野尻武敏［一九九五］「社会的市場経済：その理念と現実」（『大阪学院大学経済論集』第9巻第3号）。

野尻武敏［一九九七］『第三の道―経済社会体制の方位』晃洋書房。

橋本祐子［二〇〇八］『リバタリアニズムと最小福祉国家　―制度的ミニマリズムをめざして―』勁草書房。

鉢野正樹［一九七八］「ウィルヘルム・レプケの経済学」（『北陸大学紀要』第2号　北陸大学）。

鉢野正樹［一九八一］「社会的市場経済とは何であるか？―フランツ・ベームの独占理論との関連において―」（『北陸大学紀要』第5号）。

鉢野正樹［一九八五］「カール・ポパーの経済学方法論」（『北陸大学紀要』第9号）。

鉢野正樹［一九八九］『現代ドイツ経済思想の源流』文眞堂。

鉢野正樹［一九九三］『現代ドイツ経済思想の展開』文眞堂。

鉢野正樹［一九九四］「国際経済の秩序とオルドー学派」（『北陸大学紀要』第18号）。

福田敏浩［一九九六］『体制転換の経済政策―社会主義から資本主義へ―』晃洋書房。

堀米庸三［一九七六］『ヨーロッパ中世世界の構造』岩波書店。

本間正明［二〇〇四］「故森嶋通夫氏と経済学―新古典派発展に貢献」日本経済新聞「経済教室」2004.7.19.

マクミラン世界歴史統計［一九八三、一九八六］。

松原隆一郎［二〇〇二］『経済思想』新世社。

宮沢俊義篇［一九七六］『世界憲法集　第二版』岩波書店。

矢島鈞次編著［一九九一］『新自由主義の政治経済学』同文館。

山口二郎／宮本太郎／坪郷実編著［二〇〇五］『ポスト福祉国家とソーシャル・ガヴァナンス』ミネルヴァ書房。

山根裕子［一九九三、一九九五、一九九八］『新版ＥＵ／ＥＣ法』有信堂。

雪山慶正［一九六五］「労働運動（各国）アメリカ」（大阪市立大学経済研究所編『経済学辞典』岩波書店）。

# 人名索引


【ア行】

アクイナス　Aquin, Thomas von　30, 32, 33
アデナウアー　Adenauer, Konrad　246, 249
アリストテレス　Aristoteles　30, 32, 35
ヴィクセル　Wicksel, Knut　72, 73, 74
ウェーバー, A.　Weber, Adolf　119, 120, 121, 122, 137, 141
ウェーバー, R.　Weber, Ralf　110, 112
ヴェブレン　Veblen, Thorstein　269, 270, 271, 274, 275, 277, 278, 280
エアハルト　Erhard, Ludwig　13, 14, 15, 109, 160, 163, 223, 246, 248, 249, 250, 254, 256
エル・アグラ　El-Agraa, Ali　241
オイケン　Eucken, Walter　1, 2, 4, 5, 13, 14, 15, 18, 53, 54, 55, 56, 88, 89, 95, 96, 98, 99, 102, 110, 119, 151, 152, 153, 154, 155, 156, 157, 158, 159, 160, 161, 164, 167, 168, 169, 173, 174, 181, 182, 183, 184, 189, 190, 208, 229, 246, 247, 248, 249, 250, 254, 257, 258, 265, 266, 268, 269, 272, 273, 274, 275, 277, 278, 279, 280
オッペンハイマー　Oppenheimer, Franz　139

【カ行】

カラムエル　Caramuel, Juan Y. Lobkowitz　33
カルヴィン　Calvin, Jean　34
ガルブレイス　Galbraith, John Kenneth　102
ギデンズ　Giddens, Anthony　20, 21, 22
ギルシュ　Giersch, Herbert　11, 14
グレーナー　Gröner, Helmut　225, 236, 255
グロスマンドエルト　Grossmann-Doerth, Hans　13, 15, 18
ケインズ　Keynes, John Maynard　19, 37, 38, 40, 74, 76, 77, 78, 79, 83, 84, 129, 142, 155, 189, 229
ゲルケン　Gerken, Lüder　214
コックフィールド　Cockfield, Arthur　253
ゴットル　Gottl-Ottlilienfeld, Friedrich von　54
コール　Kohl, Helmut　163
ゴルバチョフ　Gorbachyov, Mikhail Sergeevich　93

【サ行】

ジスカール・デスタン　Giscard D'Estaing, Valèy　201, 211, 212, 213
シュヴァイツァー　Schweitzer, Jean B. von　124
シュトライト　Streit, Manfred　257
シューマン　Schuman, Robert　236, 249
シュモーラー　Schmoller, Gustav von　54, 131, 152
シューラー　Schüller, Alfred　110, 112, 225, 236, 255
シュンペーター　Schumpeter, Joseph Alois　102, 138, 269, 270
シラー　Schiller, Karl A.　21, 160
シラク　Chiraque, Jacques　212
スパーク　Spaak, Paul-Henri　244
スミス　Smith, Adam　6, 29, 34, 36, 42, 43, 52, 63, 129, 137, 184, 230, 231, 264, 265, 269, 270, 271, 275, 276, 280
セイ　Say, Jean Baptiste　41, 136

【タ行】

ダイナン Dinan, Desmond 241
タルノフ Tarnow, Fritz 135, 136, 137, 138, 139
チューネン Thünen, J. Heinrich 134, 142
チュルゴー Turgot, A. Jacques 30, 36, 37, 38
ディーツェル Dietzel, Heinrich 140
ティンバーゲン Tinbergen, Jan 102
トゥガン＝バラノフスキー Tugan-baranovski, Michael von 137
トクヴィル Tocqueville, A. C. H. Clérelde 169
ドロール Delors, Jacques 205, 212, 253

【ナ行】

ニコルス Nicholls, J. Anthony 7

【ハ行】

ハイエク Hayek, Friedrich A. 4, 13, 18, 19, 72, 73, 102, 173, 174, 181, 186, 187, 188, 189, 190, 191, 266, 269, 271, 272, 273, 274, 275, 277, 278, 279, 280
ハーバーマン Habermann, Gerd 164, 167, 168
ハーバラー Haberler, Gottfried 221
バラッサ Ballassa, Bela A. 201, 253, 254
ピグー Pigou, Arthur Cecil 19
ビスマルク Bismarck, Otto von 7, 9, 174, 175
ヒトラー Hitler, Adolf 2, 14
フェルト Feld, P. Lars 256, 257
ブキャナン Buchanan, James M. 10, 102
福田敏浩 Toshihiro, Fukuda 98
ブラント Brandt, Willy 99
フリードマン Friedman, Milton 10, 172, 173, 174, 175, 176, 177, 190
ブレンターノ Brentano, Lujo 121, 131, 132, 135, 137, 139
ブローク Brok, Elmar 212
プロディ Prodi, Romano 212
ベヴァリッジ Beveridge, William Henry 189
ベーベル Bebel, August 124
ベーム Böhm, Franz 4, 9, 13, 15, 18, 215, 265, 274, 276
ベーム＝バヴェルク Böhm-Bawerk, Eugen von 29, 30, 31, 33, 34, 35, 36, 41, 42, 43, 44, 45, 46, 47, 57, 59, 62, 63, 69, 71, 72, 73, 74, 78, 84, 140, 142
ペルクマンス Pelkmans, Jacques 224, 225, 235
ヘンゼル Hensel, Karl Paul 53, 88, 96, 97, 98, 99, 100, 101, 102, 103, 104, 105, 107, 109, 110, 112
ポラード Pollard, Sidny 224, 235
ボルン Born, Stephan 123, 124
ホワイト White, Harry Dexter 229

【マ行】

マルクス Marx, Karl 34, 35, 102, 130, 131, 132, 133, 152, 153
マルサス Malthus, Thomas Robert 130
ミーゼス Mieses, Ludwig von 4, 5, 13, 102
ミュラー＝アルマック Müller-Armack, Alfred 13, 15, 16, 17, 18, 266
ミル Mill, J. Stuart 6, 128, 230, 231, 233
メンガー Menger, Carl 54
モディリアーニ Modigliani, Franco 78
モネ Monnet, Jean 244, 249

【ヤ行】

ヤッフェ Jaffé, Edgar 143
ヨヴァノヴィッチ Jovanović, N. Miroslav 239, 241

【ラ行】

ラサール Lassalle, Ferdinand 123, 124
ラーテナウ Rathenau, Walther 143
ランゲ Lange, Oscar Richard 102
リカード Ricardo, David 6, 30, 36, 38, 39, 129, 130, 230, 231

リスト　List, Friedrich　7
リップマン　Lippmann, Walter　12, 13, 16, 18, 264
リープクネヒト　Liebknecht, Wilhelm　124
リュストー　Rüstow, Alexander　12, 13, 16, 17, 18, 264, 266, 271, 275
ルッツ　Lutz, Friedrich　53, 54, 55, 56, 62, 70, 72, 79, 81, 83, 84
レプケ　Röpke, Wilhelm　9, 13, 16, 17, 18, 102, 168, 173, 174, 181, 184, 185, 186, 189, 190, 250, 254, 256, 265, 266, 273
レンナー　Renner, Andreas　10, 19
ロイター　Reuter, Dieter　164, 165, 166, 167
ロック　Locke, John　34
ロッシャー　Roscher, Wilhelm　31

**【ワ行】**

ワイツゼッカー　Weizsäcker, Richard F. von　94
ワルラス　Walras, Léon　63, 64, 65, 66, 67, 68, 69, 70, 71, 73, 77, 78, 84

# 事項索引

## 【サ行】

**【ナ行】**

**【ハ行】**

**【ワ行】**

## 著者紹介

鉢野《ハチノ》 正樹《マサキ》

1941年　中国　天津に生まれる
1963年　早稲田大学第一政治経済学部卒業
1969年　早稲田大学大学院経済学研究科博士課程修了
1974年　富士短期大学助教授
1986年　北陸大学教授
2005年　早稲田大学大学院社会科学研究科博士課程入学
2010年　11月学位取得（学術博士）

主要著作
『現代ドイツ経済思想の源流』（1989年，文眞堂）
『現代ドイツ経済思想の展開—市場・貨幣・貿易—』（1993年，文眞堂）

現住所　〒929-1125 石川県かほく市宇野気リ196－30

**現代ドイツ経済思想の課題**
——資本・福祉・ＥＵ——

二〇一一年五月二〇日　第一刷発行
検印省略
著　者　鉢　野　正　樹
発行者　前　野　　　弘
東京都新宿区早稲田鶴巻町五三三番地
発行所　株式会社　文　眞　堂
電話　東京三二〇二―八四八〇番
振替　〇〇一二〇―二―九六四三七番
製版　モリモト印刷
印刷　モリモト印刷
製本　イマキ製本


定価はカバー裏に表示してあります
ISBN978-4-8309-4708-7　C3033